区块链与金融应用

张　伟　何丽峰　编著

电子工业出版社
Publishing House of Electronics Industry
北京·BEIJING

图书在版编目（CIP）数据

区块链与金融应用 / 张伟，何丽峰编著. —— 北京 ：

电子工业出版社，2025. 2 （2025. 9 重印）. —— ISBN 978-7-121-49595-3

Ⅰ. F830.49

中国国家版本馆 CIP 数据核字第 2025RC4675 号

责任编辑：朱雨萌

印　　刷：河北虎彩印刷有限公司

装　　订：河北虎彩印刷有限公司

出版发行：电子工业出版社

　　　　　北京市海淀区万寿路 173 信箱　　邮编：100036

开　　本：787×1092　　1/16　　印张：18　　字数：346 千字

版　　次：2025 年 2 月第 1 版

印　　次：2025 年 9 月第 2 次印刷

定　　价：89.00 元

凡所购买电子工业出版社图书有缺损问题，请向购买书店调换。若书店售缺，请与本社发行部联系，联系及邮购电话：（010）88254888，88258888。

质量投诉请发邮件至 zlts@phei.com.cn，盗版侵权举报请发邮件至 dbqq@phei.com.cn。

本书咨询联系方式：xuxz@phei.com.cn。

自 序

在人类历史的长河中，每一次技术革新都深刻地改变了我们的生活方式和思维方式。从古代的实物货币、金属货币、纸币，到现代的电子支付，货币和金融体系的发展一直伴随着人类文明的进步。21 世纪初，比特币和区块链横空出世，以其颠覆性的力量，再次改变了我们对金融的理解和应用。

比特币的诞生源于著名经济学家哈耶克对"非主权货币"的构想。1976 年，哈耶克出版了《货币的非国家化》一书，提出了"非主权货币"和"竞争性货币"的概念，主张通过市场机制来竞争性地发行货币，以防货币发行权的集中。哈耶克认为，货币应当是一种去中心化的、不受任何单一实体控制的货币，以保护个人自由和隐私。

比特币的发明，正是这一理念的实践。比特币是一种完全去中心化的数字货币，其发行和流通不受任何中央权威机构的控制，使得它非常接近哈耶克所谓的"非主权货币"。哈耶克认为，货币的发行权应当受到严格限制，以防通货膨胀。因此，比特币的总量是固定的，被限制在 2100 万枚。比特币的产生是通过市场竞争来实现的，通过全网所有节点共同"挖矿"来产生新的比特币。挖矿是一种通过解决数学难题来验证交易并产生新比特币的过程，谁先解出难题，谁就获得交易记账权并获得比特币奖励。这意味着比特币的发行权不是由单一的实体控制的，而是由整个比特币网络共同维护的。这种竞争性发行机制有助于防止货币发行权的集中。比特币的交易记录是公开透明的，但用户可以通过使用加密地址来保护自己的身份。这种设计使得比特币成为一种对隐私保护较好的货币形式，有助于保护个人自由和隐私。

比特币的诞生，标志着一种全新的信任机制的诞生——区块链。区块链是一种分布式账本技术，通过网络中的多个节点来维护交易记录。区块链的不可篡改性和透明度，使得交易一旦被记录在区块链上，就几乎无法被篡改。这种安全性有助于防止欺诈和双重支付。区块链的去中心化特点，使得交易不再依赖第三方中介机构，如银行或支付网关。这大大提高了交易效率，降低了交易成本。区块链技术通过共识机制，确保了网络中的参与者共同维护账本的一致性。这种共识机制有助于提高诚信水平，解决信任问题。比特币和区块链的结合，创造了一种全新的信任机制，使得在没有中心化机构的情况下，人们可以相互信任并进行交易。

区块链技术并非单一的技术，而是多种先进技术的集成，包括密码学、分布式网络、共识机制、智能合约等多个领域的技术。在比特币诞生之前，已经有多种电子货币的尝试，但是其在安全性、隐私保护、可扩展性等方面均存在不足，直到中本聪将这些技术进行了创造性的综合并发明了区块链，使其具有了去中心化、不可篡改、安全透明等特点，创造了一种全新的数字货币体系。

由此可以看出，比特币和区块链是同时诞生的。比特币是一种数字货币，而区块链是其背后的技术。比特币的成功证明了区块链技术的潜力，并激发了全球范围内区块链技术创新和应用。随着时间的推移，比特币和区块链逐渐分成两个不同的领域："币圈"和"链圈"。"币圈"关注比特币等数字加密货币的价格波动和投资机会；"链圈"关注的是区块链技术的应用和发展。

比特币与区块链的诞生，对金融行业产生了深远的影响。比特币提供了一种全新的支付方式，使得人们可以更便捷地进行跨境支付和交易。同时，区块链技术作为一种全新的信任机制，不局限于比特币，在许多领域都有广泛的应用潜力。无论是金融、供应链管理、医疗健康，还是版权保护等领域，只要有信用需求的地方，区块链就有用武之地。

区块链推动了金融行业的创新，如数字货币、智能合约、去中心化金融（DeFi）等。在金融领域，区块链的应用尤为广泛。它可以用于支付清算、供应链金融、证券发行和交易、资产证券化、数字票据、征信等多个方面。区块链技术可以提高金融服务的效率、降低成本、增强安全性。

比特币与区块链的诞生也带来了一些挑战和争议。比特币的价格波动性、能源消耗、监管不确定性等问题，使得一些人对其持怀疑态度。此外，区块链技术也面临着诸多难题，如交易速度、隐私保护等。区块链技术还面临着一个"不可能三角"难题，即在去中心化、安全性和高性能之间，无法同时满足所有 3 个方面的要求。这意味着，在设计区块链应用时，需要根据实际需求，对这 3 个方面进行权衡和取舍。因此，区块链技术并非完美的，需要不断地演进和发展，以解决现有的问题。

区块链不仅是一种技术，它更是一种理念。它开启了一个全新的时代——价值互联网时代。区块链是价值互联网的基础技术之一，它通过去中心化、安全性和透明度等特性，为价值在互联网上的自由流通和交换提供了可能。人们可以通过区块链技术，更加便捷地创建、传递和交换价值。区块链技术的去中心化特性是价值互联网的核心，它允许用户直接与彼此交互，无须依赖传统的中心化机构。区块链的安全性和透明度是价值互联网中信任建立的关键。智能合约允许价值在满足预设条件时自动转移，这为价值互联网中的自动化交易和流程提供了可能。区块链技术使得价值可以在不同国家和地区之间自由流通，不受传统货币和金融系统的限制。这有助于打破地域和货币壁垒，实现价值的全球自由流通。区块链技术的出现为价值互联网带来了创新机会。企业和个人可以开发新的商业模式和应用，利用区块链的特性来创造和交换价值，将为人类社会带来前所未有的变革。

可以说，区块链的诞生开启了一个全新的时代，为金融行业带来了创新和变革，同时也面临着挑战和争议。随着技术的不断演进和监管框架的逐步完善，区块链有望在未来发挥更大的作用，为人类社会带来更多的价值。

前　言

　　随着数字货币和区块链技术逐渐成为全球经济发展的新焦点，其重要性和影响力在不断提升。区块链技术以其分布式、去中心化、不可篡改等特点在金融、物联网、知识产权保护等行业得到广泛应用。《区块链与金融应用》是一本介绍区块链技术及其在金融领域中的广泛应用的专业性著作，深入浅出地介绍了区块链技术的基本原理、发展历程，以及在金融领域的应用实践。

　　上篇"区块链的诞生与在数字货币中的应用"主要介绍了数字货币的发展历史、比特币的运行机制、比特币的生态系统，以及各种形式的数字货币的演进和未来发展趋势。这些章节将有助于读者对数字货币及其运行机制有一个深入的理解。

　　中篇"区块链的技术原理"从区块链技术的基础知识开始，对区块链的概念、工作原理、加密算法、共识机制等方面进行了详细讲解，并对未来区块链技术的发展趋势进行了前瞻性分析，为读者构建起全面的区块链知识框架，使之对区块链技术的原理和运行机制有深入了解。

　　下篇"区块链技术在金融中的广泛应用"深度剖析了区块链技术在支付清算、供应链金融、证券交易、资产证券化、数字票据、征信和金融风险管理等多个领域中的应用。这些内容将有助于读者了解区块链技术在金融业务中的应用场景，以及如何利用区块链技术优化金融系统的效率和安全性。

　　值得一提的是，本书还对区块链技术的风险与监管问题进行了详细讨论，旨在帮助读者了解并避免潜在风险，同时为相关监管机构提供了思路和建议。

　　本书的特点在于理论与实践相结合，既有深入的技术分析，又有具体的案例展示，使读者能够在理解区块链技术的基础上，对其在金融领域的应用有更加深刻的认识。本书适合金融、计算机科学、信息安全等专业的学生，以及相关行业从业人员阅读。同时，本书可以作为区块链技术初学者和投资者了解该领域的重要参考书。

本书旨在为读者提供系统的知识框架，不仅帮助读者掌握区块链技术的原理和运行机制，而且能启发读者对金融行业未来发展的思考。我们相信，本书将助力各界人士更好地了解区块链技术的商业价值，对推动数字经济发展起到积极的促进作用。

在编撰本书的过程中，我们团队秉持对知识的敬畏和对读者的负责，力求在每一个细节上追求准确和严谨。然而，我们必须承认，限于作者的专业水平和本书的编撰时间，书中难免有表述不准确甚至谬误的地方，恳请读者在阅读时多加思考，有所甄别。如果您在阅读过程中发现任何错误或不足之处，欢迎与出版社联系，以便我们能够及时更正并不断改进。

目 录

下篇 区块链技术在金融中的广泛应用

上篇　区块链的诞生与其在数字货币中的应用

　　区块链技术伴随着比特币的诞生而诞生，比特币是区块链的第一个应用，可以说，早期的区块链和数字货币密不可分。随着区块链技术的快速发展，区块链体现出强大的生命力，拓展到更广阔的应用领域，由此产生了"币圈"和"链圈"之分。本篇的重点在于"币"。

　　本篇从货币的发展历程讲起，以此引出数字货币和区块链技术诞生的背景，并以比特币为例，介绍基于区块链的数字货币运行机制。在比特币之后，出现了形形色色的数字货币，对区块链技术不断进行优化和完善，本篇挑选了一些有代表性的数字货币进行介绍，突出其创新之处。央行数字货币是主权机构发行的数字货币，可能成为下一代货币的主流形式，因此，本篇还重点介绍了央行数字货币的特征。

第 1 章

数字货币的早期探索

> 金银天然不是货币，但是货币天然一定是金银。
>
> ——卡尔·马克思（Karl Marx）

1.1　货币发展简史

从古到今，人类有两个重大发明，一个是文字，一个是货币。文字让我们的精神世界能够被记录并传承下来，从最开始没有文字靠语言沟通，到有了文字、印刷术，到后来在信息可计量后进入了信息时代。

货币也是从无到有的。一开始是物物交换，后来有了一般等价物的特殊商品充当货币。历史上曾充当货币的特殊商品非常多，经过不断选择淘汰，逐步固定到如金、银等贵金属。后来为了使用方便，出现了票号、钱庄，产生了纸币这样的信用货币。随着计算机、互联网的诞生，在纸币基础上又逐渐产生了电子货币。

近二十年来，信息化和数字化技术不断进步和发展，人们迎来了全新的生活方式，数字货币也应运而生。近年来，数字货币的关注度更是不断升温，这也引发了人们重新对货币本质进行更深度的思考和辩论。但若要了解货币，就要从货币的生产与发展历程开始，追根溯源。

货币伴随人类的经济活动而诞生，作为一种特殊的商品或符号，扮演着度量价值的尺度、促成交易的媒介、储藏财富的手段等重要角色。在过去数千年的人类文明中，货币的形态在不断地演进和发展，每一次演变背后也体现着生产力和生产关系的巨大变革。

货币诞生于人类的商品交换活动。在货币出现之前，人们只能通过简单的物物交换进行商品交易。此时，商品自身不具备价值，只有交易时才具备交换价值。物物交换只有在交换双方都认可对方商品的价值时，才能够实现交换。因此，商品的价值取决于双方的实际需求情况。物物交换的明显缺陷在于：人们很难在合适的时间找到具有合适交换需求的交易对象。随着人们交易需求的不断增加，交易频率的不断提升，货币也随之产生。

最初的货币十分简陋，可以是任何形式的，如毛皮、贝壳、谷物、手工艺品等。随着商品经济的不断发展和技术的不断进步，货币的形式也得以不断改进，从实物货币到金属货币，再到我们现在使用的纸币，以及借助银行卡、支付宝等形式存在的电子货币，再到以比特币、以太币为代表的数字货币，以更加适应人类的经济活动。

货币是度量价格的工具、购买货物的媒介、储藏财富的手段，是财产的所有者与市场关于交换权的契约，本质上是所有者之间的约定。纵观历史，货币发展大致经历了 5 个阶段，依次是实物货币阶段、金属货币阶段、纸币阶段、电子货币阶段，以及未来的数字货币阶段。

1.1.1　货币 1.0：实物货币

在原始社会，人类没有统一的文化，也没有统一的度量标准，但是却拥有同样的生存和生活需求。不同部落之间拥有的资源是不一样的，例如，一个部落有较多的绵羊，而另一个部落有较多的斧子，于是出现了部落之间进行物品交换的需求，用一方多余的绵羊去换取另一方多余的斧子，如图 1-1 所示，用 1 只绵羊交换 2 把斧子，就是最早的物物交换方式。

图 1-1　物物交换示意

物物交换不仅实现了剩余物品的交换，而且解决了资源匮乏的问题。然而，随着部落及个人之间的交换需求越发频繁，物物交换的实现变得越发困难。因为物物交换的前提是双方都认可对方的商品及价值，即要达到双重耦合，通常很难在某一时刻实现双方需求和交换物品的完美匹配，因此寻求一种可以统一衡量物品价值并被广泛接受的交换物品，显得非常有必要。随着交换需求越来越多，人们逐渐使用一种共同信赖的物品，并将其作为交换的等价物，也就产生了最早期的货币——由实物商品充当的货币。例如，在我国夏商时期，人们将贝壳作为货币，如图 1-2 所示。通常，人们将那些相对稀少、轻便灵活、方便存储的物品作为等价物。在等价物产生后，人们在交换时就不需要像以往那样拿着各自的物品直接去交换自己想要的物品，而是先拿自己的物品（如 1 只绵羊）去换取一定数量的等价物（如 2 枚贝壳），然后再拿等价物去换取自己想要的物品（如 2 把斧子）。

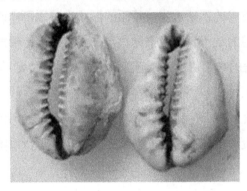

图 1-2　由等价物充当交换的媒介

最初，人们通常选择具有价值的物品充当等价物。但随着交易日益频繁，只要人们对所选择的等价物具有共同的信赖，并且相信获得对方提供的等价物之后，可以换取其他物品，那么等价物是否有价值或者价值是否足够，就显得不那么重要了。例如，前文提到的贝壳，除少数人可能把其当作装饰品或用于其他用途外，其本身并不具有什么价值，但是，在商品交换中，其发挥了价值尺度和交换媒介的作用，从而在形式上和人们的心目中成为具有价值的"商品"。可见，在诞生的初期，货币就已经超越了商品本身的意义，以等价物的形式存在。

但是，早期充当货币的实物商品，如绵羊、贝壳等，也都有着各自的缺陷。例如，重量、大小、形状等千差万别，难以标准化；有的携带不方便；有的不易保存，容易损坏或腐烂；有的不能或不易分割；还有的过于稀缺，获取难度大，等等。又如，住在内陆地区的居民获得贝壳比住在海边的人更困难。自商朝中晚期，随着人口增多，生产水平提高，工农业的发展进步，商业贸易越发频繁，贝币逐渐供不应求。在殷商时期，为了弥补自然海贝流通不足的问题，人们用白滑石、玉石、兽骨及蚌壳等模仿自然海贝打磨成石贝、玉贝、骨贝、蚌贝及陶贝等，这些都被称为仿币，如图 1-3 所示。

可见，货币的诞生是人类经济自发行为的结果，货币最早并不是由一个中心化的组织来制定和发行的，这与现代由中央银行发行货币有着很大的不同。

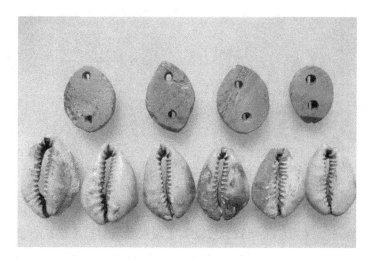

图 1-3 早期仿币

1.1.2 货币 2.0：金属货币

随着人类活动范围的扩大，逐步形成大型部落，甚至出现了国家的雏形。人类之间的交流逐渐增多，以贝壳等物品作为货币的缺点开始逐渐暴露。实物货币存在标准不统一、容易损坏腐烂、不便携带、不易分割等天然缺陷，因此，人们需要一种标准化、不容易损坏腐烂、便于携带、易于分割、能够通用的货币。人们在尝试了各种物品后，全世界几乎所有的文明都逐渐选择金属充当货币，特别是黄金和白银这两种贵金属。这是由黄金和白银的物理特性决定的，它们不易获得、不易腐坏，并且质地偏软、易于切割、便于携带，具备货币所需的特定属性。

但黄金和白银的数量毕竟稀少，随着社会生产力的不断进步，商品越来越丰富，交易也越来越频繁，储量有限的黄金和白银越来越不能满足社会化大生产和人们的日常交易需要，常常会出现"钱荒"，也就是现在所说的通货紧缩。中国古代的钱荒最早出现在唐代。当出现钱荒时，物价下跌，会给生产者造成损失，进而使商业萧条、经济萎缩。除了数量不够，人们还发现黄金和白银称量不是很方便，在使用过程中也会有损耗。为了解决这些问题，往往由政府出面，用黄金、白银与其他金属（如铜、铁等）混合或单独用其他金属铸造具有规定面值、标准统一的货币，即金属铸币，如金币、银币、铜钱、铁钱等。中国商朝出现的铜仿币是人类最早的金属铸币形态之一，如图 1-4 所示。大约在公元前700 年，古埃及和古希腊也出现了金属铸币。东西方文明不约而同地演进到了金属货币时代，这也充分表明，货币的演进遵循了一个自然选择的过程。

图1-4 铜仿币与金属铸币

然而，在实际使用中，这些金属铸币往往是不足值的，即标明的面值往往大于其本身的价值。不同区域的标准可能不一致，也就有了后来政府对标准的统一。例如，历史上的秦国之所以强大，一个重要原因就是在统一文字和统一货币上做了非常重要的工作，促进了生产大发展。这一阶段的人类文明得到了大力发展，政府把持着钱币的制造，从而控制着经济的命脉，货币的发行权逐渐集中到中央政府手中。

金属货币在流动过程中存在天然损耗、币价不足额、缺斤短两、以次充好、劣币驱逐良币等问题，并且由于重量较大、不易携带，在一定程度上限制了其应用范围。

1.1.3 货币3.0：纸币

随着生产力的持续发展，人类经济活动的范围和类型也得到很大的扩展。人们进行交易的时候需要大量的金银或铜钱，特别是远程交易，如内陆地区的人去海边买盐，西北地区的人去江南买茶，都需要随身携带大量货币，既不方便，也不安全，于是便出现了票号、钱庄等信用机构，以及由票号、钱庄发行的银票，作为代币。假设某人要去远方做生意，可以先把金银等金属货币存入本地的钱庄，钱庄给他一张凭证（如银票），当他到达目的地后，可以拿着该凭证去目的地的钱庄换成金银等金属货币，既方便，又安全。尽管这种凭证仅是一张纸，但其背后是以钱庄、票号的实力和信誉作为支撑的，因此人们也很放心地使用这类凭证。

随着这样的凭证被广泛认可，人们很快发现，在实际经济往来中，并不需要每次都将凭证换成货币，再去做交易，往往拿着凭证就可以直接做交易了，于是市面上开始流通大量由票号、钱庄发行的凭证，此类凭证进而演变成代币，逐渐地产生了早期的纸币。例如，北宋初年在四川出现的"交子"，被认为是我国最早的纸币。

当时，四川地区经济繁荣，民间贸易使用铁钱，体重、值小，流通很不方便。为解决这个问题，当地商人开始使用一种代币，名为"交子"，用来代替铁钱流通，如图1-5所示。早期的纸币，并不是由政府发行的，而是由票号、钱庄发行的，作为换取金银等金属货币的凭证。这类凭证是以票号、钱庄的实力和信誉为基础的，流通范围有限。后来，政府也参与印制此类凭证，而且信誉比票号、钱庄好，进而促使纸币在更大范围内流通。例如，在宋朝，官府在收回交子的发行权后，开始发行"官交子"。"官交子"的印刷更为精美，防伪手段更加高明，信誉度更高，因此得到了更广泛的使用。逐渐地，纸币开始正式进入历史舞台。

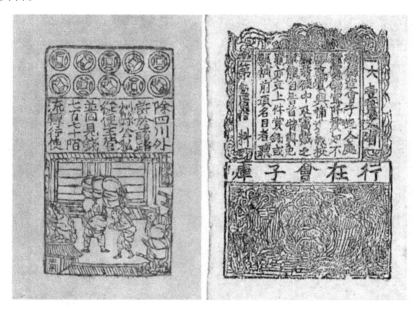

图 1-5　北宋时期的"交子"

在西方社会，真正的纸币出现在蒸汽时代之后。在工业革命后，造纸水平和防伪技术得到大幅提升，纸币才真正进入大规模流通阶段。直至今日，纸币依然是世界各国主要的货币形式之一。

1.1.4　货币 4.0：电子货币

纸币在实际应用中存在各种缺点，例如，容易损坏，管理成本也很高，其设计、印制、调运、存取、鉴别、清分、回笼、销毁，以及防伪反假等诸多环节耗费了大量人力、物力、财力。纸币的结算、清算等中间环节还需要大量的投入，同时，大量中间环节的存在也增加了操作和法律风险。另外，纸币由于交易匿名，且容易被伪造，使用不可追溯，因此为洗钱、犯罪等活动留下空间。在国际贸易中，不同国家之间的纸币既需要跨越主权国界范围，又需要外汇储备与结算等投入。

随着信息技术尤其是互联网技术的普及和发展，银行等金融机构将信息技术、网络技术等应用于存款、取款、转账、支付、清算、结算等业务，逐步产生了电子货币、网络银行等新业态，大大地提高了交易速度、效率和安全程度。电子货币是基于计算机网络系统，以电子信息传递形式实现流通和支付功能的货币。随着电子货币的出现，很多交易不再使用纸质现钞，而是通过计算机网络系统进行，网络银行开始出现。近年来，随着移动互联网的进一步发展，基于互联网技术兴起的移动支付，如支付宝、财付通等，突飞猛进地发展。随着移动支付的兴起，现在大多数人已经习惯使用手机来完成支付，出门几乎不用带现金，在手机上轻轻一点就完成了交易。电子货币的广泛使用，大幅降低了人们对纸币的需求，实体货币在日常交易中的使用比例逐渐降低，相应地，伪造纸币、偷盗纸币等形式的犯罪活动也大幅减少。

电子货币的出现，标志着货币从有形走向了无形，货币的"商品属性"进一步淡化。尽管电子货币可以通过商业银行体系、第三方支付机构的存款派生出来，但是，无论其形态如何、通过什么渠道流通，本质上都仍然是中央银行发行的法定货币。货币的流转成为银行数据库的一笔记录，个人的货币资产也成了网上银行里的一个数字，这一笔记录或一个数字之所以能扮演价值尺度和流通手段的职能，关键在于其背后是中央银行的信用在背书。

纵观货币形态演进的过程，自货币诞生之初，人类对货币的选择均会从价值功能、交换便利等角度出发，不断通过实际使用选择更为适合的货币。货币的发展伴随着人类文明的发展和进步，经历了从无到有的漫长历程。从无中心的自然选择到中心化的法定发行，从有形的实物货币到无形的电子货币，从有价值的商品到无价值的等价物，货币的形式一直在创新。

货币形式的演进和创新往往伴随着技术进步。由民间最先发现和自发试用新的货币形式，然后政府再认定成法定货币，并面向全社会推广。货币就是一个符号，本身并不需要具备价值，其价值可能源于法律，甚至一种信仰。最开始的货币是自然选择的结果，后来的货币是法定选择的结果，在法定选择的过程中由原来的无中介机构发展到后来有中介机构（如商业银行），甚至中心化的机构（如中央银行）。

总的来看，技术的进步是推动货币形态演进的外在条件，而货币形态的演变又是适应社会经济发展需要的内在结果。从早期的实物货币、金属货币到后来的信用货币，都经历了这样的过程。进入信息经济时代，依托互联网的发展，货币数字化的趋势日渐明显，电子支付的普及已经为无现金化铺路，区块链技术的发展与成熟为数字货币提供了可选技术，货币可能会向更加先进的形态演进。

1.2　数字货币的诞生

当前，全球普遍运行的货币体系支撑了世界经济的发展和国际贸易的繁荣。然而，多次金融危机的发生，以及部分国家滥发货币带来的严重通货膨胀，引发了人们对当前货币体系的反思。例如，有人认为，中央银行垄断货币的发行，这种模式容易导致政府滥用货币发行权，存在货币发行过多的风险，从而引发通货膨胀问题，于是诞生了"去中心化货币"的思想。

2007 年，著名政治经济学家弗里德里奇·奥克斯特·冯·哈耶克（Friedrich August Von Hayek）在《货币的非国家化》一书中指出，政府对货币发行权的垄断将对经济的均衡造成破坏，由私营机构竞争性发行货币来取代国家垄断性发行货币，是货币发行制度的未来发展方向。哈耶克甚至建议，废除中央银行制度，允许私人发行货币，并自由竞争。该观点一度引发了广泛的争论。

2009 年，基于分布式网络、非对称加密、共识机制等技术的区块链和比特币横空出世，似乎将"货币的非国家化"变为了现实，并引发了全球范围内数字加密货币的发行浪潮。

1.2.1　数字货币的早期探索

目前社会上普遍认为中本聪（Satoshi Nakamoto）发布的《比特币：一种点对点的电子现金系统》（*Bitcoin: A Peer-to-Peer Electronic Cash System*）白皮书（简称"比特币白皮书"）是比特币的起源。其实在比特币诞生之前，人们就一直在探索各种类型的加密货币，试图解决传统货币存在的缺陷。在不断的探索与创新后，一些新的技术也被应用到了数字货币领域。这些探索为比特币的诞生提供了大量可借鉴的经验。

据统计，在比特币诞生之前，失败的数字货币或支付系统就多达数十种。这里介绍几个早期的数字货币系统，以便读者了解数字货币的演进历程。

1. eCash

1982 年，美国计算机科学家和密码学家大卫·乔姆（David Chaum）在顶级的密码学术会议上发表了论文"用于不可追踪的支付系统的盲签名"，这是最早的关于数字货币的理论。在这篇论文中，他提出了一种具备匿名性、不可追踪性的电子现金系统 eCash，该系统的核心是随机配序和盲签名（Blind Signatures）算法，其中，随机配序产生的唯一序列号保证数字现金的唯一性；盲签名算法确保银行对该数字现金的匿名背书，能保持用户匿名且身份难以被追踪。银行无法追踪商家是如何使用 eCash 的，但由于商家最终还是会将自己的 eCash 转入银行，所以整个过程并不能做到完全匿名。

1989 年，乔姆在荷兰创立了数字现金公司 DigiCash，试图将他的研究成果商业化，该成果被称为 eCash，成为数字货币系统的先驱。但是最终由于缺乏足够的支持，乔姆创业失败。另外，乔姆当时建立的模型还是传统的"银行—个人—商家"三方模式，从去中心化方面来看，仍然存在重大问题：因为 DigiCash 还是作为一个中间人，来确保每一个数字签名的有效性。

现在来看，eCash 在当时显得过于超前，但是 eCash 依然是数字货币历史上的一个重要里程碑，乔姆提出的电子现金理论及其商业化探索激发了后继者们对数字货币的浓厚兴趣。

2. E-gold

E-gold 是由著名肿瘤学家道格拉斯·杰克逊（Douglas Jackson）于 1996 年发起的，他希望创造一种独立于政府控制、完全由黄金支撑的数字货币。E-gold 以黄金为等价基础，以贵金属重量形式储存用户资金价值，用户账号中的资金价值以金或银等贵金属的种类、重量和实时市场价计算，可以选择其中一种或多种贵金属的形式储存。在支付或接收款项时（无论是何种形式的货币，如美元、欧元等），都以实时国际市场贵金属价格折算成 E-gold 中的贵金属重量。支付和接收的所有手续都在网络上完成，且具有实时性。

E-gold 具有完全匿名、快捷便利等优势，广受欢迎，在短短几年里得到了迅猛发展，一度在 165 个国家拥有超过 350 万个账户，国际上越来越多的公司和网络商店包括雅虎、亚马逊等都开始接受 E-gold 支付方式。然而，该平台持续遭遇黑客攻击并且吸引了大量非法洗钱交易，从而遭到各国政府的严令打压，公司在 2009 年陷入了困境。

E-gold 是一个中心化的系统，与国际广泛认可的贵金属紧密挂钩，实现数字化支付，在数字货币大规模运用方面有着重要的示范意义，但是后来沦为非法洗钱平台而遭到封杀，对数字货币的发展是一个重要的教训。

3. WebMoney

WebMoney 是一家总部位于莫斯科的公司，它提供一个在线电子商务支付系统，是一种广泛的点对点付款解决方案。该公司于 1998 年推出的 WebMoney 是一种通用数字货币，人们可以在网上匿名免费开户，转账时只需输入对方钱包号，同时由于账户是匿名申请的，具有一定的隐私保护性。此外，它还可以转换为法定货币，如卢布、美元、英镑等。WebMoney 是少数幸存的尚未加密的数字货币之一，时至今日，它仍被数百万人广泛接受和使用。

4．B-money

1998 年，美国华裔计算机科学家戴伟（Wei Dai）在自己博客上发表了一篇文章，提出了一种匿名的、分布式的电子现金系统 B-money。为了实现这个目标，戴伟提出：

（1）通过工作量证明创造金钱。任何人都可以计算一些数学难题，算出答案的人可以广播到全网，每个网络节点验证之后，都在自己的账本上给算出答案的人的账户上添加或销毁工作量等价值的加密货币。

（2）分布式记账追踪交易。发送方和接收方都没有真实姓名，都只是公钥。发送方用私钥签名，然后广播交易到全网。每一笔新的交易产生，每个人都更新他们手里的账本，使得没有任何人能够阻止交易，保证所有用户的隐私安全。

（3）交易通过合约（Contract）来执行。在 B-money 中，交易是通过合约来实现的，每个合约都需要有仲裁人（第三方）参与。

从上述特征看，B-money 提出的方案已经非常接近比特币了，但是该方案没能解决双重花费（双花）的问题。另外，由于每个节点分别记录自己的账本，这不可避免地会产生节点间的不一致。戴伟为此设计了复杂的奖惩机制以防节点作弊，但是并没有从根本上解决问题，直到 2009 年中本聪通过激励机制完美解决了这个问题。

由于设计上的缺陷，B-money 没有被真正发行，但是 B-money 是研发数字货币的一次重要探索，为后来比特币的发明奠定了重要基础。在中本聪的比特币白皮书中，第一篇引用的就是戴伟的这篇文章。

1.2.2　比特币的诞生

在传统的互联网交易中，需要可信任的第三方（如金融机构）来实现电子支付。但这套运行机制存在若干明显的缺点，如第三方金融机构的运行会增加交易成本，金融机构为了防止欺诈需要客户提供大量不必要的信息，而金融机构本身也存在信用风险等。

2008 年 10 月 31 日，一位自称中本聪的神秘人士通过网络邮件发布了一份白皮书——《比特币：一种点对点的电子现金系统》，这份白皮书中提出了一种完全通过点对点技术实现的去中心化的电子现金系统，将交易信息存储在分布式账本中，破解该网络几乎成了不可能的事情，从而解决了信任问题。这种体系不需要创建在交易双方相互信任的基础之上，它使得在线支付能够直接由一方发起并支付给另一方，中间不需要通过任何金融机构。

中本聪设计的比特币系统运行步骤如下：

（1）每个比特币的用户会通过比特币客户端生成一个私钥，并通过私钥生成公钥（公钥与收款地址相关性极强，可以简单理解为收款地址就是公钥）。

（2）当用户 A 向用户 B 转账时，输入 B 的收款地址，即 B 的公钥将这笔比特币锁定，未来只有 B 能使用这笔比特币。

（3）在交易发生后，将该交易广播至全网。在很短的时间内，全网所有的节点都会接到这笔交易。在接到这笔交易后，每个节点会把该交易放入内存，然后对交易进行合法性检验，检验通过后，这笔交易将进入有效交易池，等待被装入区块。

（4）与此同时，网络上一些节点需要通过大量计算，得出此时的哈希（Hash）值。

（5）由于计算节点每次都会使用含有上一个区块哈希值的文本来计算当前区块的哈希值，因此每个区块都有上一个区块的地址信息，这让区块们串成了一个牢不可破的链条。如果篡改某个区块中的某笔交易，那么其后所有的区块数据都无法匹配了，由此形成了区块链不可篡改的特点。

（6）比特币系统就这样周而复始地更新自己的区块链条，不断进行全网记账，不断运行下去。

中本聪的比特币白皮书的发布被公认为是数字货币（Digital Currency）划时代的里程碑事件，中本聪也被誉为"比特币之父"。

比特币是一个开源的、基于 P2P 网络的、去中心化的电子货币交易系统。与传统货币不同，比特币不依靠特定货币机构发行，通过分布式网络和加密技术来确保货币流通各个环节的安全性。

比特币是一种 P2P 形式的加密数字货币。点对点的传输意味着一个去中心化的支付系统。比特币依据特定算法，通过大量的计算产生，比特币用整个 P2P 网络中众多节点构成的分布式数据库来确认并记录所有的交易行为，并用密码学的设计来确保货币流通各个环节的安全性。P2P 的去中心化特性与算法本身可以确保无法通过大量制造比特币来人为操控币值。基于密码学的设计可以使比特币只能被真实的拥有者转移或支付。这同样确保了货币所有权与流通交易的匿名性。比特币与其他虚拟货币最大的不同是其总量非常有限，具有极强的稀缺性。

2008 年 11 月 16 日，中本聪发布了比特币的代码。2009 年 1 月 3 日，中本聪挖出第一个区块，即所谓的创世区块，比特币正式诞生。

2010 年 5 月 22 日，一名美国程序员用 1 万个比特币购买了一个价值 25 美元的意大利比萨，比特币正式与现实世界相连，具备了价值尺度和支付手段的货币职能。

比特币基于分布式数据库存储、共识验证、点对点传输、密码算法等技术的创新设计，使数字货币技术实现了飞跃。比特币的成功之处在于把若干逐渐成熟的技术巧妙地结合在一起，解决了交易的信任问题，从而成为目前最成功的数字货币之一，其设计思想被其他数字货币广泛借鉴。可以说，比特币是数十年来密码学技术、分布式计算等前沿领域的集大成者，中本聪巧妙地把这些先进技术设计在一起，解决了传统电子现金的问题，开启了一个崭新的时代，引发全球大规模的数字货币试验。自比特币诞生以来，各种基于区块链技术的数字货币层出不穷，如莱特币、以太币、天秤币等。数字货币的快速发展，引发了全球广泛关注。

以比特币为代表的加密数字货币市场的快速发展反映了数字货币的巨大价值，但是各种良莠不齐的虚拟货币野蛮生长也暴露出不受监管的数字货币存在着巨大的风险。对于这种没有国家信用背书的所谓加密货币，各个国家的监管态度不一。尽管这些加密货币还称不上真正意义上的货币，但是它们的出现推动了各国中央银行对数字货币的研究和重视。各国中央银行纷纷研究主权加密数字货币的理论与技术并开展试点推广，加速了数字货币时代的到来。

第 **2** 章

比特币的运行机制

比特币是一场革命。

——彼得·蒂尔（Peter Thiel），硅谷著名投资人

2.1 比特币设计方案

在比特币白皮书中，中本聪详细介绍了比特币的设计方案。为了让读者更好地理解比特币是如何工作的，本节将详细解读中本聪给出的比特币设计方案。

中本聪设计比特币，是为了解决现有互联网电子支付体系存在的弊端，主要包括：

（1）几乎完全依赖金融机构作为可信第三方，如银行或第三方支付机构。

（2）当支付发生冲突时，第三方仲裁增加了交易成本。

（3）无法为那些不可逆的服务提供不可逆的支付。

（4）通过第三方的信任机制无法有效保护隐私。

因此，中本聪认为需要一种基于加密证明而非基于信任的电子支付系统，允许任意双方在不需要信任第三方的情况下直接交易。通过算力来保障交易的不可逆，能帮助卖家不被欺诈，而保护买家的日常担保机制也很容易实现。这套机制就是比特币系统。

2.1.1 区块链账本

中本聪将比特币定义为一个数字签名链，比特币的电子账本是一个个记录交易数据的"区块"（Block）。一个区块包含一批最新处理的交易，每个区块都通过一个单向的加密函

数与前一个区块相连，并且被打上时间戳，这就形成了一条"链"（Chain）。每个区块都保存了上一个区块信息的哈希值，使得这些区块都能找到前一个区块，通过区块上的哈希值将这些区块连接起来，形成一个链式结构，因此被形象地称为"区块链"，比特币区块链形成过程如图 2-1 所示。

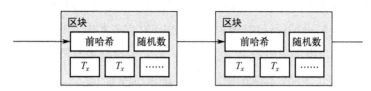

图 2-1 比特币区块链形成过程

比特币系统相当于一个大账本，每个区块就是这个账本中的一页，通过哈希链将所有区块连接在一起，有助于维护账本的完整性。由于哈希运算的不可逆性，一旦某个区块被添加到区块链账本中，几乎不可能对其进行更改或删除。

由于所有的历史交易信息都会被记录在区块链上，随着时间的推移，区块链上的数据会越来越多。中本聪设计了一种回收硬盘空间（Reclaiming Disk Space）机制，来压缩区块数据空间。中本聪指出，如果最近的交易已经被纳入足够多的区块之中，那么就可以丢弃该交易之前的数据，以回收硬盘空间。为了不改变区块链的结构，交易信息在进行哈希运算时，被构建成一种默克尔树（Merkle Tree）的形态，即只有根被纳入了区块的哈希值。通过将默克尔树的分支拔除（Stubbing），旧区块就能被压缩。默克尔树内部的哈希值是无须保存的，因此大大节省了存储空间。

可以估算一下，不含交易信息的区块头（Block Header）大小仅有 80 字节（Byte），如表 2-1 所示。如果设定每 10 分钟生成一个区块，那么每年产生的数据容量为 4.2MB。中本聪预测，按照计算机领域的摩尔定律，计算机的内存空间会快速增长，未来将全部的区块头存储于内存之中不是问题。

表 2-1 区块头中的信息

字　　段	大小（字节）	说　　明
父区块哈希值	32	记录该区块的上一个区块的哈希值
版本号	4	记录区块头的版本号，用于跟踪软件/协议的更新
时间戳	4	记录该区块的创建时间戳
难度	4	记录该区块链工作量证明的难度目标
随机数（Nonce）	4	记录用于证明工作量的计算参数
默克尔根	32	记录该区块中交易的默克尔树的根

2.1.2 分布式网络

虽然单个加密账本不容易被破解，但是在支付过程中，不同节点之间如何确认各自账本的可靠性呢？在传统支付方式中，需要一个可信的第三方机构来确保账本的准确性，如图 2-2 左侧所示。比特币被设计成一种完全通过点对点技术实现的电子现金系统，可以不通过任何中间机构直接由一方发起并支付给另一方，由全网所有节点共同参与维护一个账本，如图 2-2 右侧所示。根据比特币网络协议，记账过程如下：

（1）每笔新的交易都会向全网所有节点广播。

（2）每个节点都将收到的交易打包到一个区块中。

（3）每个节点都尝试在自己的区块中找到一个具有足够难度的工作量证明（Proof of Work，PoW）。

（4）当某个节点最先找到工作量证明时，它就将此区块向全网广播。

（5）当该区块的所有交易都有效且之前未存在过时，其他节点才会接受这个区块的有效性。

（6）其他节点接受该区块，并在创建下一个区块的时候，把被接受区块的哈希值当作新区块之前的哈希值。

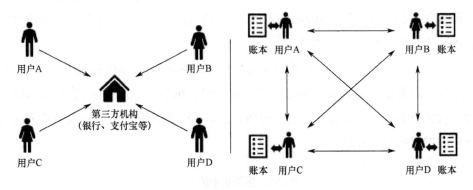

图 2-2　中心化账本 VS 分布式账本

节点始终认为最长链是正确的，且会不断向其添加新数据。若有两个节点同时向网络广播了两个不同版本的"下一个区块"，有些节点会先接收到其中一个，而另一些节点会先接收到另一个。在这种情况下，节点将在它们先接收到的那个区块上继续工作，但也会把另一个分支保存下来，以防后者才是最长链。在下一个工作量证明被找到，而其中的一个分支成为更长的链后，这个暂时的分歧会被打消，在另一个分支上工作的节点会切换到更长的链上。

新的交易不一定要广播到达所有节点。只要到达足够多的节点，没多久这些交易就会被打包进一个区块。区块广播允许一些消息被丢弃。如果一个节点并未接收到某个区块，那么这个节点会在它接收到下一个区块时意识到自己错失了之前的区块，因此会发出补充那个遗失区块的请求。

比特币网络各个节点是对等的，它们最终会对如何记录一笔交易达成共识，并将这笔交易记录记入一个公共的公开账本。交易记录不是被放在一个中心化的数据库里的，而是被分散存储在许多不同的地方，只有超过 50% 的数据库节点发生故障，交易数据才可能丢失或被篡改（51% 攻击）。因此，只要诚实节点控制算力的总和大于攻击者算力的总和，该系统就是安全的。

比特币还提供了一种全新的隐私保护机制。传统的银行模型通过限制他人获取交易者和可信第三方的信息而达成一定程度的隐私保护。在比特币网络中，所有交易记录都会被公开广播，所以区块链账本是公开的，任何人都可以查看交易历史记录，但是交易双方的个人信息被使用非对称加密技术保护起来了，公众可以看到某个地址向其他地址转入了一定数量的比特币，但是无法知晓具体的人员信息，如图 2-3 所示。这有点像股票交易所发布的交易信息，只有交易的时间和金额，但是没有人知道交易双方是谁。

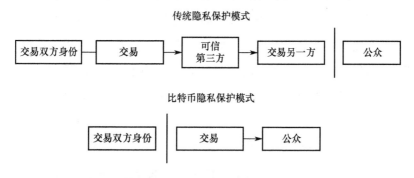

图 2-3 传统隐私保护模式和比特币隐私保护模式

2.1.3 比特币交易机制

当某个用户要把一定数量的比特币发给其他用户时，钱包客户端会创建一笔比特币交易，当验证本次交易可支付后，付款人需要将该比特币的上一笔交易记录和下一个所有者的公钥一起计算哈希值，然后用自己的私钥签署这笔交易，并将签名放置在交易的脚本签名中，添加到链的末尾，这样就可以将这枚比特币转移给下一个所有者了，具体过程如图 2-4 所示。

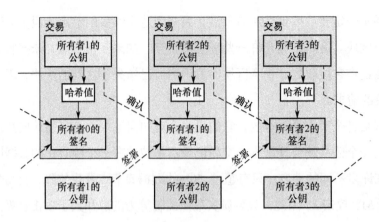

图 2-4 包含交易数据的区块加密过程

数字签名由数字摘要技术和非对称加密技术组成。先通过数字摘要技术把交易信息缩短成固定长度的字符串，然后用自己的私钥对摘要进行加密，形成数字签名。

收款人可以验证数字签名来证实其为该笔交易的所有者。在前一笔交易的哈希值上进行数字签名，用来表示付款方曾经真实收到过这些比特币，从而保证比特币的来源可溯；在下一位所有者的公钥上进行数字签名，用来确保这笔交易的付款方和收款方都是真实的；把这些数字签名加入这笔交易记录的末尾，从而确认这笔交易真实有效。

中本聪引入了非对称加密技术来保障交易的安全性。一笔交易信息里包含了当前所有者的信息和新所有者的信息，让交易变得可以追溯，并且巧妙地使用了哈希算法，将一笔交易的所有信息压缩到一串固定长度的字符串里，利用哈希算法的不可逆特性保障了交易数据的安全性和隐私性，即其他人即使看到这段字符串，也无法破解其中的信息，只有新所有者通过自己的私钥可以解密。

上述方案解决了交易的安全性问题，但是比特币的收款人无法确认付款人是否将一枚比特币同时转给了多人，即所谓的双重支付（Double Spending，也被译为"双花"）问题。在传统支付体系中，可信第三方承担了验证交易的工作，来检查每笔交易是否发生了双重支付。那么不依赖第三方的比特币如何防止双重支付呢？

在传统基于账户的系统中，我们可以通过账户直接查询余额，如图 2-5 左侧所示。但是比特币不是基于账户的数字货币，而是基于交易的加密货币。比特币的区块链账本上记录的是一笔笔的交易，每笔交易被称为未花费交易输出（Unspent Transaction Output，UTXO），如图 2-5 右侧所示。比特币的所有交易记录提供了比特币 UTXO 查询，只有当本次交易的 UTXO 对应的金额大于或等于收款金额时，该笔交易才是可支付的。如果想知道某个地址的比特币余额，可以对该地址的所有 UTXO 求和。

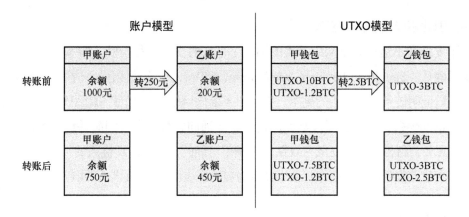

图 2-5　账户模型 vs UTXO 模型

比特币的一笔交易信息可以由多个交易输入和多个交易输出构成，如图 2-6 所示。交易输入里的字段主要是脚本签名（包含本次交易的签名和付款人公钥）、UTXO 索引，该字段表明付款人信息和付款人的金额来源。交易输出里的字段主要是脚本公钥（包含若干个脚本指令和收款人公钥地址的哈希值）、收款人的公钥和金额，该字段主要表明收款人的地址和收款金额。

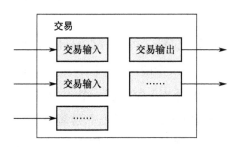

图 2-6　比特币交易输入和交易输出

区块链的时间戳机制也是防止双重支付的一种手段。区块链上每个区块的时间戳能够证明这笔交易在该时间点已经存在，否则哈希值就无法生成。每个区块里都包含前面所有区块的时间戳，那么无论从哪个区块开始往前追溯，都能追溯到之前某个时间的某笔交易信息。如果凭空创造一笔交易，那么这笔交易没有之前某个时间对应的交易来源，也就不能被认可。

当发生一笔交易时，本地系统会将该笔交易广播到网络中，网络中的比特币节点将扫描整个比特币网络来验证这个请求，包含验证付款方是否有想发送的比特币，以及有没有正确的接收方。一旦该信息被确认，节点将把这笔交易包含在正在挖掘的区块中。通常在 10～20 分钟，这笔交易将与同一时间段内的其他交易一起被打包到一个区块中，并加入区块链。此时，收款方就能看到其钱包中的交易金额了。由于该笔交易已经在全网中广播并被记录，因此不能被撤销或篡改。

为了支持在不运行完整网络节点的情况下也能对支付进行检验，中本聪设计了一种简化的支付确认（Simplified Payment Verification，SPV），也称轻钱包。一个用户需要保留最长的工作量证明链条的区块头的副本，它可以不断向网络发起询问，直到确信自己拥有最长的工作量证明链条，并能够通过默克尔树的分支通向它被加上时间戳并纳入区块的那次交易。节点想要自行检验该交易的有效性原本是不可能的，但追溯到链条的某个位置，节点就能看到某个节点曾经接受过它，并且于其后追加的区块也进一步证明全网曾经接受了它。

2.1.4　比特币发行机制

传统货币发行通常依赖由中央政府背书的货币发行机构，如美国的美联储、中国的人民银行等，这种机制下货币发行总量是人为控制的，容易出现货币超发的情况。当政府信任出现问题时，可能引发严重的通货膨胀和货币贬值现象，如 2008 年的津巴布韦币。

比特币不依靠特定货币机构发行，没有一个中央权威机构来为比特币提供信用背书。在比特币网络中，所有节点都可以参与记账，那么这些节点如何形成共识呢？这就需要一套可靠的共识机制。

比特币采用一种被称为工作量证明（Proof of Work，PoW）的共识机制。比特币网络的所有节点都参与一个运算：在区块中增加一个随机数（Nonce），对它进行哈希运算后得到的哈希值必须以一定数量的 0 开头。每增加一个 0 的要求，将使得工作量呈指数级增加。这就使得工作量证明计算很复杂，但是验证非常简单，只需计算一次哈希值。在这个过程中，计算机把最近收到的交易账单打包在刚刚生成的区块里，难度会随系统的算力进行相应的改变，平均十分钟产生一个区块。这个打包的过程即生成区块链的过程。

一旦网络耗费算力所获得的结果满足工作量证明，那么这个区块将不能再被更改，除非重新完成之前的所有工作量。随着新的区块不断被添加进来，改变历史某个区块的数据即意味着要重新完成其后所有区块的工作，这个计算量非常大。只要比特币网络中的诚实节点能够控制大多数算力，那么攻击者仅从算力方面就不可能篡改系统，有效避免了恶意攻击（所谓的 51% 攻击）。

中本聪在区块链白皮书中约定，每个区块的第一笔交易是一个特殊的交易，它会生成一枚新的比特币，归属于该区块的生成者，作为对其参与比特币网络记账的奖励。这个奖励机制使得更多节点有动力参与比特币网络记账，从而使得算力更加分散。同时，这个奖励机制还提供了一种将新的比特币发行到流通之中的方式。

任何人都可以下载并运行比特币软件参与记账，区块链节点记账流程如图 2-7 所示。

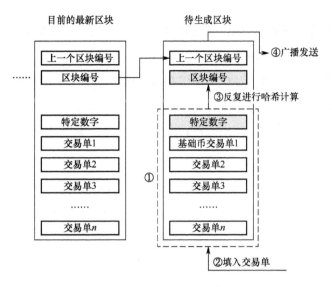

图 2-7　区块链节点记账流程

（1）区块中含有一系列交易单。所有记账节点在区块中先写入第一笔交易单，内容是系统支付给节点一定数量的比特币。

（2）其他用户进行交易后生成交易单，并将其发送给记账节点。

（3）记账节点待搜集的交易单数足够填满区块后，开始求解随机数难题。

（4）一旦某个节点计算出这个数字，便将区块记入自己的区块链中，同时发送给其他节点检验。

（5）在其他节点检验后，如果确认计算无误，则也记入这个区块，同时放弃自己正在计算的区块，接受区块内已经记入的交易单。因此，网络中所有节点的区块将始终保持一致。

在上述比特币系统中，没有一个中心化的权威机构发行新的比特币。新的比特币按固定量稳定地增加并进入流通，就像金矿矿工不断开采黄金到流通领域一样。因此，发行比特币的过程也被形象地称为"挖矿"（Mining），而参与挖矿的节点/人员则被称为"矿工"（Miner）。

2009 年 1 月 3 日，比特币第一个区块被创建，称为"创世区块"（Genesis Block）。根据比特币算法，每 10 分钟生成一个新的区块，生成新区块的节点将获得比特币奖励，基础奖励为 50 枚比特币。之后每隔 4 年，基础奖励减少一半，也就是说，到 2013 年基础奖励减半为 25 枚比特币，到 2017 年基础奖励会再次减半为 12.5 枚比特币，以此类推，预计到 2140 年所有 2100 万枚（精确值为 20999999.98 枚）比特币将全部发行完毕，比特币总数将不再增加。

按照比特币的发行逻辑，比特币的总量是一定的，无法随意发行，因此不存在通货膨胀的问题。随着比特币不断被挖出，流通中的比特币数量也在逐渐增加，因此在 2140 年之前也不会发生通货紧缩的情况。

除了基础奖励，参与记账的矿工还可以获得交易手续费。当用户在比特币网络发起一笔转账时，一般需要支付给记账矿工一定的交易手续费。交易手续费一般为 $0.0001 \sim 0.0015$ 枚比特币，由于区块能容纳交易记录的容量有限，矿工会优先打包交易手续费高的交易，所以多付交易手续费可以更快被记账。比特币交易手续费的存在能提高转账门槛，有效防止区块链中充斥垃圾信息，并且能够保证在比特币被挖完之后矿工仍有动力维护比特币网络。

随着时间的推移，基础奖励不断下降，但随着交易越来越频繁，交易手续费会越来越多。总体而言，挖矿的奖励会逐渐增加。一旦所有比特币都被发行并进入流通领域，激励将变为只有交易手续费。

上述奖励机制有利于鼓励节点保持诚实。如果一个贪婪的攻击者能够调动比所有诚实节点更多的 CPU 算力，那么他必须做出一个选择：是用这些算力去篡改比特币网络数据，还是用这些算力去生成新的比特币？一旦他破坏了比特币网络，那么比特币所建立的信任就坍塌了，从而比特币也失去了价值。因此，他会发现遵守规则是更划算的，遵守规则使得他能获得更多的比特币，而破坏规则则有可能将财富化为乌有。

2.2 比特币运行生态

自比特币出现以来，越来越多的机构和个人参与到这个产业中来，不断丰富和完善比特币生态链，如图 2-8 所示。

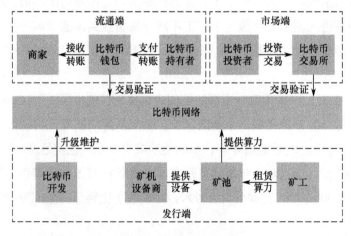

图 2-8　比特币生态链

2.2.1　比特币发行端：矿机与矿池

比特币是一种基于区块链技术的去中心化的数字货币，它不由任何政府、机构或个人发行或控制，而由一个开放的网络来维护和验证。因此，为生产比特币，在比特币生态中就自发形成了一个不断发展的行业，被称为"挖矿业"。

比特币挖矿业包括个人矿工及大型挖矿机构。他们使用专门的硬件设备和软件程序来参与比特币网络上区块的生成和验证过程，并获得一定数量的新产生的比特币。他们的日常任务是进行"挖币"工作，同时，还肩负着保护比特币网络的职责。此外，一些公司会负责研发和制造挖矿设备及专用芯片（ASIC）等。随着大量公司涌入这一领域，该领域的竞争也越来越激烈。近几年来，随着技术的进步，挖矿业的总算力呈指数级爆炸式增长。ASIC 硬件的改进、矿池的创建等，都促进了比特币社区的壮大和比特币经济的发展。

比特币挖矿实际上就是进行工作量证明的计算，确认网络交易。比特币网络会根据矿工贡献算力的大小给予相应的比特币奖励。因此，挖矿实际是矿工之间的算力比拼，拥有较多算力的矿工挖到比特币的概率更大。为了提升挖矿的效率，逐渐产生了专门用于挖矿的硬件设备，称为"矿机"。随着全网算力提升，用传统的 CPU 或 GPU 挖到比特币的难度越来越大，于是有人开发出专门用来挖矿的芯片。芯片是矿机最核心的零件，芯片运转的过程会产生大量热能，为了散热降温，比特币矿机一般配有散热片和风扇。用户在计算机上下载比特币挖矿软件，用该软件分配好每台矿机的任务，就可以开始挖矿了。每种币的算法不同，所需的矿机也各不相同。任何人都能通过挖矿软件成为比特币矿工。挖矿软件通过分布式网络监听交易广播，执行工作量证明任务以确认这些交易。

比特币挖矿的用户数量非常庞大，而单位时间内产出的比特币又十分有限，于是就出现了数千万人争抢一个区块的情况。这时如果个人单独挖矿，能够抢到区块的概率非常低，于是有人就想出了一种"组队"挖矿的方法，即矿池（Mining Pool）。

矿池通过特定算法把原本分散的矿机集合起来，这些矿机一起提供算力，最终再按一定的分配机制分配所获得的收益。这样一来，挖矿的成功率会大大提升。一旦矿池中的队伍成功制造了一个区块，那么队伍中的所有人会根据每个人的矿机性能进行分红，单个矿机的获利会比较稳定。矿池是若干矿机算力的集合，可以将其视为一个平台，且矿机不受区域的限制。矿池的管理者一般会对每个用户收取 1%～3%的手续费，但由于这种方法能让用户更稳定地获得比特币，因此几乎所有人都会选择矿池挖矿，而不是单独挖矿。

随着参与挖矿的矿机越来越多，挖矿所消耗的电力也越来越高，而且还需要人去维护矿机设备。为了降低挖矿的成本，有人想到把许多矿机放到一起，方便维护管理，而且往往会选择一个合适的区域，如电力资源丰富、电费比较便宜的地方。这样把许多矿机连接在一起进行挖矿，就形成了矿场（Mining Farm）。矿场是集中矿机物理设备的实际场地，而矿池是这些矿机所提供的算力的集合，不要求集中在一个地方。

矿池和矿场虽然提高了挖矿的效率，节省了挖矿成本，但是使得算力向集中化的趋势演进。创建矿场需要大量的电力、硬件和资金，逐渐淘汰了中小型玩家。在过去的几年，比特币的挖矿一直被少数大型挖矿池所掌控，根据 bitcoin.com 的统计数据，2020 年前五大矿池已控制全球 63%的比特币算力，如图 2-9 所示。这与比特币去中心化的初衷是相悖的，对比特币生态系统来说是一种巨大的威胁。

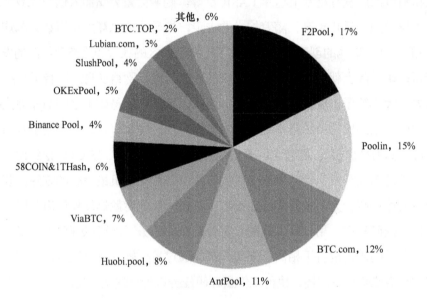

图 2-9　2020 年比特币算力占比

2.2.2　比特币流通端：数字钱包与支付

比特币设计的初衷是一种可以用于在线交易的数字货币。新加坡、澳大利亚、瑞士、德国等国家接受比特币支付，可以用其购买商品和服务，无论是在线购物还是在实体店面购物。一些国家在某些领域或特定场景下接受比特币支付，如加拿大、英国、日本、俄罗斯和印度等。虽然目前比特币的普及度还不是很高，但越来越多的商家已经开始接受比特币作为一种支付方式，如 Expedia、Microsoft、Subway 等公司都已经接受比特币付款。使用比特币作为支付方式，减少了支付过程中的中介环节，同时也提高了支付的速度和便捷性。目前主流的手续费标准是按照字节收费，通常每千字节收取 0.0001BTC 的手续费，付款可在数秒内经 P2P 全网广播到达任何一个国家。由于比特币地址不与个人身份信息直接关联，所以比特币支付是匿名的，有利于保护个人隐私。

由于比特币是全球范围内通用的数字货币，所以比特币支付成了一种非常实用的跨境汇款方式。在传统金融系统中，跨境汇款存在着诸多问题，如需要付出高额的汇款费用，以及较长的汇款处理时间等，这些问题都可以通过使用比特币支付来解决。使用比特币进行跨境汇款可以达到几乎实时的交易处理速度，同时不受汇率波动和跨境银行监管的干扰。这让比特币支付成了一种非常理想的跨境支付方式，也让人们更加自由地进行国际贸易。

比特币是一种点对点的电子现金系统，没有实物形态，比特币被记录在比特币网络的区块链中，比特币的所有权是通过数字密钥、比特币地址和数字签名来确定的。数字密钥并不存储在网络中，而是由用户生成并存储在一个文件或简单的数据库中，称为"数字钱包"（Digital Wallet）。

比特币数字钱包可以让用户同全世界的其他比特币用户进行交易，可以拥有专属的比特币地址，这些地址可以用来从其他用户处接收比特币，也可以向其他人支付比特币。就像电子邮件一样，即使离线也可以接收比特币，并且所有的钱包软件都兼容。

数字钱包里存储着该用户的比特币信息，包括比特币地址（类似银行卡账号）和数字密钥。数字密钥是用公钥加密创建的一个密钥对，用于控制比特币的获取。密钥对包括一个私钥以及由其衍生的唯一公钥。公钥用于接收比特币，而私钥用于比特币支付时的交易签名（类似银行卡的密码）。当支付比特币时，比特币的当前所有者需要在交易中提交其公钥和签名（每次交易的签名都不同，但均由同一个私钥生成）。比特币网络中的所有人都可以通过所提交的公钥和签名进行验证，并确认该交易是否有效，即确认支付者在该时刻对所交易的比特币是否拥有所有权。

和实物钱包可以存放多张银行卡类似，比特币钱包也可以存储多个比特币地址，每个地址都对应独立的私钥。钱包的核心功能就是保护私钥，如不慎弄丢钱包，那么相应的私钥就会丢失，相应钱包中的比特币也将丢失。因此用户需要小心并妥善保管好钱包。

比特币发展到今天已经有许多种类的钱包，如 PC 或手机客户端钱包、在线网页钱包等，如图 2-10 所示。用户可以根据需求选择适合自己的钱包。

按照私钥的存储方式，比特币钱包可以分为冷钱包和热钱包两种。

冷钱包指互联网不能访问用户私钥的钱包，即只要没有联网的数字钱包都可以统称为冷钱包。常见的冷钱包包括纸钱包、硬件钱包等。纸钱包就是我们把私钥抄写在纸上的数字钱包，这也是比较常见的备份私钥的方式，但是安全性不高。硬件钱包是指将数字资产的私钥存储在硬件设备中，与互联网隔离的钱包。硬件钱包采用离线存储方式，不能被网络访问，避免了黑客盗取私钥的风险，但也面临容易丢失、易用性差的缺点。如果存储私钥的硬件损坏或丢失，就可能造成比特币的损失，所以冷钱包一定要做好备份。

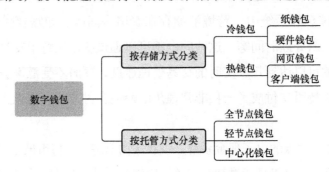

图 2-10　不同类型的比特币钱包

热钱包指能够通过互联网访问私钥的钱包，往往是在线钱包的形式。由于热钱包在联网状态下可以随时用来交易，频繁交易的用户使用热钱包会更方便快捷。但在使用热钱包时，最好在不同平台设置不同密码，且开启二次认证，以确保自己资产的安全。对于资产比较多的投资者，建议做好风险隔离，如冷热钱包分开使用。

按托管方式分类，可以把数字钱包分为全节点钱包、轻节点钱包和中心化钱包。

全节点钱包是指同步了区块链上所有数据的钱包。例如，比特币的全节点数据已达到了几百 GB，比特币全节点钱包需要同步所有的数据，全节点钱包虽然占据存储空间比较大，但可以实现完全去中心化。

轻节点钱包则依赖区块链上其他全节点钱包，仅同步与自己相关的数据，从而实现了部分去中心化。例如，我们常用的比特币钱包就是轻节点钱包，在使用这些钱包时，只需要下载与自己比特币账号相关的数据，下载几百 GB 的数据也不现实。

中心化钱包是指所有的数据均从自己的中心化服务器获得的钱包，数据依赖钱包服务商自己的账本，它的交易效率很高，基本可以实现实时到账，例如，我们在交易平台的钱包就是中心化钱包。

2.2.3　比特币市场端：投资交易

除了进行支付汇款，比特币还被广泛地作为一种投资资产。在美国等国家，比特币被监管机构认定为"商品"，并接受相应监管机构的监管。2015 年 9 月，美国商品期货交易委员会（Commodity Futures Trading Commission，CFTC）首次把比特币和其他虚拟货币定义为大宗商品，意味着比特币及其衍生品需要符合 CFTC 的规定并接受监管，所有相关的交易行为都需要遵守大宗商品及衍生品市场的规则。

与传统商品或金融资产相比，比特币具有更高的波动性，这使得它成了一种非常有争议的投资标的。在不断变化的市场环境中，比特币可以作为一种避险资产和对冲资产来持有，同时也可以作为一种长期的价值储备来持有，被称为"数字黄金"。截至 2024 年 3 月 11 日，比特币价格已经突破 7 万美元，总市值突破 1.4 万亿美元，首次超越全球白银的总价值，接近全球黄金总价值的 1/10。

2017 年 12 月，美国芝加哥商品交易所（Chicago Mercantile Exchange，CME）和美国芝加哥期权交易所（Chicago Board Options Exchange，CBOE）几乎同时推出了以现金结算的比特币期货交易产品，但随后比特币进入熊市，CBOE 的比特币期货交易惨淡，不得不在 2019 年 3 月停止了其比特币期货产品交易。但是 CME 的比特币期货交易则发展顺利，截至 2023 年年底，日均交易量达 2300 万份合约。

2021 年 10 月，美国证券交易委员会（Securities and Exchange Commission，SEC）批准了第一只比特币期货交易所交易基金（Exchange Traded Fund，ETF），该 ETF 跟踪芝加哥商品交易所的比特币期货。SEC 的批准是美国监管机构对比特币及其底层技术的官方认可，增强了投资者对比特币作为一种投资品的信心，比特币价格一路猛涨创历史新高。

2024 年 1 月 10 日，SEC 批准 11 只现货比特币 ETF，成为比特币投资的重要里程碑。消息公布当天比特币价格大涨。比特币 ETF 使得投资比特币像购买股票一样简单，增加了比特币的流动性和可接入性，还有助于降低市场波动性，提高价格稳定性，从而吸引更多的个人和机构投资者。

尽管 SEC 批准了某些比特币现货 ETF 的上市和交易，但 SEC 主席强调，他们并没有批准或认可比特币。投资者应该对与比特币和价值与加密货币相关的产品存在的大量风险保持谨慎。

需要注意的是，目前仍然有很多国家禁止使用比特币进行支付和汇款，以及投资比特币及其衍生品，用户需要注意相关国家的法律风险。

第 **3** 章

数字货币的演进与创新

> 比特币正在迅速发展，我相信数字货币的未来很明亮。
>
> ——伊隆·马斯克（Elon Musk），特斯拉创始人

自比特币诞生以来，数字货币这一概念已经越来越广为人知，同时，越来越多的数字货币涌现出来。本章主要介绍除比特币外的几种重要的数字货币。

3.1 比特币现金（BCH）：比特币的第一次分叉

比特币的设计非常巧妙地解决了传统中心化货币的信任机制，受到大量信仰者的追随。随着比特币的蓬勃发展，越来越多人持有比特币，但也暴露了比特币网络存在的问题。由于比特币的区块大小仅为 1MB，能记录的交易信息较少，每秒只能处理 3~7 笔交易，而 VISA 信用卡每秒能处理 2.3 万笔交易，因此，随着比特币用户数量的增长，比特币网络经常出现交易堵塞和手续费不断上涨的问题，这违反了比特币当初希望以极低费用进行近乎即时支付的理念。

如何解决比特币的交易速度和手续费问题，比特币社区内出现了一些争议。一部分人认为比特币需要具有与 PayPal 和其他在线支付方式相比更强的竞争力，使区块链上的交易更便宜，或者将成本转移到网络的其他部分，因此应该扩大区块大小，增加交易容量。但另一部分人认为这会导致中心化，降低比特币的去中心化程度。由于双方无法就是否增加区块大小限制的议题达成一致意见，最终在 2017 年 8 月 1 日，比特币社区决定采用隔

离见证（SegWit）的方法来提高交易速度，并启动了新的分支来解决手续费问题。从此，比特币出现了"硬分叉"：未更改的分支保留了名称比特币；区块大小升级的分支被命名为比特币现金（Bitcoin Cash，BCH）。

区块链分叉只是对区块链网络协议的更改。如果新区块链只是对旧区块链上的规则稍做修改，但区块链上的资讯仍然可以交换及沟通，则称"软分叉"。如果新区块链将不再与旧区块链相容，两条区块链变成不同区块链，无法交换资讯及沟通，就发生了"硬分叉"，形成两个单独的区块链。

比特币现金就是从比特币中硬分叉出来的。在分叉之前它存储的区块链中的数据及运行的软件是和所有比特币节点兼容的，而在分叉那一刻之后，它开始执行新的代码，打包大区块，形成新的链。

比特币现金是比特币的一个分叉币，相对比特币进行了如下改进：

（1）比特币现金的区块大小为 8MB，每个区块可以容纳更多的交易，在同样的时间内可以确认更多的交易，比特币通常每秒处理 3～7 笔交易，而比特币现金每秒可处理多达 200 笔交易。这使得交易速度更快、平均手续费更低。2018 年比特币现金再次升级，将区块大小增加到 32MB。

（2）比特币现金增加了区块难度调整算法，能动态调整区块难度，以降低因算力波动造成的网络出块速度不稳定的影响，区块的产生速度更加稳定，提高了整个网络的安全性和可靠性。

（3）比特币现金引入了重播保护：比特币现金引入了一种重播保护机制，使得交易在比特币和比特币现金之间不会被重放。这为用户提供了更高的安全性和便利性。

（4）比特币现金还推出了一些新功能，如零确认交易（Zero-Confirmation Transactions），这意味着在交易被确认之前，它可以被接收并处理。这使得比特币现金更适合在小额交易和日常消费中使用。

比特币现金在数字货币市场中占据了重要的位置。与此同时，比特币现金的使用也越来越广泛，许多商家已经开始接受将比特币现金作为支付方式。

3.2　莱特币（LTC）：数字白银

随着矿机制造业的崛起，比特币逐渐被几大矿池垄断，一旦比特币挖矿的算力被少数机构垄断，就有可能发生"51%算力攻击"，离"去中心化"的思想越来越远。美籍华人计算机工程师李启威（Charlie Lee）认为，比特币的算法对其他挖矿的人来说并不公平，且影响区块链的去中心化，所以他希望使用一种轻量级的加密算法，可以在普通计算机上挖矿，以阻止专业矿机挖矿造成的算力垄断。

李启威于 2011 年 11 月在比特币的基础上引入了一种新的加密算法，称为"莱特币 Scrypt 算法"，由此创建了一种新的数字货币，命名为 Litecoin（莱特币，简称 LTC），与比特币相比更加轻量级。

莱特币的技术原理与比特币相同，也采用去中心化的架构，无任何中心机构，新币发行和交易支付转让都基于开源的加密算法等。为了解决比特币交易确认太慢、总量上限偏少等缺点，莱特币对比特币的系统参数进行了调整，如区块容量更大、货币总量更大、出块时间更短等。与比特币相比，莱特币的主要不同点包括：

（1）区块容量更大。莱特币最初的区块大小设计为 4MB，是比特币的 4 倍，这意味着单个区块可以存储更多交易信息。

（2）货币总量更大。比特币的总量约 2100 万枚，莱特币的总量约 8400 万枚，是比特币的 4 倍，这意味着更多的人可以通过挖矿来获得莱特币，也可以吸引更多参与者。莱特币的发行速度和比特币一样，也是每 4 年减少一半，预计到 2140 年发行结束。

（3）交易速度更快。比特币网络大约每 10 分钟产出一个区块，莱特币的出块时间约 2.5 分钟，出块速度是比特币的 4 倍左右，因此可以更快地确认交易，在一定程度上满足了小额即时支付的需求，同时交易手续费更低。

（4）加密算法不同。虽然莱特币和比特币都采用了 PoW 共识机制，但莱特币采用的是 Scrypt 加密算法，而不是比特币的 SHA-256 算法。Scrypt 加密算法是科林·珀西瓦尔（Colin Percival）于 2009 年提出的一种密码衍生算法，使用 Scrypt 加密算法来生成衍生密钥（Key），需要用到大量内存，所需的时间更长。大量内存的硬件成本会很高，矿池就无法进行低成本挖矿了。同时，Scrypt 加密算法并不要求极高的计算能力，这让使用普通计算机的人也可进行挖掘，从而吸引更多普通人参与，挖矿的矿工比比特币更分散，算力难以集中，很难形成大型矿池，这有利于防止 51%算力攻击，从而保障去中心化的特征。

由于上述特点，莱特币被认为是一种更加实用的数字货币，加上莱特币在商业推广上的成功，加强了其在数字货币市场上的竞争力。到 2015 年，莱特币就被各大虚拟交易所广泛接受，成为数字货币市场中最受欢迎的数字货币之一，被称为"数字白银"。

莱特币的成功给其他数字货币从业者做了一个示范，对比特币现有体系进行优化可能会产生更"好"的数字货币，于是越来越多的人模仿比特币开发新的数字货币，各种各样的数字货币如雨后春笋般涌现出来，被称为"山寨币"。可以说，莱特币促进了其他数字货币的诞生，并推动了整个数字货币领域的发展。

3.3　瑞波币（XRP）：全球支付网络

在传统跨境支付业务中，如两个不同国家的人需要转账交易，由于两个国家是两种法定货币，而且两地的银行涉及跨境银行金融系统之间的结算，因此效率非常低，并且还需要支付高昂的手续费。

比特币的出现为全球跨境支付提供了新的解决思路。2012 年，瑞波实验室（Ripple Labs）成立，开始研发一种新的分布式账本技术，旨在为全球金融机构提供快速、安全和低成本的跨境支付解决方案。

2013 年 5 月，瑞波币（Ripple，简称 XRP）正式推出。瑞波币是 Ripple 网络的基础货币，它可以在整个 Ripple 网络中流通，总量为 1000 亿枚，并且随着交易的增多而逐渐减少。Ripple 的出现让货币在全球范围内的流通变得更加简单方便。瑞波币是 Ripple 系统中唯一的通用货币，瑞波币在 Ripple 系统中有主要桥梁货币和保障安全的功能，为 Ripple 系统的流动性提供了巨大的便利，同时为了保障系统安全，要求参与这个协议的网关都必须持有少量瑞波币。

此外，瑞波币还推出了一种名为 xRapid 的解决方案，该解决方案利用瑞波币进行跨境支付，进一步提高了效率并降低了成本。

瑞波币的主要目标是解决传统跨境支付的问题，例如，费用高、速度慢和不可追溯性。瑞波币的核心优势是速度快和手续费低。通过使用瑞波币的分布式账本技术，金融机构可以实现实时清算和结算，从而提高效率并降低成本。

（1）实时清算：瑞波币利用区块链技术实现实时清算，大幅提高了跨境支付速度。传统银行体系通常需要 3～5 个工作日才能完成跨境支付，而使用瑞波币仅需几秒。

（2）低成本：瑞波币交易在区块链上进行，降低了交易成本。Ripple Labs 还与多家金融机构合作，进一步降低了实际交易费用。

（3）可互操作性：瑞波币采用 Interledger 协议，实现了与其他支付系统的互操作性，允许用户使用瑞波币兑换其他货币或支付方式。

（4）安全性：瑞波币的安全性得益于区块链技术的去中心化特性，数据不易被篡改，同时交易过程中的信息加密也保护了用户隐私。

瑞波币和比特币一样都是基于数学和密码学的数字货币。但不同的是，比特币是一种虚拟货币，而 Ripple 是一种互联网交易协议，它允许人们用任意一种货币进行支付。例如，甲方可以通过 Ripple 以美元支付，而乙方则可以通过 Ripple 直接收取欧元。

就 Ripple 系统整体结构来说，该体系采用的是一个"去中心化"的架构，虽然局部似乎表现为"弱中心化"（如网关与用户），但整体架构是去中心化的。概括而言，这是一个去中心化的、覆盖全货币币种的互联网金融交易系统。

需要说明的是，与其他加密货币不同，瑞波币并非完全去中心化，其发行和管理由 Ripple Labs 控制。尽管如此，瑞波币在全球范围内依然得到了广泛关注和合法认可。

Ripple 系统作为一种全新的全球支付系统，潜力巨大，很有可能颠覆未来的支付行业。2014 年，瑞波币与多家银行达成合作协议，使用瑞波币进行跨境支付业务，包括美国银行和摩根大通等。目前，瑞波币在全球范围内得到了广泛应用。越来越多的金融机构和支付服务提供商开始使用瑞波币的技术解决方案，以改善其跨境支付业务。此外，瑞波币还与多家区块链公司和数字货币交易所合作，进一步推动了其发展。未来，瑞波币有望继续发展壮大，并在全球金融行业中发挥更大的作用。

3.4 以太坊（ETH）：区块链 2.0 的基石

中本聪基于区块链设计了比特币，更多地考虑其货币应用，区块链本身仍然存在诸多不完善的地方，如比特币缺少图灵完备的语言（所谓图灵完备，就是具有无限存储能力的通用物理机器或编程语言），以及不支持循环语句等，且可表达的状态少，只有未花费和已花费状态。另外，比特币的 UTXO 不可分割，无法看到具体的区块链数据，进而限制了区块链本身的应用。

2013 年，俄裔加拿大滑铁卢大学学生维塔利克·布特林（Vitalik Buterin）在研究比特币时，认为比特币的区块链技术可以有更广泛的应用，因此着手开发以太坊。2014 年 1 月，布特林发表了"以太坊：一个下一代智能合约和去中心化应用平台"（Ethereum: A Next-Generation Smart Contract and Decentralized Application Platform）的文章，并于同年 7 月启动以太坊众筹，以太坊项目正式启动。

以太坊是一个开源的具有智能合约功能的基于公共区块链的分布式账本，可以理解成一个可编程的区块链，允许用户编写和部署智能合约和去中心化应用程序（Distributed App，DApp）。以太坊首次启用区块链系统来实施图灵完备，这让区块链系统中应用程序的开发和使用成为可能，并且可以保障程序的执行是有效的。以太坊通过以太币（ETH）

进行交易，它不仅具有货币功能，还可用于编写智能合约，为用户提供可编程脚本，在此之上可进行支付、数字钱包、资产交易、基金管理、云存储、网络游戏等各种更高级、更复杂的去中心化应用。这是以太坊相对比特币最重要的创新，因此，有人认为以太坊开启了区块链 2.0 时代。

与比特币相比，以太坊具有以下优势：

（1）支持智能合约。使用以太坊的底层应用平台，开发者可以发布和编写各种类型的智能合约，以实现应用程序的功能，并能通过 Web3.js 与其他外部的电子网络系统进行数据的交互和处理，从而在各种应用场景中得到广泛应用。

（2）交易信息内容扩展。以太坊记录的交易信息内容较比特币有了较大的扩展，不仅包括转账信息，还包括智能合约代码信息、输入及计算结果数据等。此外，以太坊还支持跟踪账户状态，区块链上的状态改变就是账户之间相关数值和信息的传输。

（3）适应绝大多数应用场景的交易速度。与区块链采用 PoW 共识算法不同，以太坊采用新的共识算法（如 PoS、DPoS 等），使得区块链系统的交易速度有了显著的提高，已经可以满足绝大多数应用场景对交易速度的要求。

（4）支持信息加密。以太坊支持通过智能合约对发送和接收的信息进行加密和解密，保护用户隐私，同时应用了零知识证明、环签名、同态加密等先进密码学技术进一步推动了隐私保护。

（5）大幅降低资源消耗。为了达到维护网络共识的目的，新的共识算法的出现和应用，使得区块链的各个节点仅需极少的算力即可达成共识，即实现了绿色共识机制，该系统可以绿色地部署于企业的信息中心。

以太坊诞生以来，以提高性能、可扩展性和安全性为目的进行了多次升级，成了区块链技术中最为重要的平台之一。越来越多的应用和开发者加入以太坊生态系统。以太坊的应用领域和场景涉及各行各业，如众筹交易、保险、合同、知识产权、网上商城等。DeFi（去中心化金融）在以太坊上迅速发展，这让以太坊成为 DeFi 应用的主要平台。

得益于以太坊的广泛应用，以太币的市值也在不断提升，是目前仅次于比特币的第二大数字货币。

3.5 泰达币（USDT）：稳定币的代表

以比特币为代表的加密数字货币蓬勃发展，引起了社会的广泛关注，但也存在着一些问题，主要体现在以下几个方面：

（1）价格波动剧烈。加密数字货币没有进行价值锚定，也没有涨跌幅限制，价格常常受外界因素影响发生大幅波动，给投资者带来很大风险。例如，2013 年 11 月，比特币价格从 200 美元涨到 1200 美元，然后在 2014 年 1 月跌到 800 美元；2017 年 12 月，比特币价格从 10000 美元涨到 20000 美元，然后在 2018 年 2 月跌到 6000 美元。这种高波动性与货币的价值尺度职能相悖，也不利于其作为世界货币在支付领域广泛流通。

（2）法币兑换不便。很多加密数字货币并没有和法币直接兑换的渠道，需要先兑换成比特币等主流加密货币，然后再兑换法币。这样的流程不仅费时费力，而且还要承担汇率风险和交易费用。

（3）监管不明确。不同国家对加密数字货币的态度和政策不一致，有些国家禁止或限制加密数字货币的使用和交易，有些国家则较为开放或默许。这给加密数字货币市场带来了很大的不确定性和合规难题。

为了解决上述问题，有机构推出了所谓的稳定币（Stablecoin）。稳定币是一种价格相对稳定的加密数字货币，通常与一定的法定货币或其他资产挂钩。稳定币在发行的时候通过购买、储备、抵押法定货币或其他有价资产进行价值锚定，再加上相应的平衡机制以确保币值的相对稳定。它们的价格通常不会像其他加密数字货币那样波动剧烈，可以用来对冲通货膨胀、稳定数字货币市场汇率等。稳定币包括以下几种类型：

（1）法币稳定币。法币稳定币是与法定货币（如美元、欧元等）挂钩的稳定币，因此其价值与相应的法定货币挂钩，相对稳定。例如，泰达币（USDT）是与美元挂钩的稳定币，其价值等于 1 美元。除 USDT 外，还有 GUSD 等。

（2）资产稳定币。资产稳定币通常与某些实物资产（如黄金、石油等）或其他加密货币（如比特币、以太坊等）挂钩，其价值相对稳定。例如，DAI 是以太坊稳定币，其价值等于 1 美元。

（3）算法稳定币。算法稳定币依靠算法来确保稳定。算法支持的稳定币，由智能合约模拟中央银行弹性调节 Token 供应量，这类稳定币是无抵押的。算法支持的稳定币的代表包括 Basis、Carbon 等。

需要注意的是，上述稳定币都是基于技术或信用方案的数字货币，并非绝对稳定。

目前，最广泛使用的稳定币是 USDT。USDT 是泰达（Tether）公司于 2014 年推出的锚定美元的代币 Tether USD，试图在去中心化、点对点、低成本、高效率等区块链技术的优势基础上，增加与法定货币挂钩、保持价格稳定、提供法币兑换渠道等特点。从此，以 USDT 为代表的稳定币登上了舞台。

USDT 是基于比特币区块链上的 Omni Layer 协议发行的加密数字货币，每个 USDT 都被视为比特币网络上的一个代币，可以利用比特币网络的安全性和去中心化特性。Tether 公司利用 Omni Layer 协议，将美元等法定货币转换成数字货币，使得每个 USDT 都有 Tether 公司储备的美元支持。Tether 公司承诺严格遵守 1∶1 的准备金保证，即每发行 1 枚 USDT 代币，其银行账户都会有 1 美元的资金保障，并且可以通过 Tether 平台赎回，如图 3-1 所示。

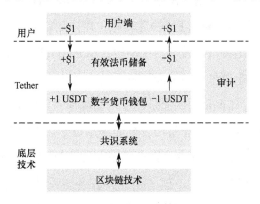

图 3-1　USDT 运作机制示意

Tether 公司声称，其法定储备账户会定期接受审计，以确认其储备账户能够实际支持流通中的 USDT 价值。Tether 公司还声称，其所有交易都记录在公共区块链上，任何人都可以查看其发行量和流通量，以保障透明度。

随着数字货币市场的爆发式增长，USDT 也被大量使用。Tether 公司开始扩大 USDT 的发行量，并在多个区块链网络上发行不同版本的 USDT，例如，以太坊、波场、EOS 等，这提高了 USDT 的可用性和灵活性，让用户可以选择不同的网络进行转账和交易。

USDT 的目标是为数字货币市场提供一个稳定的价值锚，让用户可以方便地在不同的数字货币之间进行兑换，或者在数字货币和法定货币之间进行兑换。USDT 的优点是流程直观清楚，基本保持了与美元 1∶1 的锚定。但是由于 USDT 是由 Tether 公司发行的，属于中心化运作，公司财务透明度不足，资金托管情况不透明，存在超发的可能性，因此也面临着各种质疑。市场担心 Tether 公司是否真的有足够的美元来支撑 USDT 的价值，并一度引发过信任危机，如 2018 年 10 月，USDT 的价格一度跌破 1 美元，引发市场动荡。

3.6　天秤币（Libra）：互联网巨头的尝试

2019 年 6 月，由全球最大的社交平台脸书（Facebook）公司牵头的 Libra 协会正式发布加密数字货币项目 Libra（天秤币）白皮书。Libra 被定义为一种稳定币，是基于一篮子货币（美元、欧元、英镑、日元等）的合成货币单位，主打支付和跨境汇款，目的是在全球推行普惠金融，建立一套简单、无国界的货币和为数十亿人服务的金融基础设施。其在 Libra Blockchain 上运行，可以扩展到被数十亿个账户使用，支持高交易吞吐量。

Libra 定位支付和普惠金融，致力于让全球用户可以以更低的成本和更快的速度进行货币的支付和流通，尤其是对金融基础设施落后的国家。基于其支付功能，Libra 希望可以像使用手机向好友发送消息一样随时随地快速转账，用户可以通过加密保障安全性并轻松自由地跨境转账和支付。与比特币等数字货币相比，Libra 的价格稳定，无明显升值能力，具有真实的资产储备，无固定总量，更偏向于货币的支付功能。

从 Libra 白皮书上看，Libra 的使命是建立一套简单、无国界的货币和为数十亿人服务的金融基础设施，打造一种新的全球货币，全面满足数十亿人的日常金融需求。

Facebook 还公布了 Libra 的 29 家合作机构，其中包括 VISA、eBay、PayPal、Mastercard、Uber 等一众跨国巨头，这些企业将在各自系统内给 Libra 提供使用场景，Libra 的支付将覆盖电子商务、社交媒体、通信公司、共享出行、电子支付等众多领域。由于 Facebook 在全球拥有 20 多亿名用户，因此其可能对传统金融体系造成巨大冲击，从而引起了全球监管部门、金融机构、科技公司和区块链从业者的高度关注。

1. Libra 的特点

与其他已有的数字货币相比，Libra 是去中心化发行和管理的，依托合规交易商，类似 USDT 的发行模式，授权经销商可能成为托管机构和用户的中间层，实现法定货币与 Libra 的实时兑换。Libra 创造了一种新的记账单位，定位消费互联网的支付功能，应用场景非常广阔。

Libra 的组织结构相对去中心化，并不是由 Facebook 一家发行的，而是由 Libra 协会（非营利组织）进行管理的。Libra 协会总部位于瑞士日内瓦，成员包括分布在不同地区的各种企业、非营利组织、多边组织和学术机构，Facebook 是协会中的一员，负责正式网络发布前的构建和运营服务，其领导地位持续至 2019 年末。在正式网络发布之后，Libra 将由协会进行管理。初始协会成员共 28 家，未来计划达到 100 家。协会初期需要筹备基础储备资金，以供发行 Libra。Libra 的投资代币将成为贡献资金的成员或其他投资者的凭证，有权享有今后 Libra 储备的利益分成。协会的创始人需要投入至少 1000 万美元以获得投资代币，每 1000 万美元代表一票的投票权。Libra 协会的治理机构是 Libra 协会理事会，由协会各成员的代表组成。协会的所有决策都将通过理事会做出。例如，如何改变一篮子储备金的组成结构等。重大政策或技术性决策需要 2/3 的成员投票表决同意。理事会成员的投票权与其持有的权益（起初是 Libra 投资代币，未来将是 Libra）比例成正比，体现成员（验证者节点）对网络的贡献程度。为避免权力集中，任何一位创始人的投票权均有上限。

Libra 最初的设想是成为一种稳定币，其价值与一篮子货币挂钩，以保持价格的稳定性。Facebook 每发行一枚 Libra，就需要往自己的银行里存入 1 美元或等值的其他国家或区域货币。这种特性使得稳定币更容易在支付领域得到认可，从而提升其在跨境支付领域的使用意愿，让 Libra 在全球范围内具有广泛的可接受性和使用性。Libra 的价格并不稳定锚定于某种法定货币，而是由其储备池中的资产决定，与一篮子法定货币有效挂钩。储备池中的资产为价值波动较小的一篮子银行存款与短期政府债券，主要为不太可能违约或出现高通胀的稳定政府发行的债券，以确保价格不会剧烈波动。

Libra 有严格的资产抵押与兑换规则。Libra 的发行规则为根据授权经销商的需求来"制造"和"销毁"Libra 币。授权经销商由 Libra 协会决定，可以直接与储备池进行交易。如果把 Libra 的储备池看作发行货币的央行，授权经销商就类似各地的商业银行。如要制造新的 Libra 币，授权经销商就必须按 1∶1 的比例向储备池中转入法定货币，如果要使用法币，则可以通过汇率随时将 Libra 兑换成当地货币。通过与授权经销商合作，协会将自动在需求增加时制造新币，并在需求收缩时销毁它们。

Libra 的储备类似自由兑换的外汇市场，由于储备的管理遵循被动原则，Libra 的任何升值或贬值仅取决于外汇市场的波动。Libra 没有自己的货币政策，而是沿用篮子所代表的中央银行的政策，与货币发行局（如香港货币发行局）的运作方式非常类似。这样可以有效地防止货币发行方滥用权力，例如，在缺乏支持的情况下制造更多的货币。Libra 储备中的资产将由分布在全球各地且具有投资级信用评价的托管机构持有，以确保资产的安全性和分散性。

此外，类似第三方支付商的储备金利息，Libra 白皮书中明确说明了吸收的资金会用于投资低风险的银行存款与短期政府债券，其利息将不会分发给 Libra 持有者，而是用于维持日常运营开支。早期 Libra 的投资和支持者（Libra 投资代币持有者）将会获得 Libra 的收益分红。

2. Libra 的监管

Libra 引发了一场全球中心化金融体制的革命，但是其在隐私、反洗钱、消费者保护和金融稳定等有关方面可能存在的问题，让其早早地便吸引了监管机构的关注，发行之路也一直受阻。美国各阶层已经表示出对于 Libra 项目的担忧与恐惧，并通过数次听证会在反恐、反洗钱、外汇监管、隐私保护等问题上向 Libra 项目方施压；欧盟多国也纷纷反对 Libra 项目上马，随后 Libra 联盟成员 PayPal、eBay、支付公司 Stripe、万事达、VISA 等宣布退出，这让 Libra 项目前途未卜。

在现实面前，Facebook 不得不选择低头，2020 年 4 月，Facebook 发布 2.0 版本 Libra 白皮书，对 Libra 做出重大修改，将重心从锚定一篮子货币转为锚定单一货币。2020 年 12 月，Facebook 将 Libra 更名为 Diem。

Libra 的推出在当时具有革命性的意义，它是数字货币挑战美元世界货币霸权的一次尝试，如果成功则可能颠覆当前世界金融格局，改写人类经济发展史。虽然 Libra 最终失败了，但是依然留下很多启示。

3.7 数字货币的发展趋势

自比特币出现以来，数字货币迎来了爆发式发展。不仅比特币本身市值飙升，其他数字货币如以太币、莱特币等也崭露头角，数字货币市场不断扩大。

当前，数字货币市场整体规模正持续扩大。数据显示，截至 2023 年，全球数字货币市场已经达到了数万亿美元规模。其中，比特币仍然是市场份额最大的数字货币，其市值占据全球数字货币市场的近 60%。在各国比特币持有量方面，美国是全球最大的比特币持有国，其次是日本、中国、德国和韩国等，这些国家在比特币的持有量和使用程度上处于较为领先的位置。除了比特币，以太币、莱特币、瑞波币、比特币现金等数字货币也在市场上占据了一定份额。

同时，数字货币也被越来越多的人所接受和使用。越来越多的国家和机构开始认可和采用数字货币，并开始推动数字货币的合法化和监管。2021 年 9 月 7 日，萨尔瓦多总统宣布比特币成为该国的法定货币，引发了广泛的关注和争议。

更多的国家致力于研发自己的央行数字货币，例如，中国正积极推进数字人民币的研发和试点工作，美国、欧洲等发达国家和地区也在积极跟进。全球范围内的金融机构和支付公司也纷纷加入数字货币领域，推出自己的数字货币产品。这些趋势表明，数字货币正逐渐进入主流金融领域，成为人们日常支付的一种选择。数字货币的日常应用场景不断扩展，进一步推动了市场的发展。

数字货币的兴起加速了全球金融体系的多元化。传统金融体系主要由美元、欧元、日元等货币组成，而数字货币可以作为一种全球性货币，实现跨国界的支付和结算。例如，全球范围内的数字货币支付网关可以极大地降低支付成本和汇率风险，推动全球贸易的繁荣和发展。

除了作为支付手段，数字货币还可以用于供应链金融、物联网、智能合约等领域。例如，DeFi 作为数字货币的重要应用之一，正在迅速崛起。DeFi 的主要特点是去除了传统金融机构的中介，实现了更加自由和开放的金融体系。通过智能合约等技术手段，DeFi 可以实现各种金融服务，如贷款、保险、资产管理等。未来，DeFi 有望成为数字经济的重要组成部分，对金融行业产生深远影响。未来数字货币的应用领域还将不断扩展，为经济发展和社会进步提供新的动力。

综上所述，数字货币及其扩展应用有着广阔的发展前景，其价值已经超过了货币本身。未来随着数字货币应用领域的拓展和投资者对数字货币的认知加深，数字货币有望继续呈现巨大的潜力和机遇。

同时，要实现数字货币的可持续发展，必须重视相应的风险控制，加强监管，保障技术安全，并提高使用者的风险意识和自我保护能力。只有在合理规范的市场环境下，数字货币才能更好地为社会经济发展做出贡献。

第 4 章

数字货币的特征与本质

> 我们为无信任电子交易提出了一个系统。一个完全的点对点版本的电子现金将允许一方不通过金融机构直接在线支付给另一方。
>
> ——中本聪

4.1 数字货币的特征

数字货币是一个笼统的术语，目前对数字货币的定义并没有普遍共识。国际货币基金组织将其称为"价值的数字表达"，用来描述所有电子形式的货币，包括电子货币、虚拟货币和数字加密货币，它可以在区块链中运行，也可以在互联网中流通，这是广义层面的数字货币概念。而狭义层面的数字货币是指数字加密货币，是基于互联网的一种纯数字化、没有物理载体、通过加密技术直接实现点对点价值传输的货币。本书主要讨论的是狭义数字货币。根据发行主体不同，数字货币可分为民间数字货币和央行数字货币。

4.1.1 数字货币的基础特征

根据美国监管机构的定义，数字货币是一种数字资产，用于进行价值交换并具有以下特征。

（1）分布式记录：数字货币的交易记录通常由分布式账本（区块链）等技术记录，使得攻击者难以篡改交易记录。

（2）使用密码学实现加密：数字货币使用密码学技术保护交易和持有人身份的安全性和隐私性。

（3）去中心化：数字货币的发行和管理不受中心化机构控制，而是由分布式网络中的所有节点共同维护的。

（4）可转让性：数字货币可以在数字货币交易所或其他平台上进行交易和转移。

（5）不可撤销：数字货币交易通常无法撤销或逆转，因此需要用户谨慎对待交易。

需要注意的是，虽然数字货币在某些方面类似传统货币，但它们并不被视为法定货币。此外，数字货币的监管框架仍在不断发展和完善中，监管机构也在努力确保数字货币市场的透明度、公平性和稳定性。

4.1.2　数字货币的优点

相比之前的货币形态，数字货币具有如下优势。

（1）发行、维护成本低：数字货币的发行不同于传统的纸质货币。传统的纸质货币需要经过前期设计、制版印刷等，成本较高，同时运输成本和后期管理投入较高。数字货币的投入大多集中于前期线上平台和应用模式的开发，后期只需要进行系统性的维护，相对来说发行成本和管理成本要低得多。

（2）交易速度快、时效性强：数字货币与传统货币相比，交易速度更快，其去中心化的特点意味着不需要第三方清算机构来处理数据，直接采用点到点的数字化交易模式，尤其是在跨境交易中优势更加明显。因此，数字货币交易处理更迅速便捷，同时时间成本大幅降低，具有较好的时效性。

（3）恒量发行、可控性强：数字货币的发行数量取决于发行机构的意愿和市场需求。有限的发行数量决定了在极端情况下其不会对金融市场造成较大的负面影响；在市场的合理运行和管理下不会引起通货膨胀。

（4）便于追踪、安全性强：数字货币的交易数字化程度高，交易信息的隐蔽性强；另外，有高精度的加密算法加持，很难被窃取或伪造。基于开源式代码和分布式的共享技术，交易者能够及时追踪和监督每一次交易记录，具有高度的可控匿名性和可追溯性。

4.1.3　数字货币的缺点

数字货币虽然具有许多传统货币系统所没有的优势，但也存在一些缺点和挑战，主要如下。

（1）交易性能受限：数字货币通常采用复杂的共识机制来保障去中心化和安全性，计算量较大，导致交易性能较差。例如，比特币网络的处理能力大约为每秒 7 笔交易，这与

VISA 或 Mastercard 每秒能处理成千上万笔交易的能力相比，显得非常有限。在公有区块链中，所有节点都需要处理每一笔交易，在交易活动高峰期，网络可能会变得拥塞，导致交易确认时间延长和交易费用增加。

（2）存在发行量上限：中本聪在设计比特币时，为了避免货币滥发导致的通货膨胀，将其发行量上限控制在 2100 万枚。货币无限发行固然会导致通货膨胀，但是数量有限则会出现通货紧缩。当一个货币有发行量上限时，就会产生一个可怕的问题，即如果人们永远相信它是有价值的话，它的价值从总体趋势上来讲将不断上升，这就会产生通货紧缩问题，对经济运行不利。这是比特币的一个根本缺陷，货币一定不能存在稀缺性，真正好的货币要保持其总量与经济发展总量同步增长。

（3）价格波动较大：货币的价值尺度属性要求作为货币的等价物价值必须相对稳定。比特币的价格最开始是 0，2010 年有人用 1 万枚比特币才买到价值 25 美元的比萨，2017年 1 月，比特币价格在 1000 美元左右，到 2017 年 12 月已经涨到 1 万多美元，甚至到 2021 年一度涨到了 6 万多美元，可见数字货币的价格波动非常大，这可能导致投资者损失资金，同时让其作为价值储存和交易媒介的可靠性受到质疑。

（4）挖矿耗能太高：比特币是通过算力竞争，即挖矿获得的。参与挖矿的人越来越多，为挖得更多区块，获得更多比特币奖励，运行更快的设备被投入挖矿之中，全网算力不断提高，挖矿难度和成本也不断增大。从理论上推测，单个机构或单个矿池最后挖矿成本一定会接近所得比特币奖励的价值。因此，比特币最终的成本和它的价值应该是相等的。但从整体来看，众人在挖矿中投入的成本远超所产生的比特币的价值。挖矿过程还需消耗大量的能源，造成大量浪费，甚至会产生环境污染问题。

（5）区块总体体积不断变大：存储比特币需要比特币钱包，最基础的比特币钱包就是比特币核心（Bitcoin Core）钱包。比特币是一个分布式的账本系统，每笔交易之后都会把数据写入区块，导致其数据量增长极快，而且网络中所有节点都需要存储账本数据。随着交易不断发生，存储的数据量将变得非常巨大。

（6）存在安全风险：比特币目前被认为是不可被伪造或被篡改的，但其加密技术也有被破解的可能，且比特币交易处于开放的互联网中，也存在被黑客攻击的风险。如 2014年比特币交易所 MtGox 遭黑客攻击，很多用户的比特币丢失，直接导致 MtGox 破产，比特币价格大幅下跌。另外，钱包或者私钥的丢失和被盗也可能导致永久性的资金损失。

（7）存在合规风险：数字货币的匿名性和去中心化特性使其成为非法活动的理想工具，如洗钱、资助恐怖主义和逃税。数字货币的法律地位在不同国家和地区差异很大，在一些国家数字货币被禁止使用，存在法律风险。

因此，普通用户对数字货币应当保持谨慎的态度，避免利益受到损失。

4.1.4　数字货币与其他货币的比较

在比特币诞生后的十多年间，数字货币、加密货币、密码代币、空气币等概念不断涌现。同时，伴随着区块链、云计算、大数据等技术的发展，电子货币、虚拟货币等也开始走进人们的生活。为了更好地理解不同币种的差别，我们有必要先将各个概念进行梳理和区分。

1. 数字货币 vs 电子货币

许多人会将通过第三方支付平台付款的货币当成数字货币，但实际上这只是现有法定货币的电子化，即电子货币。

具体而言，电子货币是通过电子化方式支付的货币，本质上是法定货币的电子化和网络化，包括常见的银行卡、网上银行、电子现金等，以及近年来逐步发展起来的第三方支付，如支付宝、财付通等。在使用电子货币时，通常由电子交易的当事人，包括消费者、企业、金融机构等，通过数字化的支付手段，向另一方进行货币支付或资金流转。这些电子货币无论形态如何，通过哪些机构流通，其本质都还是中央银行发行的法定货币。

数字货币与电子货币不同。民间数字货币通常没有特定的发行方，而是通过区块链等技术来发行货币并提供信用背书的。央行数字货币是由国家中央银行发行的数字货币，是基础货币的数字形式，以广义账户体系为基础，与纸钞、硬币等价，是具有价值特征的、法偿性的、可控匿名的支付工具。

2. 数字货币 vs 虚拟货币

数字货币与虚拟货币都是无形的，两者最重要的区别就是发行主体。

虚拟货币由特定主体发行，被特定成员接受和使用，虚拟货币的价值、用处、管理和控制均由发行主体实施。据此定义，目前我国的腾讯 Q 币、新浪的 U 币、百度的百度币等都是虚拟货币。虚拟货币是非法定货币的电子化，其最初的发行者并不是中央银行。比如，腾讯 Q 币及其他的游戏币等，这类虚拟货币主要在特定的虚拟环境里流通。2009 年6 月以前，腾讯 Q 币等虚拟货币可以兑换人民币；2009 年之后，商务部等部门发布通知，上述虚拟货币仅能在特定平台上流通，不可兑换人民币，不可赎回。

数字货币不同于虚拟世界中的虚拟货币，因为它能被用于真实的商品和服务交易，而不局限在网络游戏中。数字货币，如比特币、莱特币是依靠校验和密码技术来创建、发行和流通的电子货币，其特点是通过区块链技术来发行、管理和流通货币，较好地解决了去中心化、去信任的问题。

3. 数字货币 vs 加密货币

加密货币（Crypto Currency）是一种使用密码学原理来确保交易安全及控制交易单位创造的交易媒介，通过使用加密算法和加密技术来确保整个网络的安全性。许多加密货币都是基于区块链的分布式系统，通过私钥和公钥来促进对等传输，实现点对点交易的，公钥必须在区块链上公布，让所有人见证加密货币的归属和交易过程。发行方不对货币的价值、用处、存在方式有任何限制，运行在区块链网络上，价值取决于使用者。

数字货币与区块链并没有必然的关系，其设计存在多种技术路线，区块链只是其中一种。例如，法定数字货币可以基于区块链发行，也可以基于传统中央银行集中式账户体系发行。

近年来，伴随着比特币等加密数字货币的快速发展，加密数字货币的实践与理论研究引起学术界和各国央行的重视。可以说，加密货币的出现为数字货币的发展奠定了基础。

4. 法定数字货币 vs 民间数字货币

数字货币按照发行主体的不同，还可以分为法定数字货币和民间数字货币。

法定数字货币是由主权货币当局统一发行、有国家信用支撑的法定货币，可以完全替代传统的纸质货币和电子货币。国际清算银行在关于中央银行数字货币的报告中，将法定数字货币定义为中央银行货币的数字形式。由于法定数字货币必须由中央银行来发行，所以它本身具备计价手段、交易媒介等货币属性，内在价值具有稳定性。例如，数字人民币是中国人民银行发行的法定数字货币，与人民币现金具有同等效力，同时保证100%的人民币储备金率，具有价值特征和法偿性。

民间数字货币也被称为私人数字货币、私营数字货币等，主要代表有比特币、莱特币等。民间数字货币没有集中的发行方，不具有法偿性和强制性等货币属性，可以看作虚拟货币，本质上是数字资产。由于民间数字货币缺乏相应的监管，存在较大的风险，我国明确将其定性为虚拟商品，不具备法定货币的法律地位，同时规定任何组织和个人不得从事代币发行融资活动。

法定数字货币与民间数字货币的比较如表 4-1 所示。

表 4-1　法定数字货币与民间数字货币的比较

比 较 维 度	法定数字货币	民间数字货币
发行机构	中央银行	私人机构或无特定机构
信用机制	国家信用+技术保障	技术保障
性质	发行中心化	去中心化

（续表）

比 较 维 度	法定数字货币	民间数字货币
交易公开度	有条件的匿名	匿名
代码属性	保密	开源
使用范围	替代现钞，范围更广	范围有限
价值体现	市场购买商品	私下交易

4.2　数字货币的核心思想

数字货币的核心思想是创建一种基于数学和密码学原理的去中心化货币体系，它不依赖中央银行或政府机构，而是通过分布式网络和共识机制来维护货币的发行和交易。数字货币与传统货币最核心的区别在于"去中心化"和"信任机制"。

4.2.1　去中心化

2007 年，哈耶克在《货币的非国家化》一书中首次提出了"去中心化"理论。何为"去中心化"？具体而言，"去中心化"是相对于"中心化"的概念，"中心化"是指网络中的每个节点都需要依赖中心，节点无法独立于中心存在，中心决定了节点的存在及其存在形式；而"去中心化"则给了节点更大的权限，任何节点都可以通过相互之间的连接成为阶段性的新中心，而每个阶段性的新中心不再具有强制性的控制职能，这种节点相互连接、相互影响，通过网络形成的复杂化且更为开放平等的现象结构即"去中心化"。该理论的存在为比特币在世界范围内去中心化打下了坚实的基础。

在现有的支付体系中，资金的流转需要银行或支付宝、微信等第三方支付平台作为中心机构进行管理。在支付流程中，用户通知中心机构，划去用户存储在银行账目上的一笔记录，再在收款人的账目上增添一笔记录。

但当用比特币支付时，只需要向比特币网络的任意节点广播这笔支付。比特币网络各个节点是对等的，它们最终会对如何记录这笔支付达成共识，然后将这笔记录记入一个公开账本，自此交易成功。

这个过程不需要类似银行这样的中心机构从中调配。本质上，比特币是比特币网络中达成共识的一本账目上的记录，这和现代银行用账目记录储户存款是一样的。现代社会，绝大部分货币都是以数字形式存在的，它们是银行数据库里的数字字节，可以用其向他人支付，也可以从银行兑换出真实存在的纸币。但不同的是，比特币是纯数字化的，无法将其兑换成某种比特币纸币。

不同于法定货币，比特币的账目是公共且公开的。比特币账目并没有存储在某个类似银行的中心机构的数据库中，而是存储在比特币网络的各个比特币节点上，而且这些比特币节点也是对等的，任何节点都可以参与挖掘、购买、出售或收取比特币。

中心化与去中心化的支付体系如图 4-1 所示。

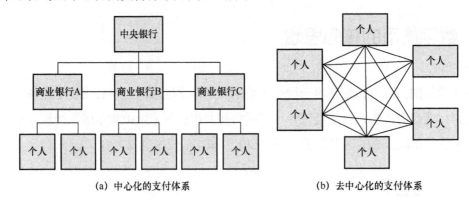

（a）中心化的支付体系　　　　　（b）去中心化的支付体系

图 4-1　中心化与去中心化的支付体系

比特币的最大创新在于展示了一种去中心化的数字支付体系的可能性。迄今为止，从货币领域的实践看，比特币这一去中心化实验是成功的。虽然无法肯定比特币未来会发展成什么样，但是比特币给人们一个巨大的启发：货币可以被设计成去中心化的形式。

4.2.2　信任机制

传统货币的信任建立在政府、中央银行和金融体系之上。用户信任这些机构不会任意印刷货币导致通货膨胀，并且会保护货币的价值。如果出现政权更迭、中央银行无法有效运作等严重危机，原有的货币体系可能会受到严重冲击。例如，在战争、政治不稳定或经济危机期间，政府可能无法维持货币的稳定性，导致通货膨胀或货币贬值。

在数字货币体系中，信任被最小化，取而代之的是算法和数学。数字货币的信任建立在数学、密码学和去中心化网络之上。用户信任算法和共识机制会按照既定的规则执行，保护货币的完整性并防止双重支付。参与者不需要信任任何中央机构或个人，因为规则是由代码预设的，并且交易是透明的。这种机制更加依赖技术而非传统的金融或政府机构，旨在通过去中心化和透明度来增强用户的信任。

数字货币基于区块链的信任机制带来了一种新的信任范式，即对技术和算法的信任。

这种信任机制具有以下特点。

（1）技术保障：数字货币的信任依赖其背后的技术，如区块链、加密算法和共识机制。这些技术确保了交易的不可篡改性、安全性和透明度。

（2）算法信任：数字货币的发行和交易规则是由预先设定的算法决定的，而不是人为决定的。这种算法信任减少了人为干预和操纵的可能性。

（3）社区共识：在某些数字货币网络中，如比特币，共识是通过网络中的节点达成一致来实现的。这种共识机制确保了网络的稳定性和交易的有效性。

（4）去中心化：数字货币的信任不依赖任何单一的中心化机构，而是通过去中心化的网络来维护的。这降低了单点故障的风险，提高了系统的抗攻击能力。

（5）透明度：数字货币的交易记录是公开透明的，任何人都可以查看和验证。这种透明度有助于建立信任，并防止欺诈和双重支付。

2015 年 10 月 31 日，英国《经济学人》杂志以封面形式刊登了"信任机器——比特币背后的技术如何改变世界"一文，文中指出，"区块链这项技术创新所承载的意义延伸，远远超出了加密货币本身。区块链让人们能够在互不信任、没有中立中央机构背书的情况下互相合作，简单地说，它是一台创造信任的机器"。

4.3　从货币职能看数字货币的本质

从货币学的角度来看，货币是固定充当一般等价物的特殊商品，是商品交换的媒介，其本质是一般等价物。货币的职能是随着商品经济的发展而逐渐形成的，包括价值尺度、流通手段、价值贮藏和支付手段四大职能。其中，价值尺度和流通手段是货币最基本的职能，其他职能是随着商品经济的发展从基本职能中衍生而来的。本节试着从货币基本职能的角度来帮助读者理解数字货币的本质。

4.3.1　数字货币的货币职能分析

1. 价值尺度

货币的价值尺度是指将货币用来衡量和表现商品价值的一种职能，是货币最基本、最重要的职能。货币充当商品价值的尺度，类似衡量长度的尺子和称重的砝码，其作用是把商品价值的大小表现出来，并不是实现商品的价值。在商品交换过程中，货币成为一般等价物，可以表现任何商品的价值，以及衡量一切商品的价值。

比特币作为一种数字货币，价值主要源于其稀缺性和获取成本。比特币的数量是有限的，总量仅为 2100 万枚，这种稀缺性使得比特币具有价值增长潜力。同时，获取比特币需要投入大量的算力和电力，这也为比特币赋予了实际的经济价值。

在比特币的挖掘过程中，所消耗的劳动力和资源全部转化为比特币的价值。这种价值不仅体现在比特币的购买力上，也体现在其作为价值贮藏和交易媒介的能力上。随着比特币的应用场景逐渐扩大，越来越多的商家和服务开始接受将比特币作为支付方式，这让比特币的价值尺度职能得到了进一步体现。

需要注意的是，比特币作为一种新兴的数字货币，其价格波动性较大，这在一定程度上影响了其作为价值尺度的稳定性。如果一种资产的价格波动太大，那么用它来衡量其他商品的价值就会出现很大的不确定性，也就难以被大众所接受。

2. 流通手段

在货币出现以前，商品交换是一种物物交换的过程，没有货币扮演媒介。在货币出现以后，由于货币可以作为商品的价值尺度，因此它在商品交换中可以起到媒介作用，商品出售者把商品转化为等值货币，然后用货币去购买其他商品。货币在商品流通中作为交换的媒介，打破了直接物物交换的限制，扩大了商品交换的品种、数量和地域范围，促进了商品交易和商品生产的发展。

货币作为流通手段，在商品流通过程中代表商品的价值。商品经过一定的流通过程后，必然要离开流通领域进入消费领域。但货币作为流通手段，始终留在流通领域中，不断地从购买者手中转移到销售者手中，由此形成了货币流通。货币流通以商品流通为基础，是商品流通的外在表现。

数字货币具有充当商品交换媒介的职能。在商品交换过程中，商品出售者可以把商品转化为数字货币，然后用数字货币去购买其他商品。以比特币为例，买家可以用比特币购买商品或服务，而卖家则接受将比特币作为支付手段。这种流通手段职能的实现主要依赖比特币的交易系统和网络。

比特币的交易系统是一个去中心化的网络系统，由全球范围内的比特币节点共同维护。在这个系统中，用户可以通过比特币钱包来管理自己的比特币，包括存储、发送和接收比特币。当买家想要购买商品时，可以使用比特币钱包将比特币支付给卖家。卖家在收到比特币后，可以将其保留作为价值贮藏，或者进一步使用比特币进行其他交易。

比特币的流通手段职能具有以下优势。

首先，比特币的交易是实时的，无须经过传统的金融机构或清算中心，大幅提高了交易的效率和速度。

其次，比特币的交易具有匿名性和安全性。比特币使用加密技术来保护交易信息，用户的隐私得到了较好的保护。同时，比特币的交易记录被存储在区块链上，具有不可篡改性和高度安全性，降低了交易风险。

最后，比特币的流通手段职能还体现在其跨境支付能力上。比特币是全球性的数字货币，可以实现无国界的快速支付，为国际贸易和跨境支付提供了便利。

需要注意的是，比特币的流通手段职能也面临一些挑战和限制。例如，比特币的价格波动性较大，这可能导致交易双方对价格的接受程度存在差异。此外，比特币的交易确认时间可能较长，特别是在网络拥堵时，这会影响交易的实时性。

3. 价值贮藏

当货币退出流通领域充当独立的价值形式和社会财富而被贮藏起来时，就产生了货币的价值贮藏职能。货币的价值贮藏职能是在实践中逐渐形成的，最初表现为朴素的货币贮藏。随着商品生产的发展，商品生产者为便于随时购买维持生产和生活的商品，便将此前出售商品获得的货币贮藏起来。后来，货币的贮藏职能演变为对交换价值的贮藏。

货币作为价值贮藏手段，可以自发地调节货币流通量，起着蓄水池的作用。当市场中商品流通缩小，流通中货币过多时，一部分货币就会退出流通领域而被贮藏起来；当市场中商品流通扩大，对货币的需求量增加时，一部分处于贮藏状态的货币又会重新进入流通领域。

数字货币的价值贮藏职能主要体现在其作为长期价值贮藏手段的能力上。数字货币采用现代信息通信技术，以二进制数据格式存储在网络或电子设备中，并通过用户的私钥进行保护。这种存储方式使得数字货币能够超越时间和空间的限制，成为一种安全、便捷的价值贮藏工具。

与传统的价值贮藏手段相比，数字货币有一些独特的优势。首先，数字货币的数量是有限的，以比特币为例，比特币总量为 2100 万枚，这种稀缺性使得比特币具有很高的潜在价值。其次，数字货币的交易记录被存储在区块链上，具有不可篡改性和高度安全性，这保证了数字货币的价值不会被轻易窃取或破坏。最后，数字货币的跨境支付特性也使其成为一种理想的全球价值贮藏工具，可以方便地进行国际的价值转移和贮藏。

随着比特币的普及和接受度的提高，越来越多的商家和服务开始接受将比特币作为支付方式，这进一步增强了比特币的价值贮藏职能。比特币可以作为一种全球通用的价值贮藏手段，方便人们在全球范围内进行价值转移和贮藏。

然而需要注意的是，比特币作为一种新兴的数字货币，其价格波动性较大。这种波动性可能会让比特币价值在短期内剧烈变化，但对于长期价值贮藏来说，只要对比特币有充分的信心和长期的投资视野，其价值的短期波动并不会影响它作为价值贮藏工具的本质。

4. 支付手段

货币的支付手段是指货币作为交换价值而独立存在，作为独立的价值形式进行单方面运动（如清偿债务、缴纳税款、支付工资和租金等）时所执行的职能。货币作为支付手段的职能是适应商品生产和商品交换发展的需要而产生的，开始是由商品的赊购、预付引起的，后来慢慢扩展到商品流通领域之外。货币作为支付手段允许商品和货币交换的时间和空间不一致。

从货币作为支付手段的职能中，产生了信用货币，如银行券、期票、汇票、支票等。随着资本主义的发展，信用交易越来越发达，货币作为支付手段的职能也越来越广泛，以致货币在信用交易领域占据了相当大的规模。在商品生产和货币经济发展到一定程度后，不仅在商品流通领域，非商品流通领域也开始用货币作为支付手段。在商品流通领域，支付手段的作用是预付款项或延期付款，如赊购赊销（与流通手段的钱货两清不同）；在非商品流通领域，货币的转移支付是货币在执行支付手段的职能，如地租、赋税、财产赠予与继承等。

货币作为支付手段，一方面减少了流通中所需要的现金，节省了大量现金，促进了商品流通的发展；另一方面，扩大了商品经济的矛盾。在赊买赊卖的情况下，许多商品生产者发生了债权债务关系，如果其中有人到期不能支付，就会引起一系列的连锁反应，使整个信用关系遭到破坏。例如，某人在规定期限内没有卖掉自己的商品，他就不能按时偿债，支付链条上任何一个环节的中断，都可能引起货币信用危机。

比特币在设计之初就定位为一种电子现金，因此支付手段职能是数字货币的核心应用。与传统的支付手段相比，比特币具有一些独特的优势，使得它成了一种具有吸引力的支付选择。比特币的支付是完全去中心化的，它不需要通过银行或其他金融机构作为中介来进行交易，而是直接在比特币网络上的用户之间进行交易，消除了传统支付体系中可能存在的中介费用和延迟，使得交易更为高效和便捷。比特币的支付还具有匿名性和安全性，保护了用户的隐私，同时增强了交易的安全性。比特币是全球性的，这让跨境支付变得更为简单和高效。

尽管比特币的支付手段职能有诸多优势，但也存在一些挑战和限制。例如，比特币的价格波动性较大，这可能导致消费者和企业对将比特币作为支付手段的信心下降，因为他们可能不愿意接受一种价值不稳定的货币。此外，比特币支付的安全性也取决于用户自身对钱包和私钥的管理，若管理不善也有可能导致资产损失。

4.3.2　数字货币可能成为法定货币吗

从上述分析可以看到，以比特币为代表的数字货币在某些方面已经具备了货币的基本职能，但仍然存在明显的不足，限制了其成为法定货币的可能性。这些不足主要体现在如下方面。

（1）通货紧缩风险：货币最根本的职能是价值尺度和流通手段，这要求货币本身不具备稀缺性且价格必须稳定。黄金最终退出货币历史舞台也是因为其稀缺性，黄金生产的速度赶不上经济发展的速度。比特币的总量是固定的，大约为 2100 万枚。随着社会总生产力的提升，社会总财富也在不断增加，如果比特币成为唯一的货币，那么随着时间的推移，比特币的购买力可能会增加，导致通货紧缩。另外，政府需要控制货币供应和利率以应对经济波动，比特币的总量固定，无法通过货币政策来调整，这限制了政府对经济周期的应对能力。

（2）发行成本高昂：从货币发展历程可以看到，货币越来越趋于符号化，货币本身不一定要具有价值，只要人们相信它有价值即可。在使用过程中，我们希望无论是发行还是流通，数字货币的成本都要尽可能小。当前，发行纸币也是有成本的，维护银行支付清算系统的成本也不低，但是至少比货币名义上的价值要小得多。而比特币要靠算力竞争才能获得记账权，其发行成本是非常高的。

（3）价格波动：从前文分析可以看出，比特币价格的高波动性是阻碍其成为真正货币的一个重要因素。如果比特币成为法定货币，这种波动性可能会对经济稳定性产生负面影响。

（4）交易速度：比特币网络的交易速度相对较慢，这会阻碍日常交易的进行，尤其是在交易高峰时期可能会产生阻塞。

（5）监管挑战：比特币和其他数字货币目前在全球范围内受到不同程度的监管。如果比特币成为法定货币，各国政府和监管机构需要制定新的法律和规则来适应这种情况。

（6）去中心化与主权：比特币的去中心化特性可能与国家的货币主权发生冲突。因为比特币的发行和流通不受单一政府的控制，所以国家可能会担心失去对货币政策的控制。

综上，虽然比特币和其他数字货币在某些方面具有优势，但它们目前还不适合作为法定货币，更像是一种可以交易的数字资产。为了促进经济的稳定和发展，各国政府可能会选择在传统货币体系中采用数字货币技术，例如，发行中央银行数字货币（Central Bank Digital Currency，CBDC），以保持对货币政策的控制权，同时利用区块链技术的优势。

2018 年 2 月 20 日，委内瑞拉正式预售由政府官方发行的石油币（Petro Coin），并在 2018 年 9 月正式启用并流通。这是人类历史上第一个由国家发行的法定数字货币。石油币是与该国石油、天然气、黄金和钻石储备直接挂钩的官方数字货币。《石油币白皮书》显示，每枚石油币与 1 桶石油等价，总发行量为 1 亿枚。由于美国持续对委内瑞拉进行金融管制和石油制裁，石油币成了委内瑞拉居民转移资金以规避美国制裁的一种方式。

2021 年 9 月，拉丁美洲国家萨尔瓦多宣布将比特币作为法定货币，成为世界上首个正式承认比特币为法定货币的国家。萨尔瓦多是拉美地区最贫穷的国家之一，长期面临低增长、高公共债务和强烈依赖汇款的问题。该国自 2001 年以来一直将美元作为官方货币，以避免对该地区其他国家造成严重打击的通货膨胀和货币贬值的影响。萨尔瓦多政府为了推广比特币，开发了必要的基础设施，例如，奇沃（Chivo）数字钱包，在全国安装比特币 ATM，并在所有公立学校实施了比特币教育，推出了比特币开发人员教育计划。尽管政府积极推广比特币，但多项民调显示，超过半数萨尔瓦多民众并不支持，甚至多次发起抗议游行，反对比特币成为法定货币。比特币价格波动太大，2021 年之后一度下跌超过 40%，另外，成百上千人的钱包遭到黑客攻击，资金和身份被盗，使得民众对比特币心怀疑虑，实际上使用比特币进行交易的情况并不多。

2022 年 4 月，中非共和国宣布将比特币作为法定货币；2022 年 7 月，中非共和国又推出了国家加密货币桑戈币（Sango Coin），成为首个创建国家加密货币的非洲国家。中非共和国互联网覆盖率仅为 11%，只有大约 14%的人能够用电，仅有不到一半的人拥有手机，比特币在实际应用中推广中面临诸多挑战。

总体而言，比特币作为法定货币的实验仍在一些小国中进行，实际应用和普及程度仍然非常有限，其最终效果和影响仍有待观察。

第 5 章

民间数字货币的风险与监管

> 数字货币的风险需要充分认识和防范,同时,数字货币的挑战也需要积极应对和解决。
>
> ——周小川,中国人民银行原行长

5.1 民间数字货币的风险

数字货币的发展带来了创新性的变革,促进了货币的数字化与多元化发展,为金融市场和金融用户提供了新的选择和机会,但同时,技术和应用的创新带来了诸多风险和挑战,人们开始关注其背后的风险和监管挑战。

民间数字货币作为虚拟货币的一种,缺少各国中央银行的主权信用背书,容易成为投资炒作与违法犯罪的工具。数字货币交易具有高风险性和波动性,容易引发金融风险,对金融和经济体系造成不良影响。另外,剥离于传统货币机制的比特币等数字货币交易容易滋生非法活动,如洗钱、逃税等,给社会治安带来隐患,给外汇管制、反恐怖主义、反洗钱等正常金融监管带来了极大的不便,其高度匿名性和去中心化技术的复杂性,直接导致了违法犯罪活动难以被追查。数字货币的发展可能会冲击现有成熟的金融货币体系,导致货币政策的乱象和金融体系的不稳定。

5.1.1 技术安全风险

数字货币的安全性和稳定性依赖密码学和区块链等技术的保障,但这些技术并不是绝对安全的。数字货币的存储和交易依赖网络和电子设备，可能遭受黑客攻击、病毒感染、系统故障、虚假交易、密码被盗、人为操作等威胁，导致数字货币丢失、被盗、损毁等事件，给用户和投资者带来损失。一旦发生数字货币的丢失、被盗、损毁等事件，用户和投资者可能无法追回损失，也无法得到法律的救济。

（1）密码学问题：数字货币交易使用的是密码学技术，但密码学技术并不完美。例如，MD5 加密算法被破解后，被篡改的信息可以重算出相同的 MD5 值，导致交易被篡改，无法可靠地验证数字货币交易。可以通过更换更安全的密码技术，使用更严格的加密算法来保护数字货币交易的安全性。

（2）交易所漏洞：数字货币交易大多发生在交易所中，而交易所的安全性并不稳定，即使依靠区块链技术也不一定能完全杜绝风险。交易所被黑客攻击的风险和交易所管理的人为错误都可能导致数字货币的丢失。由于数字货币交易主要通过互联网进行，所以存在被黑客攻击、被诈骗者窃取信息的风险。数字货币交易所和钱包平台可能存在安全漏洞，导致用户资产被盗。网络平台遭到黑客的攻击，可能会被盗取交易信息并被篡改数据。如果黑客掌握了用户的私钥，则在平台中可以再次入侵用户的数字资产。虽然监管机构可以查询到交易的传输方向，但是对交易用户无法监测到详细的信息，因此无法追回损失的财产。

例如，2014 年日本比特币交易平台 Mt.Gox 遭到黑客攻击，导致约 85 万枚比特币的损失，涉及数十亿美元的资金，直接导致 Mt.Gox 交易所破产。

交易所管理需要加强，另外需要加强管理人员的相互监督。同时，交易所应该开发更高效和安全的机制来保护交易所本身及用户数字货币的安全。

（3）交易安全问题：数字货币交易涉及网络交易等技术，而这些技术都有其固有的安全问题。网络中的黑客攻击可能导致交易的中断、延迟或丢失，容易给数字货币交易带来风险。交易所可以采取防火墙、安全访问控制、虚拟专用网（VPN）等技术防止网络攻击。

（4）智能合约问题：自动执行的智能合约存在一定的问题，根据程序配置，智能合约的错误可能导致数字货币在没有经过用户明确授权的情况下被转移。市场应进一步提高对智能合约的安全性的重视程度，如加强审查和测试质量，以减少错误和恶意代码的风险。

在技术层面，要持续加强数字货币的技术研发和创新，提高其抗攻击和抗干扰的能力，建立完善的风险防范和应急机制，保障数字货币的安全可控，保护用户的资产和隐私。

5.1.2　价格波动风险

由于数字货币市场的去中心化特点，以及缺乏监管机构的约束，其价格容易受多种因素的影响，如供求关系、技术创新、政策变化、市场情绪等，因此数字货币市场的价格波动性很高，数字货币的价格往往呈现快速上涨和下跌的走势，给用户和投资者带来了巨大的风险。对于一些市值较小的数字货币，价格通常很容易被人为操纵而暴涨或暴跌，甚至存在价值归零的风险。

例如，2021 年 4 月，比特币的价格曾一度突破 6 万美元的高点，但在 5 月中旬，受中国加强监管和特斯拉停止接受比特币支付的消息影响，比特币的价格暴跌至 3 万美元以下，市值蒸发近一半。比特币自 2013 年以来价格走势如图 5-1 所示。

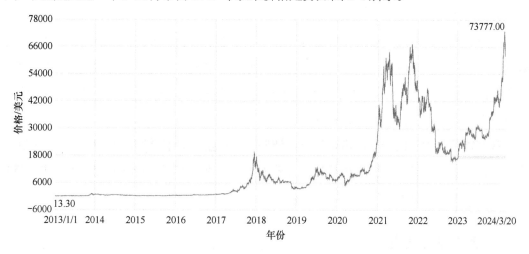

图 5-1　比特币自 2013 年以来价格走势

另外，数字货币市场相对较小，一些市值较小的数字货币的流动性相对较低，可能导致投资者难以在需要时出售数字货币。

因此，投资者在数字货币市场中应该保持谨慎，了解市场风险，并制订适合自己的投资策略。投资者应具备正确的风险认知，合理配置资产，避免过度投资或盲目跟风。

5.1.3　非法交易风险

目前，大部分主要经济体并没有承认非法定私人数字货币的合法地位，因此交易使用非法定私人数字货币存在一定的法律风险。我国在 2013 年发布的《关于防范比特币风险的通知》（银发〔2013〕289 号）中，明确比特币不具有法偿性与强制性等货币属性，并不是真正意义上的货币。

我国在 2017 年发布的《关于防范代币发行融资风险的公告》，明确指出需要准确认识代币发行融资活动的本质属性，违规代币发行融资是指融资主体通过代币的违规发售、流通，向投资者筹集比特币、以太币等所谓的"虚拟货币"，本质上是一种未经批准非法公开融资的行为，涉嫌非法发售代币票券、非法发行证券，以及非法集资、金融诈骗、传销等违法犯罪活动。因此，尤其需要高度重视主权国家关于民间数字货币的域内监管法律风险。

就民间数字货币而言，这些交易通常在自设交易平台进行，过程中涉及与法定货币的兑换、杠杆交易等，在很大程度上掌控在交易平台、发行方或交易商手中。这本身是非常中心化的规则，潜藏很多风险，过程中也缺失监管，屡屡发生欺诈、滥用市场交易、挪用客户资产等行为。

随着数字货币市场的火热，一些投机分子利用大众对数字货币知识的匮乏，打着"金融创新"的旗号，发行没有实体项目支撑的虚拟货币吸收公众资金，这些虚拟货币没有任何实际价值，被称为"空气币"，纯粹靠营销手段引诱投机者进场，随后统统卖出给投机者套现离场，侵害了公众的合法利益。

数字货币技术门槛较高，市场信息不透明，普通投资者很难鉴别其中的真伪，因此不建议普通人参与。参与数字货币项目的专业人士，也需要加强自身获取信息的能力，选择可信赖的信息源，做出明智的投资决策。

5.1.4　金融稳定风险

货币的发行与使用内嵌于一国金融和经济体系，涉及经济领域各个方面。在现有金融和经济体系下，货币发行与使用已形成一套成熟体系。数字货币的快速发展，可能对传统金融体系和金融稳定造成影响。

数字货币作为一种新的货币形态，以比特币为代表的民间数字货币可能会冲击金融和经济稳定，而全球法定数字货币的发展总体处于起步阶段，其发行和使用仍存在较大不确定性，这可能导致货币流通速度出现异常变化，削弱货币政策成效，加剧金融风险传播和降低金融监管政策有效性等，进而影响金融和经济体系的总体稳定。

从宏观调控角度来看，法定货币是中央银行实施货币政策的重要工具，通过调节货币供应和利率等手段来影响经济。虚拟数字货币的存在可能会削弱中央银行对这些关键经济领域的控制。

从外汇管制角度来看，政府通过外汇管制保障本国货币的稳定性。如果越来越多的国际资本选择通过非主权数字货币这种隐匿、安全又便捷的方式进行资本的转移，就会让不少国家的外汇管控制度形同虚设，最终导致形成资本流动的监管真空。

数字货币还对现有国际支付体系造成显著的影响，通过数字货币可以完全避开现有的国际支付体系，虽然数字货币实现国际支付相比传统跨境支付有诸多优势，但也带来了各种风险，如价格波动风险、汇率波动风险、洗钱风险等。

目前，民间数字货币的市场价值和交易量均较小，尚且不能对金融稳定造成系统性威胁。但随着其使用范围和规模不断扩大，民间数字货币与传统金融体系、各种民间数字货币彼此之间的关联越来越强，单个民间数字货币的风险可能演变为系统性金融风险，对金融稳定和市场秩序形成冲击。

如何在适当条件下使数字货币稳步融入现有金融和经济体系，也是各国货币当局面临的一项重要挑战。政府和监管机构需要密切监测市场动态，及时调整政策和应对措施，以维护金融稳定。同时，监管部门应全时监管民间数字货币，防止虚拟金融诱发实体风险。

5.1.5　社会安全风险

数字货币的高度匿名性和去中心化特点，虽然有利于保护用户的隐私和自主权，但也给网络犯罪和金融违法活动提供了便利条件。由于数字货币交易具有匿名性，因此其可能被不法分子用于洗钱、逃税、走私、贩毒、赌博、恐怖融资等非法目的，危害社会的安全和稳定。由于非法定数字货币不受国界的限制，利用数字货币进行的网络犯罪和金融违法活动往往具有跨国和跨境的特点，又加剧了数字货币监管的难度。

监管机构需要加强对数字货币市场的监管力度，建立合理的监管政策和机制，以防范非法活动的发生。同时，只有加强国际合作，共享信息和协作执法，共享对数字货币的追踪和溯源，才能有效地查处和惩罚相关违法犯罪行为。

5.2　民间数字货币的监管

针对上述风险和挑战，近年来主要国家和经济体已开始研究和制定监管政策，加强对数字货币领域的监管。2017 年 6 月，国际货币基金组织（International Monetary Fund，IMF）发布了一份关于金融科技行业发展的报告 *Fintech and Financial Services: Initial Considerations*，针对如何有效监管分布式账本技术（Distributed Ledger Technology，DLT）及以其为基础的数字货币提出了建议。2018 年，经济合作与发展组织（Organization for Economic Cooperation and Development，OECD）和 20 国集团（G20）共同发布了一份中期报告《数字化带来的税收挑战》，提出要对加密货币和区块链技术形成的数字资产交易信息进行监管。

就数字货币的核心技术区块链而言，各国监管机构则普遍遵循"技术中立"原则，对属于区块链在金融领域应用的业务活动实施"穿透定性"，即按照金融本质而非技术形式实施监管。

在新技术、新模式尚未成熟稳定的情况下，部分国家的监管部门已将区块链和分布式账本技术在金融领域的应用纳入现行金融监管体系，但尚未建立专门的监管机构和监管制度。

5.2.1　各国/地区对民间数字货币的监管态度

关于民间数字货币的定性，各国/地区对其的法律规制存在较大差别。民间数字货币的法律地位和监管规则在不同的国家和地区有所差异，甚至有些国家和地区对数字货币的合法性和合规性存在争议或发布了禁令。目前，世界主要国家央行和监管机构普遍表示，民间数字货币不具有普遍的可接受性和法偿性，本质上不是货币。

1. 美国

美国政府不同部门对数字货币的认定存在差异，美国证券交易委员会将符合"证券"特征的数字货币纳入证券发行框架进行监管，美国商品期货交易委员会将数字货币认定为大宗商品进行监管，美联储认为数字货币缺乏内在价值，没有全权资产或任何机构负责支撑，因而难以定性，美国税务局则将其认作个人资产并对其课税。但无论是作为个人资产还是大宗商品，均排除了普通数字货币成为法定货币的可能性。

早在 2013 年，美国财政部就发表了一份关于数字货币的声明，认为数字货币可以被视为一种"虚拟货币"，并且应该受到监管。此后，美国各州政府及美国联邦政府陆续出台了一系列与数字货币相关的法规。

美国联邦政府针对民间数字货币的监管主要由多个机构共同负责，包括美国证券交易委员会（Securities and Exchange Commission，SEC）、美国商品期货交易委员会（Commodity Futures Trading Commission，CFTC）和美国金融犯罪执法局（Financial Crimes Enforcement Network，FinCEN）等，这些机构根据现有的法律法规，针对数字货币的特点制定了一系列规定，要求数字货币交易平台和从业者遵守相应规定。

2018 年 3 月 7 日，SEC 发布的《关于可能违法的数字资产交易平台的声明》称，依照美国联邦法律的标准，虚拟货币交易所交易的数字资产属于证券范畴，因此相关交易所需要在 SEC 注册或获得注册豁免。2019 年 4 月 3 日，SEC 又发布了一份名为《数字资产是否属于投资合同的分析框架》的指导文件，旨在帮助从事数字资产业务的发行方或其他主体分析其数字资产是否属于"投资合同"而应被纳入"证券"的范畴。一旦数字货币属于"投资合同"而被纳入"证券"的范畴，那么对证券型数字货币的发行、出售、交易和清算都将受到 SEC 严格的监管并需要取得相应的资质或牌照。

CFTC 认为，包括比特币在内的所有虚拟资产都属于商品交易管理局（Commodity Exchange Authority，CEA）定义的商品，必须遵守 CEA 及相关法律规定并接受 CFTC 的监管。在此基础上，虚拟资产现货市场上的欺诈和市场操纵等行为，涉及保证金、杠杆或融资的虚拟资产商品期货交易行为，以及相关参与主体的合规登记都应遵守 CEA 的规定并受 CFTC 的监管。

FinCEN 要求，所有从事数字货币交易业务的主体都需要遵守 BSA 以及相关金融监管的规定并履行合规义务。任何主体想要在美国开展合规数字货币交易业务（目前主要涉及的还是交易所领域），都需要向 FinCEN 申请注册 MSB 牌照，实施全面的反洗钱风险评估和报告机制，特别是涉及资金的跨境转移，以及数字货币、法定货币、稳定币的兑换等。

2020 年 3 月 9 日，美国一位国会议员向众议院提交了一份《2020 年加密货币法案》，旨在明确各种数字资产的适当监管机构，并要求这些机构针对其管辖范围内的数字资产进行监管，对数字资产的交易、牌照发放与注册等方面做出了明确规定。

2022 年 6 月 7 日，美国两位国会议员提出了《负责任的金融创新法案》（*Responsible Financial Innovation Act*，RFIA），该法案旨在与现行法律结合，为数字资产创建一个较为全面的监管框架，涵盖了与税收、证券、商品、消费者保护、支付和稳定币、银行法、机构间协调，以及进一步的机构研究相关的诸多问题。

可见，美国联邦政府对加密数字货币的监管非常重视，并逐步形成了较为完整的监管框架，管理也越来越严格。

2. 欧洲

早在 2012 年，欧洲中央银行发布了文件《虚拟货币体制》，对虚拟货币做出了定义。

2014 年，欧洲银行管理局（European Banking Authority，EBA）发表声明，称应进一步完善虚拟货币的监管政策，并警告各金融机构在监管政策出台之前最好不要开展虚拟货币业务。

2016 年 7 月，欧盟委员会提出修改第四次反洗钱指令的立法提案，建议将钱包提供者和虚拟货币兑换平台纳入反洗钱法的监管范围。

2018 年 3 月，EBA 建议防止银行持有数字货币而不是管理资产。

2018 年，欧洲议会经济和货币事务委员会发布《虚拟货币与中央银行货币政策：未来的挑战》报告，指出虚拟货币即便在未来很长的时间内都无法彻底取代法定货币。

2022 年 10 月 11 日，欧盟立法机关通过了《加密资产市场监管》（*Markets in Crypto Assets Regulation*，MiCA）法案，旨在建立统一的加密监管框架，要求所有在欧盟范围内从事经营活动的加密货币服务提供商都应取得监管机构颁发的许可证，以确保消费者利益和符合环境保护要求，并引入防止市场操纵和相关金融犯罪的保障措施。该法案成为全球第一个为加密资产及其发行人和服务提供商建立的监管框架。

3. 日本

日本作为全球最大的比特币交易市场，日本政府对数字货币的态度可谓非常积极。从 2017 年开始，日本就免除了数字货币交易的消费税，承认数字货币的合法性和货币属性。2017 年日本开始实施《资金结算法案》，承认数字货币作为支付手段的合法性。之后，日本金融厅颁布《支付服务法案》，对数字货币交易所实施全方位监管。所有在日本境内运营的交易所必须获得日本财政部与日本金融厅的牌照授权。

在虚拟资产监管方面，日本在东亚地区乃至全球领先，对数字货币的监管形成了清晰、全面且极具特色的监管体系。早在 2016 年，日本修订的《支付服务法》便认可比特币是该法项下的合法财产。2017 年日本实施的《资金结算法案》明确了民间数字货币的法律属性，以及具体监管规则。2020 年 4 月，日本设立数字货币兑换协会和日本证券通证发行协会两大自律监管组织，成为首个创设虚拟资产自律监管组织的国家。

2022 年 6 月 3 日，日本议会通过一项具有里程碑意义的法案，明确了"稳定币"的法律地位，基本上将其定义为"数字金钱"（Digital Money）。

2023 年 6 月 1 日，由日本金融厅修订后的《资金结算法》获得日本上议院投票通过后生效，规定由法定货币支持的稳定币将在日本发行。

在监管政策方面，日本监管机构将虚拟数字资产分为证券型代币、实用性代币和稳定币等几类，根据各自的属性、功能和用途施加不同的监管制度。

针对证券型代币，修订后的《金融工具和外汇法案》首次引入了电子记录可转让权利（Electronic Records of Transferable Rights，ERTR）的概念，将通证发行和证券通证发行（Security Token Offering，STO）纳入监管，规定 ERTR 构成第 1 类证券，销售或交易 ERTR 的人士应当注册为第 1 类金融工具经营机构。与加密资产相关的场外衍生品交易或与之相关的中介或经纪活动也构成《金融工具和外汇法案》下的第 1 类金融工具业务，从而需要遵守有关于衍生品交易的规定。

针对实用型代币，根据《资金结算法》，从事加密货币兑换服务的人士应当向日本金融厅申请注册为加密资产兑换服务商,《支付结算法》设置了数字货币兑换业者的业务规则和其他附属业务。

针对稳定币,《资金结算法》规定由法定货币支持的稳定币将在日本合法发行,稳定币的发行机构将仅限于持牌银行、注册转账业务登记的代理机构和特定信托公司等,这些发行机构必须有等价的法定通货作为背书,也就是稳定币必须与日元或其他法定货币挂钩,并保证持有者有权按面值赎回。稳定币还可以在日本进行外汇交易,并受外汇交易监管规则的管理。

另外,根据《防止犯罪所得转移法》,加密资产兑换服务商应采取尽职调查和其他预防措施,以防范加密资产兑换服务相关的洗钱和恐怖主义融资风险。

4. 新加坡

在新加坡政府对金融科技"不寻求零风险,不扼杀技术创新"的原则指导下,新加坡积极发展区块链技术,积极推动数字货币的发展,新加坡是亚洲区域内最支持数字货币发展的国家之一。由于新加坡有积极良好的制度环境,因此多家交易所选择在新加坡开展业务,例如,新加坡 WBF 数字资产交易所就与新加坡政府合作密切。

新加坡金融管理局(Monetary Authority of Singapore,MAS)作为新加坡的金融监管机构,针对数字货币投资浪潮及时表明了监管态度,并出台了一系列数字货币监管相关政策。

在法律上,新加坡为涉及数字货币的交易、投资活动提供了一个中立的制度。换言之,数字货币在新加坡是合法的,任何涉及数字货币的合同都不会被视为非法。一方面,新加坡政府积极探索区块链技术创新对社会带来的良性影响,如政府一直在尝试用区块链技术发展数字货币和数字支付。另一方面,对于数字货币相关活动带来的风险,新加坡亦采取了谨慎监管的态度,如新加坡目前在规制数字货币相关领域进行了一系列重要立法,包括《证券与期货法》《支付服务法》《数字代币发售指南》《金融业综合法案(征求意见稿)》等,覆盖了 ICO、税收、反洗钱/反恐怖主义,以及购买/交易虚拟资产等方面。

MAS 按照数字货币的功能将其分为三大类:一是证券型数字代币;二是类似比特币的数字支付型代币;三是实用型数字代币。针对这三种类型的数字货币,监管政策有所不同。

针对证券型代币,MAS 于 2017 年 11 月制定了《数字代币发行指引》,规定如果数字代币属于《证券与期货法》规定的资本市场产品,将根据《证券与期货法》受到新加坡金融管理局的监管。同时,证券型代币发行服务中介机构也被纳入监管,根据服务内容需要持有资本市场服务牌照、财务顾问牌照或成为 MAS 批准的交易所。2022 年 4 月，新加坡议会通过《金融服务与市场法案》，要求数字代币发行方和服务提供方需要取得有效的金融牌照，并提出了更高的反洗钱、反恐怖主义融资要求。

针对数字支付型代币，MAS 于 2019 年 1 月通过了《支付服务法》，将电子货币（e-Money）和数字支付代币（Digital Payment Token，DPT）纳入支付牌照监管范围。2020 年 3 月，MAS 正式公布关于支付服务经营牌照的豁免企业名单，名单上的实体已取得豁免期内的特定支付服务或数字货币相关支付服务的许可证和经营权。

针对实用型代币，由于它可以用来换取发行主体创新开发的某些产品（包括利用区块链技术）或服务的使用权，MAS 目前给予了较大的创新空间，以观察其改善金融服务和实体经济的作用。实用型虚拟代币的发行无须受 MAS 的监管，但是其发行也需要满足新加坡关于反洗钱、反恐怖主义融资的规定。

5.2.2　中国对民间数字货币的监管政策

1. 中国香港

中国香港地区根据数字货币的功能分类不同，将数字货币分为证券型代币与非证券型代币。

针对证券型代币，基于对证券已经有比较成熟的监管体系，香港地区套用现有的证券监管政策，通过《证券及期货条例》来进行监管。

2017 年 9 月，香港证监会发布了《有关首次代币发行的声明》，指出部分 ICO 的条款和特点会导致其发售的数字代币可能属于《证券及期货条例》所界定的"证券"，并受香港证券法例的规管。从事"受规管活动"的人士或机构，无论是否位处香港，只要其业务活动以香港公众为对象，便须获证监会发牌或向证监会注册。

2019 年 3 月，香港证监会发布《有关证券型代币发行的声明》，规定证券型代币属于《证券及期货条例》下的"证券"，因而受香港证券法例的监管，如要推广及分销证券型代币（无论是在香港或以香港投资者为对象）须根据《证券及期货条例》就第一类受规管活动（证券交易）获发牌照或注册。

针对非证券型代币，香港通过修订现有法律以覆盖非证券型代币的监管。

2018 年 11 月 1 日，香港证监会发布了《有关针对虚拟资产投资组合的管理公司、基金分销商及交易平台营运者的监管框架的声明》，将虚拟资产管理业务纳入监管范畴。

2019 年 11 月，香港证监会直接发表立场书将持牌的虚拟资产交易平台纳入监管沙盒

（"自愿发牌制度"），并列明与持牌证券经纪商和自动化交易场所的标准相同的监管标准。

2022 年 6 月，中国香港特区政府发布《2022 年打击洗钱及恐怖分子资金筹集（修订）条例草案》，将非证券型代币归类为虚拟资产进行监管。

2022 年 10 月 31 日，中国香港特区政府发表《有关虚拟资产在港发展的政策宣言》，阐明中国香港特区政府为在香港发展具有活力的虚拟资产行业和生态系统而制定的政策立场和方针。该宣言在表明鼓励、支持虚拟资产行业发展态度的同时，也为虚拟资产行业构建了完整的监管框架，在积极鼓励技术创新及应用的同时，确保对风险有适切妥当的管控。

2. 中国内地

中国曾经是全球最大的数字货币市场之一，这也让政府对数字货币的监管尤为重视。中国政府对民间数字货币抱有谨慎的态度。自 2013 年以来，中国央行就对数字货币进行了多轮监管，力图遏制虚拟货币的狂热发行，以及各种假借虚拟货币名义的违法犯罪活动。

2013 年 12 月 3 日，中国人民银行、工业和信息化部、中国银行业监督管理委员会、中国证券监督管理委员会、中国保险监督管理委员会五部委联合印发了《关于防范比特币风险的通知》，认定比特币是一种特定的虚拟商品，不具有与货币等同的法律地位，不应作为货币在市场上流通使用。各金融机构和支付机构不得开展与比特币相关的业务。加强对比特币互联网站的管理，并防范比特币可能产生的洗钱风险。同时，应当加强对社会公众货币知识的教育及投资风险提示。

2017 年 9 月 4 日，中国人民银行、中央网信办、工业和信息化部、国家工商行政管理总局、中国银行业监督管理委员会、中国证券监督管理委员会、中国保险监督管理委员会七部委联合发布《关于防范代币发行融资风险的公告》，要求任何组织和个人不得非法从事代币发行融资活动，即日起停止一切代币发行融资活动。

2018 年 8 月 24 日，中国银行保险监督管理委员会、中央网信办、公安部、中国人民银行、国家市场监督管理总局五部门再次发布《关于防范以"虚拟货币""区块链"名义进行非法集资的风险提示》，明确提示，一些不法分子打着"金融创新""区块链"的旗号，通过发行所谓"虚拟货币""虚拟资产""数字资产"等方式吸收资金，侵害公众合法权益。此类活动并非真正基于区块链技术，而是炒作区块链概念行非法集资、传销、诈骗之实。

2021 年 5 月 18 日，中国互联网金融协会、中国银行业协会、中国支付清算协会联合发布《关于防范虚拟货币交易炒作风险的公告》，再次强调虚拟货币是一种特定的虚拟商品，不是真正的货币，不应且不能作为货币在市场上流通使用。有关机构不得开展与虚拟货币相关的业务，并加强对会员单位的自律管理。

2021 年 9 月 15 日，最高人民法院、最高人民检察院、公安部、中国银行保险监督管理委员会、中国人民银行五部委发布《关于进一步防范和处置虚拟货币交易炒作风险的通知》，指出虚拟货币相关业务活动属于非法金融活动，参与虚拟货币投资交易活动存在法律风险。

除此之外，中国监管部门对数字货币交易平台的监管也非常严格。在 2017 年之前，中国的数字货币交易平台市场发展迅速，但随后中国政府出于对投机和非法交易的担忧，以及稳定金融市场的考虑，采取了一系列监管措施，取缔了大部分交易平台，这些数字货币交易平台纷纷转移至日本、新加坡、美国等地。

中国对数字货币的监管和禁止措施无疑对经济和金融体系产生了深远影响。一方面，这种监管措施有助于维护金融稳定和社会安全。数字货币的高风险性可能引发金融风险，尤其是在大规模投机和非法交易中，监管的存在可以有效遏制此类风险。另一方面，这种监管措施也有助于保护消费者的权益。尽管数字货币市场发展迅猛，但也伴随着信息不对称和投机行为，监管的加强使得消费者更加警惕风险和非法行为。

无论是海外还是中国，数字货币监管都是一个难题。如何在维持监管效果的同时推动数字货币市场的健康发展，需要政府、监管机构和数字货币行业的共同努力。

5.2.3　民间数字货币的监管建议

目前，越来越多的发达国家认可数字货币在商业应用与价值创造方面的作用，并逐步通过立法手段构建针对数字货币的监管框架，将民间数字货币交易纳入日常监管。IMF 在 2021 年 2 月 20 日发布的报告中提出，在当今数字时代，央行数字货币和私人数字货币可以共生（Coexist）。在发展法定数字货币的同时，如何有原则、安全地发展民间数字货币市场，需要尽早着手制定有关民间数字货币的适用法律，明确监管主体与法律责任，构建完整的数字货币监管框架，在国际数字货币竞争中保持领先优势。

1．加强数字货币的立法与规范

数字货币市场的快速发展带来了一些法律和监管方面的挑战。政府和监管机构需要及时制定和完善相关政策和法规，加强对数字货币市场的监管，以保护投资者的权益和维护市场的稳定。

明确法律地位与监管框架：要先明确民间数字货币的法律地位，确定其与法定货币的关系，并建立相应的监管框架，包括虚拟数字货币的发行、交易、使用等方面的法律规定。可以借鉴日本和新加坡等国的监管经验，充分利用现行的法律法规和监管框架实现对民间数字货币的监管，并在此基础上对《中华人民共和国证券法》《中华人民共和国人民币管理条例》等相关法律法规的适用范围进行调整，区分不同类别数字货币的实质和特点，分类纳入现有法律框架下，形成适合中国国情的数字货币监管体系。

建立和完善虚拟数字货币的监管制度：包括但不限于市场准入、运营监管、信息披露、风险防范等方面的规定。为数字货币交易制定明确的规则，包括交易平台资质审核、交易员资质要求，以及交易过程中的反洗钱和反恐融资规定。此外，需要对数字货币服务提供商进行规范，确保其服务符合国家金融安全与合规要求。同时，应赋予监管机构必要的监管权力，以确保监管的有效性。

制定反洗钱和反恐融资规定：虚拟数字货币的匿名性和去中心化特点使其成为洗钱和恐怖融资的潜在工具。因此，应制定严格的反洗钱和反恐融资规定，加强对虚拟数字货币交易的监管。

保护投资者权益：应制定相关规定，保护投资者在虚拟数字货币交易中的合法权益，包括但不限于信息披露、交易透明度规定、投资者教育等方面。

2. 促进数字货币的监管科技创新

由于数字货币的匿名性和去中心化特点，因此监管机构面临着技术难题，例如，如何追踪交易路径、如何识别洗钱行为等。监管部门需要不断推动监管科技的创新，开发完善现行监管系统和技术模型，提升监管能力。同时，数字货币技术和应用还在快速发展中，将带来新的应用和挑战。因此，在立法和规范时应不断适应技术的发展，以确保其有效性和前瞻性。

为了适应监管要求，数字货币交易平台和从业者也需要投入更多人力、物力和财力来确保合规运营，包括建立客户识别（Know Your Customer，KYC）和反洗钱（Anti-Money Laundering，AML）机制等，规避法律和监管风险。

3. 促进数字货币技术的研究与创新

数字货币及其背后的区块链技术是一场革命，其发展不仅带来了风险，也带来了巨大的机遇。金融监管部门和机构在防范风险的同时，也应当支持和鼓励数字货币和区块链技术的创新和发展。在政策层面，鼓励数字货币发行方和参与方不断升级优化技术体系，集中突破数字货币时代下的金融技术难点，对数字货币数据、隐私安全，以及未来可能面对的超主权货币冲击做好准备。结合区块链技术，完善数字货币在其他领域的二次应用，为金融市场和金融用户提供更多的选择和服务。面对潜在的技术风险，还应加强全国范围内的实时支付基础设施建设，保障消费者和企业安全高效地使用数字货币。

4. 加强数字货币的金融教育和普及

数字货币的健康发展需要金融用户的正确理解和合法参与，这离不开金融教育和普及。金融监管部门和机构应该加强对数字货币的宣传和教育，通过公共教育项目，提高公众对数字货币的认识，使其了解数字货币的优势及潜在风险，增强金融用户的金融素养和风险意识，让他们能够更好地认识和利用数字货币，也能够更好地防范和避免数字货币的风险。

一些国家和地区已经在学校、社区、媒体等渠道开展了数字货币的教育和普及活动。例如，新加坡的"数字货币教育计划"、日本的"比特币教育项目"等，这些活动旨在提高公众对数字货币的认知和接受度，也为数字货币的发展创造了良好的社会环境。

5. 加强数字货币领域监管的国际合作

由于虚拟数字货币是在全球流通的，其发展不受国界的限制，单一国家或地区的监管措施难以有效应对数字货币的风险，因此需要加强国际合作，与其他国家的监管机构共享信息，共同打击网络犯罪和金融违法活动。各国监管机构的合作和协调显得尤为重要。只有加强国际沟通和协调，共同应对数字货币领域的监管挑战，才能更好地维护市场的稳定和投资者的权益。

在当前各国分别监管的基础之上，建议建立国家之间相互联系的监管体系，形成各国司法主权之间有效的监管合作机制，包括信息共享、协调处理和包容等。各自需要在履行监管职责的同时接受监督，相互支持、合作，达成监管共识，促进双边数字货币项目和法律法规的完善和优化。通过长期的磨合，建立统一或兼容的国际监管标准和规则，从而实现对数字货币的全球治理。

2017 年，美国与欧洲和亚洲的执法机构合作，成功捣毁了两个名为"阿尔法湾"和"汉萨"的暗网市场，这两个市场利用比特币作为交易货币，销售各种非法商品，涉及数千万美元的交易额。

总之，数字货币监管的加强是全球数字货币监管的一个重要趋势，虽然监管增加了数字货币行业的合规成本和市场的不确定性，但也促使了监管科技的发展和市场的规范。随着技术的进一步发展和监管框架的完善，数字货币监管将更加精准和有效，为数字货币市场的健康发展提供保障，各方应加强合作，共同应对数字货币带来的新挑战和风险，推动行业的可持续发展。

第 **6** 章

央行数字货币

> 数字货币可能有美好的未来，尤其是如果这个创新可以让支付系统更快速、更安全，也更有效率。
>
> ——本·伯南克，美联储原主席，2022 年诺贝尔经济学奖获得者

6.1 央行数字货币概述

比特币、以太坊等加密数字货币市场的快速发展反映出数字货币领域的巨大潜力，也暴露出在制度规范缺失下数字货币的风险与弱点。

从经济学的角度来看，民间数字货币不具备成为真正货币的条件。首先，民间数字货币受到了 20 世纪以来的国家货币理论的挑战。国家货币理论将货币定义为国家发行的、作为法定清偿和记账手段的信用货币，该理论强调国家掌握了货币发行的权力。民间数字货币由私人主体或公司发行，没有政府信用作为背书，不符合国家货币主权的要求。

其次，奥地利经济学家约瑟夫·熊彼特在《经济发展理论》中提到货币的"本质"不在于可发现的任何外在的形式，而在于稳定地转移支撑经济交易的信用和债务。当前，民间数字货币价格波动剧烈，社会公众信任度低，与现有金融体系兼容度低，还难以承担法定货币的职责。

最后，从实际应用情况来看，以比特币为代表的民间数字货币表现出总量限定、价格波动剧烈、交易耗时较长等特点，限制了民间数字货币作为交易媒介的广泛性。基于区块链的数字货币，如比特币实际理论最大值也只能支持到 7 笔/秒，Libra 的吞吐量也仅为 1000 笔/秒。而"双 11"期间网联的清算峰值达到了 10 万笔/秒，显然如果用区块链来实现数

字货币，目前还远远达不到零售级支付场景吞吐量的要求。

2012 年，位于瑞士的印钞造币公司 Giori 提出将传统实物货币、借记卡与电子网络先进技术的功能融为一体，依托全球货币技术标准（Global Standard of Money Technology，GSMT）架构管理全球的数字金融交易，建立一个基于现有纸币系统模式的电子网络，从而推出由中央银行设立和发行的法定数字货币——焦里币（Giori Digital Money，GDM）。焦里币虽然遵循的是传统的以中心化为特征的数字货币模式，但是其数字 M0 和编码的理念对各国中央银行货币研究团队产生了深刻的影响。

为了应对数字货币带来的冲击，并借鉴数字货币的技术优势，各国中央银行也在积极研究由中央银行发行主权加密数字货币的理论与技术，美国、欧盟、日本等主要经济体都在积极筹备央行数字货币。根据美国智库大西洋理事会在 2022 年 7 月发布的《全球央行数字货币发展研究报告》，2022 年全球已有 105 个国家和地区在探索研究央行数字货币，其中约 50 个国家和地区已经进入开发、试点、发行等高级阶段。

在法定数字货币研究方面，中国人民银行走在世界前列。早在 2014 年，中国人民银行就开始研究数字货币。2016 年 11 月，中国人民银行专门成立了数字货币研究所，进一步推动数字人民币的研发工作。2020 年至今，数字人民币的试点城市不断扩容，并在批发零售、餐饮文旅、教育医疗、公共服务等领域形成了一大批涵盖线上线下、可复制、可推广的应用模式。随着试点城市和应用模式的增加，数字人民币离我们的日常生活也越来越近。

6.1.1　央行数字货币的定义

央行数字货币（Central Bank Digital Currency，CBDC），也称法定数字货币，是一个发展中的概念，目前尚未得到统一界定。

IMF 将央行数字货币定义为由中央银行发行、基于中央银行信用的数字货币，被赋予本地计价单位，也可以理解为现金的数字化形式。

国际清算银行（Bank of International Settlements，BIS）发布的《2022 年国际清算银行对中央银行数字货币和加密货币的调查结果》指出，央行数字货币是一种数字支付工具，以国家记账单位计价，是中央银行的直接负债。BIS 将央行数字货币分为两类：零售 CBDC 和批发 CBDC。零售 CBDC 旨在供家庭和公司用于日常交易，不同于现有形式的无现金支付工具（信用转账、直接借记、卡支付和电子货币），它代表了对中央银行的直接债权，而不是对私人金融机构的责任。批发 CBDC 旨在用于商业银行、中央银行和其他金融机构之间的交易，发挥与中央银行持有的储备或结算余额类似的作用。批发 CBDC 可以让金融机构访问由代币化实现的新功能，例如，可组合性和可编程性。

英格兰银行在其关于 CBDC 的研究报告中给出这样的定义：中央银行数字货币是中央银行货币的电子形式，家庭和企业都可以使用它来进行付款和储值。

中国人民银行发行的央行数字货币称为数字人民币，数字人民币是由中国人民银行发行，由指定运营机构参与运营并向公众兑换，以广义账户体系为基础，支持银行账户松耦合功能，与纸钞和硬币等价，并具有价值特征和法偿性的可控匿名的支付工具。

结合已有研究，本书认为央行数字货币是由中央银行以数字形式直接发行的货币，是中央银行数字形式的负债，也是法定货币的一种新形态，它本质上仍属于 M0，是现有货币的另一种形式。央行数字货币需要央行信用和足量准备金进行保障，它本质上仍是主权信用货币，只是在形式上区别于传统纸币，与传统纸币最大的不同是不可储蓄生息，因此可以最大限度地刺激货币流通。

6.1.2 央行数字货币的特点

1. 属于基础货币 M0

央行数字货币是基于国家信用发行的基础货币。由央行发行的法定货币是广义货币中的基础货币 M0，由于基础货币无法满足实时、跨区域的现实需要，央行必须授予商业银行部分货币发行权，由此产生了涵盖活期存款等在内的广义货币 M1。基于法定数字货币由央行依法发行的特点，其应属于基础货币 M0 的范畴，并通过相应的存取结算等活动进入商业银行系统。

由于央行数字货币属于法定货币，因而具有刚性的兑付特性。发行法定数字货币后，现金的需求将进一步减少，央行将逐渐以数字货币的形式替代传统纸币，货币结构将发生变化并提高支付结算的整体效率，客观上将促进经济活动的活跃程度，提供更为充足的货币流动性并降低交易成本。

2. 以国家主权信用为担保

央行数字货币由央行发行并由其保证绝对控制权，以国家信用为担保支撑其保持稳定。在现代货币体系中，央行拥有绝对和完整的货币发行权，货币的有效供给与稳定关系着主权国家的存在基石。比特币等数字货币通过区块链技术来发行货币并构建共识机制，希望在数字世界中替代央行的职能，但是由于缺少国家信用的背书，因此实际上还远远无法解决广泛社会生活应用场景下的共识问题。

基于国家主权信用发行央行数字货币，有助于限制民间数字货币的应用，保证货币供应和使用的稳定。因此，央行数字货币是法定货币的数字化形式，其币值、利率与本国纸币保持一致，并在央行的统一发行下，以国家主权信用为担保履行货币职能，逐步实现构建高质量货币体系的目标。

6.1.3 央行发行数字货币的意义

2017 年，加拿大央行在一篇题为《央行数字货币：动机与影响》的文章里给出了发行CBDC 的 6 个理由：一是确保央行向大众提供足够的现金，以及维持央行的铸币税收入；二是降低利率下限，支持非传统货币政策；三是降低总体风险，提高金融稳定性；四是提高支付的可竞争性；五是促进金融包容性；六是抑制犯罪活动。

对发达国家来说，转型成为无现金社会是主要的驱动因素；而对发展中国家来说，金融普惠、降低成本，以及提高操作效率是主要的驱动因素。

央行数字货币代表着一种新型支付基础设施，发行央行数字货币能带来机遇。央行数字货币利用分布式账本技术可以分散央行集中式支付、结算和清算的压力，降低集中式支付系统的风险。同时，以区块链为代表的分布式账本技术在金融交易、结算、监管和信用管理等领域展现了巨大发展潜力。

央行数字货币大大降低了货币发行、流通、使用等环节的成本，实现无钞化交易，也符合当前飞速发展的电子支付潮流。央行数字货币借助互联网新技术大幅增强了防伪功能，并可以实现对货币流动的监控，对预防和惩治金融违法犯罪行为具有重要意义。

央行数字货币的出现顺应了数字经济发展趋势，对经济发展将产生积极影响。第一，相比现金，央行数字货币可以被分割为更小的单位，支付灵活便捷，有利于促进小额商业交易，从而助推数字经济的商业模式创新。第二，央行数字货币通过智能合约技术增加了可编程功能，能够在电子商务和商务活动中预先设定条件和规则进行自动付款，提高了交易效率。第三，央行数字货币结算采用付款人与收款人点对点直接传输的模式，不需要央行清算登记，可以大幅降低使用成本和交易成本。

在金融服务层面，数字技术有助于提高金融服务的包容性，为普惠金融发展提供支撑。数字货币交易不依托任何金融中介，并对互联网等基础设施建设没有特定要求，这种特质能够增强传统金融基础设施薄弱地区的金融服务覆盖面和便利性。

与传统货币通过政治、军事等手段"由上而下"推广使用的路径不同，央行数字货币因对现有支付系统有巨大的改进，其推广使用将更多依靠市场力量，采用一种"自下而上"使用的路径。因此，掌握技术标准制定权，将使本国央行数字货币在国际竞争中处于优势，这对维护本国央行数字货币底层技术安全、保障国家金融安全至关重要。一旦在央行数字货币技术标准制定中处于落后地位，本国央行数字货币不得不使用其他国家的技术标准，将不利于金融基础设施的独立性和安全性。因此，抢占数字货币技术高地、拥有技术话语权是各国央行纷纷加快央行数字货币研发试点的重要原因。

6.1.4　全球政府对央行数字货币的态度

每个国家的金融体系和货币政策体制不同，是否需要采用央行数字货币利率这一新型货币政策工具，必须具体情况具体分析。海外各国又不想失去在数字货币占得一席之地的机会，因此出台的政策法规也经常变换。

2023 年 7 月 10 日，BIS 发表了工作论文 "Making Headway: Results of the 2022 BIS Survey on Central Bank Digital Currencies And Crypto"，详细介绍了 BIS 第六次 CBDC 调查的成果。结果显示，2022 年，参与各种类型的 CBDC 工作的中央银行比例进一步上升，达到93%，其对 CBDC 发行的不确定性正在减少。分类型来看，零售 CBDC 的工作比批发 CBDC更先进：近 1/4 的中央银行正在试行零售 CBDC。超过 80%的中央银行认为同时拥有零售CBDC 和快速支付系统具有潜在价值，主要是因为零售 CBDC 具有特定的属性，并有可能提供额外的功能。调查显示，到 2030 年，可能会有 15 个零售 CBDC 和 9 个批发 CBDC 公开发行使用。超过 90%的中央银行在设计概念验证、试点或推广 CBDC 时与其他利益相关者合作。新兴市场和发展中经济体（Emerging Market and Developing Economies，EMDEs），以及发达经济体（Advanced Economies，AEs）的参与程度和所涉及的 CBDC 类型各不相同。大约60%的受访央行表示已经加强了 CBDC 的工作，以应对加密资产的出现。

1. 美国

美国基于其传统美元霸权地位，原本对数字货币并不积极，但由于数字货币的快速发展，以及其他主权国家特别是中国等都在积极布局央行数字货币，美国不得不开始布局数字美元。同时，各国央行数字货币对美元在世界贸易与金融结算体系的霸权地位构成了挑战，美国也需要在央行数字货币领域继续建立数字美元霸权。

近年来，美国政府和美联储对数字货币的态度发生了很大的变化。

2019 年 11 月 20 日，美联储主席杰罗姆·鲍威尔（Jerome Powell）致信美国国会众议院金融服务委员会的两位成员，重申美国目前没有发行央行数字货币的计划和必要。

但是到 2020 年 8 月，美联储官方宣称正在研究央行数字货币带来的机遇和挑战，并与麻省理工学院进行相关合作，这些举措补充了美联储系统内正进行的一系列与支付项目相关的创新。美联储的技术实验室（Tech Lab）正在扩大与数字货币和其他支付创新技术的实验。美联储还表示，会继续与其他中央银行和国际组织合作，以推进其对央行数字货币的理解。2020 年 10 月 19 日，鲍威尔在 IMF 年会上表示，"美联储正致力于谨慎、认真、全面地评估央行数字货币对美国经济和支付系统带来的潜在成本和收益。"这是鲍威尔首次对央行数字货币表现出正面态度。

2020 年 5 月，由美国商品期货交易委员会前主席 Christopher Giancarlo 创立的非营利组织数字美元基金会联合埃森哲发布了"数字美元项目"（Digital Dollar Project，DDP），旨在促进对央行数字货币或数字美元的探索，从而维持美元作为世界货币的地位。

2022 年 3 月 9 日，美国总统拜登签署了一项名为《确保负责任地开发数字资产》的行政命令，呼吁美联储、美国财政部等政府机构对数字资产的益处和风险进行评估，探索开发美国央行数字货币，要求美国在数字资产领域保持全球的领先地位。

2. 欧洲

欧盟先前对数字货币总体态度也比较谨慎，没有推出自己的央行数字货币计划。2018 年 9 月，时任欧洲中央银行行长马里奥·德拉吉（Mario Draghi）表示，由于基础技术缺乏稳健性，欧洲央行和欧元体系没有发行央行数字货币的计划。

2019 年 5 月，德国中央银行行长延斯·魏德曼（Jens Weidmann）在德国央行研讨会上表示，央行数字货币的推出可能会破坏金融体系稳定、加剧银行挤兑风险。

但是到 2020 年 10 月初，欧洲中央银行正式出台文件《数字欧元报告》，介绍了欧盟发展数字货币的计划，迈出了探索数字欧元的第一步。

3. 日本

2019 年 10 月，日本中央银行行长黑田东彦表示，没有考虑发行央行数字货币的计划。但是到 2020 年 10 月 9 日，日本中央银行紧随欧州中央银行发布《数字日元报告》，提出数字日元实验计划。

2021 年 4 月，日本中央银行宣布启动 CBDC，这开启了其央行数字货币实验的第一阶段，通过概念证明（Proof of Concept，PoC）测试央行数字货币所需核心功能和特性的技术可行性。

4. 新加坡

新加坡金融管理局早前主要以研究批发 CBDC 为主。早在 2016 年，新加坡金融管理局就推出了"Project Ubin"计划，探索使用区块链和分布式账本技术进行付款和证券清算、结算。

2021 年 11 月，新加坡金融管理局推出了零售 CBDC 计划，即"Project Orchid"。李显龙认为，CBDC 已经成了全球金融系统的一个趋势和未来方向。它有可能会替代传统纸币和电子支付方式，并成为未来的主流货币形式。李显龙指出，虽然 CBDC 的前景非常广阔，但是它也存在技术上的问题，例如，如何面对安全性、隐私性和可扩展性等方面的挑战。因此，各国央行需要对 CBDC 进行充分的测试和研究，以确保其正常运作。

5. 中国

中国是世界上最早探索央行数字货币的国家之一，并于 2020 年 4 月成为世界上第一个试点央行数字货币的主要经济体，目前已在全国 10 余个城市展开试点。

2020 年 10 月 23 日，中国人民银行发布《中华人民共和国中国人民银行法（修订草案征求意见稿）》，规定人民币包括实物形式和数字形式，为发行央行数字货币提供了法律依据。

6. 其他国家和地区

在柬埔寨，为改善机构间互联互通，促进金融服务普惠性，以及减少纸币流通，该国通过分布式记账技术和区块链技术，开发了"巴孔"（Bakong）支付体系，这被外界视作一种"准央行数字货币"。柬埔寨中央银行副行长谢丝蕾介绍，该系统可以提高支付效率，并降低基础设施使用成本。同时，区块链技术也提高了交易安全程度。

泰国亦就零售 CBDC 展开探索。泰国中央银行副行长马西·苏帕蓬塞表示，希望拓宽零售 CBDC 的渠道，鼓励更多创新，开放更多可能性，打造更多金融使用场景，进而提升泰国民众的金融福祉水平。

除了以央行为主导发行的 CBDC，以突尼斯、塞内加尔等为代表的非洲国家，则选择直接以政府承认的加密货币与现有货币共同流通的"数字法币"方式。

6.2　中国央行数字货币——数字人民币

数字人民币，是中国人民银行发行的法定数字货币，称为"数字货币电子支付"（Digital Currency/Electronic Payment，DC/EP）。数字人民币是我国法定货币的数字形态，也是为数字经济发展提供的通用型基础货币，由中国人民银行发行和管理，与人民币现金具有同等效力，同时保证100%的人民币储备金率，具有价值特征和法偿性，即任何单位和个人在具备接收条件时不得拒收数字人民币。数字人民币的主要定位是替代流通中的现钞与硬币，同时具有现钞与硬币的使用价值，只要现钞能购买的东西、能兑换的外币，数字人民币都可以购买与兑换。

6.2.1 数字人民币的职能

数字人民币是中国人民银行发行的数字形式的法定货币，由指定运营机构参与运营，以广义账户体系为基础，支持银行账户松耦合功能，与实物人民币等价，具有价值特征和法偿性。数字人民币保持着无限法偿性的法律地位，具备货币应有的 4 个基础职能：价值尺度、流通手段、价值贮藏和支付手段，其主要含义如下。

第一，数字人民币是央行发行的法定货币。一是数字人民币具备货币的价值尺度、流通手段、价值贮藏和支付手段等基本功能，与实物人民币一样是法定货币。二是数字人民币是法定货币的数字形式。从货币发展和改革历程看，货币形态随着科技进步、经济活动发展不断演变，实物、金属铸币、纸币均是相应历史时期发展进步的产物。数字人民币发行、流通管理机制与实物人民币一致，但以数字形式实现价值转移。三是数字人民币是央行对公众的负债，以国家信用为支撑，具有法偿性。

第二，数字人民币采取中心化管理、双层运营。数字人民币发行权属于国家，中国人民银行在数字人民币运营体系中处于中心地位，负责向作为指定运营机构的商业银行发行数字人民币并进行全生命周期管理，指定运营机构及相关商业机构向社会公众提供数字人民币兑换和流通服务。

第三，数字人民币主要定位于现金类支付凭证（M0），将与实物人民币长期并存。数字人民币与实物人民币都是央行对公众的负债，具有同等法律地位和经济价值。数字人民币将与实物人民币并行发行，中国人民银行会对二者共同统计、协同分析、统筹管理。

第四，数字人民币是一种零售型央行数字货币，主要用于满足国内零售支付需求。央行数字货币根据用户和用途不同可分为两种：一种是批发型央行数字货币，主要面向商业银行等机构类主体发行，多用于大额结算；另一种是零售型央行数字货币，面向公众发行并用于日常交易。各主要国家或经济体研发央行数字货币的重点各不相同，有的侧重批发交易，有的侧重零售系统效能的提高。数字人民币是一种面向社会公众发行的零售型央行数字货币，其推出将立足国内支付系统的现代化，充分满足公众日常支付需要，进一步提高零售支付系统效能，降低全社会零售支付成本。

第五，在未来的数字化零售支付体系中，数字人民币和指定运营机构的电子账户资金具有通用性，共同构成现金类支付工具。商业银行和持牌非银行支付机构在全面持续遵守合规（包括反洗钱、反恐怖融资）及风险监管要求，且在获央行认可支持的情况下，可以参与数字人民币支付服务体系，并充分发挥现有支付等基础设施作用，为客户提供数字化零售支付服务。

与现在流行的微信、支付宝等电子支付方式相比，数字人民币具有本质上的不同。

（1）从货币属性上看，数字人民币是以国家信用为基础发行的货币，是对现金的替代，是法定货币的一种形态，因此具有无限法偿性，任何人都不能拒绝接收；而电子支付仅仅是一种支付方式。

（2）从货币层次上看，数字人民币属于现金货币 M0 的范畴；而基于银行账户的电子支付则属于广义货币 M2 的范畴。

（3）从结算模式上看，数字人民币直接以央行货币进行结算，纳入央行的债务体系并受到保护，具有"支付即结算"的特性；而当使用微信或支付宝支付时，是以商业银行存款进行结算的。

（4）从支付功能上看，数字人民币能够实现"双离线支付"，使用数字人民币进行支付并不需要网络，只要有电就行；而对微信或支付宝等移动支付来说，在没有网络信号的地方就无法正常支付。

（5）从隐私保护上看，数字人民币支持可控匿名，即"小额匿名、大额依法可溯"，在支付时不依赖银行账户，在合法和监管的前提下，能够满足公众对匿名支付的需求，有利于保护用户个人隐私及用户信息安全；而微信或支付宝由于在实名认证和关联银行账户上的必要，很难实现支付的匿名。

（6）从交易成本上看，基于第三方支付的移动支付可能面临一定的交易费用；而电子钱包里的数字人民币本身就属于持有者的现金，不会产生任何额外的交易费用。

6.2.2　中国央行数字货币的发展历程

中国人民银行从 2014 年起就成立了专门的研究团队，对数字货币发行和业务运行框架、数字货币发行流通环境、数字货币面临的法律问题、法定数字货币与私人发行数字货币的关系、国际上数字货币的发行经验等进行深入研究。

2014 年 1 月，中国人民银行成立法定数字货币专家研究小组，正式启动法定数字货币研究，探讨发行法定数字货币的可行性。

2015 年 3 月，中国人民银行发布数字货币系列研究报告，并深入展开对数字货币发行和业务运行框架、关键技术、流通环境等问题的研究。

2016 年 1 月，中国人民银行召开数字货币研讨会，探索央行发行数字货币的战略意义，并系统地展示了关于数字货币的研究成果。

2016 年 6 月，中央编办批复中国人民银行印刷科学技术研究所更名为中国人民银行数字货币研究所，主要负责数字货币的研究开发、运行构建、实验推广、系统建设等工作。

2016 年 7—9 月，中国人民银行启动数字票据交易平台原型研发工作并发表阶段性研究成果，随后进行数字票据交易平台筹备工作，步入封闭开发进程。

2016 年 9—12 月，中国人民银行数字货币研究所基于我国"央行—商业银行"二元体系，研发准生产级的法定数字货币原型系统。

2017 年 1 月，中国人民银行正式成立数字货币研究所，使中国金融行业最大限度受益于区块链技术，招商银行、大成基金等多家金融机构共同成立中国（深圳）Fintech 数字货币联盟。

2017 年 2 月，中国人民银行基于区块链数字票据交易平台测试成功，其发行的法定数字货币在该平台试运行。

2017—2018 年，在前期测试基础上，中国人民银行设计实现了基于区块链技术的数字票据交易平台，开展法定数字货币的沙箱实验。

2017 年 5 月，中国人民银行正式挂牌成立数字货币研究所，直属机构中国支付清算协会设立金融科技专委会，聚焦区块链支付应用、数字货币、金融大数据应用领域。

2017 年 6 月，中国人民银行印发《中国金融业信息技术"十三五"发展规划》，提出积极推进区块链等新技术，与腾讯合作测试区块链技术。

2017 年 7—9 月，中国人民银行发布《关于冒用人民银行名义发行或推广数字货币的风险提示》，数十家机构参与数字货币安全体系重点课题征集研究，中国印钞造币总公司（中钞集团）在杭州成立区块链研究院。

2018 年 1 月，数字票据交易平台实验性生产系统成功上线试运行，顺利完成基于区块链技术的数字票据签发、承兑、贴现和转贴现。

2018 年 3 月，中国人民银行召开全国货币金银工作电视电话会议，提出"稳步推进央行数字货币研发"。2018 年"两会"期间，时任央行行长周小川表示我国法定数字货币将定名为"DC/EP"。

2018 年，经国务院批准，中国人民银行组织相关机构开展名为 DC/EP（Digital Currency/ Electronic Payment）的法定数字货币分布式研发工作。

2018 年 9 月，中国人民银行下属数字货币研究所在深圳成立"深圳金融科技有限公司"，参与开发贸易金融区块链等项目。

2019 年 5—7 月，中国人民银行数字货币研究所开发的 PBCTFP 贸易融资的区块链平台亮相"2019 年中国国际大数据产业博览会"，央行数字货币研发获国务院批准。

2019 年 8 月，时任中国人民银行支付结算司副司长穆长春首度公布央行数字货币采用"双层运营体系"，表示央行数字货币呼之欲出。

2019 年 9 月，时任中国人民银行支付结算司副司长穆长春正式出任中国人民银行数字货币研究所所长，中国人民银行开始数字货币"闭环测试"，测试中会模拟某些支付方案并涉及部分商业企业和非政府机构。

2019 年 11 月 28 日，据报道，央行数字货币 DC/EP 基本完成顶层设计、标准制定、功能研发、联调测试等工作，下一步将合理选择试点验证地区、场景和服务范围，稳妥推进数字化形态法定货币出台应用。

2020 年 4 月 16 日，数位银行业内人士表示，数字人民币由央行牵头进行，各家银行内部正在就落地场景等进行测试，有的已经在内部员工中用于交纳党费等支付场景。

2020 年 4 月 17 日晚间，中国人民银行表示，网传 DC/EP 信息为测试内容，并不意味着数字人民币落地发行。数字人民币研发工作稳妥推进，数字人民币体系在坚持双层运营、M0 替代、可控匿名的前提下，基本完成顶层设计、标准制定、功能研发、联调测试等工作，并遵循稳步、安全、可控、创新、实用原则，数字人民币先行在深圳、苏州、雄安新区、成都及未来的冬奥场景进行内部封闭试点测试，以不断优化和完善功能。数字人民币封闭测试不会影响上市机构商业运行，也不会对测试环境之外的人民币发行流通体系、金融市场和社会经济带来影响。

2020 年 5 月 26 日，时任中国人民银行行长易纲在"两会"期间表示，目前的试点测试是研发过程中的常规性工作，并不意味着数字人民币正式落地发行，何时正式推出尚没有时间表。内部封闭试点测试的目的是检验理论可靠性、系统稳定性、功能可用性、流程便捷性、场景适用性和风险可控性。易纲行长指出，法定数字货币有利于高效地满足公众在数字经济条件下对法定货币的需求，提高零售支付的便捷性、安全性和防伪水平。

2020 年 8 月 14 日，商务部网站刊发的《商务部关于印发全面深化服务贸易创新发展试点总体方案的通知》明确，在京津冀、长三角、粤港澳大湾区及中西部具备条件的试点地区开展数字人民币试点。

2020 年 10 月 8 日晚间，深圳市面向在深个人发放 1000 万元"礼享罗湖数字人民币红包"，是数字人民币研发过程中的一次常规性测试。

2020 年 10 月至 2021 年 7 月期间，深圳、苏州、北京、成都、长沙、上海、雄安新区等城市先后开展了多项数字人民币的试点活动，表明数字人民币离我们的日常生活已经越来越近了。

2022 年北京冬奥会期间，冬奥场馆内支持包括实物人民币和数字人民币在内的现金支付，覆盖交通出行、餐饮住宿、购物消费、旅游观光、医疗卫生、通信服务、票务娱乐七大类场景，这是数字货币首次亮相国际奥运会。

整体来看，数字人民币试点工作坚持稳妥、安全、可控原则，试点范围有序扩大，应用场景逐步丰富，应用模式也在持续创新，系统运行总体稳定，初步验证了数字人民币在理论政策、技术和业务上的可行性和可靠性。

6.2.3　数字人民币的设计

DC/EP，中国版数字货币项目，即数字货币和电子支付工具，是中国人民银行研究中的法定数字货币，是数字货币（Digital Currency，DIGICCY）的一种。

作为人民币的数字化，或者说央行的负债（国债的一种），未来其发行将由运营机构向央行按100%全额缴纳准备金，然后通过商业银行与公众进行兑换。公众所持有的央行数字货币依然是央行负债，由央行信用担保，具有无限法偿性。

中国研发数字人民币体系，旨在创建一种以满足数字经济条件下公众现金需求为目的的、数字形式的新型人民币，配以支持零售支付领域可靠稳健、快速高效、持续创新、开放竞争的金融基础设施，支撑中国数字经济发展，提升普惠金融发展水平，提高货币及支付体系运行效率。

数字人民币体系设计坚持"安全普惠、创新易用、长期演进"设计理念，综合考虑货币功能、市场需求、供应模式、技术支撑和成本收益确定设计原则，在货币特征、运营模式、钱包生态建设、合规责任、技术路线选择、监管体系等方面反复论证、不断优化，形成适合中国国情、开放包容、稳健可靠的数字人民币体系设计方案。

数字人民币设计兼顾实物人民币和电子支付工具的优势，既具有实物人民币的支付即结算、匿名性等特点，又具有电子支付工具成本低、便携性强、效率高、不易伪造等特点，主要考虑以下特性。

（1）兼具账户和价值特征。数字人民币兼容基于账户（Account-based）、基于准账户（Quasi-account-based）和基于价值（Value-based）3 种方式，采用可变面额设计，以加密币串形式实现价值转移。

（2）不计付利息。数字人民币定位为 M0，与同属 M0 范畴的实物人民币一致，不对其计付利息。

（3）低成本。与实物人民币管理方式一致，中国人民银行不向指定运营机构收取兑换流通服务费用，指定运营机构也不向个人客户收取数字人民币的兑出、兑回服务费。

（4）支付即结算。从结算最终性的角度看，数字人民币与银行账户松耦合，基于数字人民币钱包进行资金转移，可实现支付即结算。

（5）匿名性（可控匿名）。数字人民币遵循"小额匿名、大额依法可溯"的原则，高度重视个人信息与隐私保护，充分考虑现有电子支付体系下业务风险特征及信息处理逻辑，满足公众对小额匿名支付服务需求。同时，防范数字人民币被用于电信诈骗、网络赌博、洗钱、逃税等违法犯罪行为，确保相关交易遵守反洗钱、反恐怖融资等要求。数字人民币体系收集的交易信息少于传统电子支付，除法律法规有明确规定外，不提供给第三方或其他政府部门。中国人民银行内部对数字人民币相关信息设置"防火墙"，通过专人管理、业务隔离、分级授权、岗位制衡、内部审计等制度安排，严格落实信息安全及隐私保护管理，禁止任意查询、使用。

（6）安全性。数字人民币综合使用数字证书体系、数字签名、安全加密存储等技术，实现不可重复花费、不可非法复制伪造、交易不可篡改及抗抵赖等特性，并已初步建成多层次安全防护体系，保障数字人民币全生命周期安全和风险可控。

（7）可编程性。数字人民币通过加载不影响货币功能的智能合约实现可编程性，让数字人民币在确保安全与合规的前提下，可根据交易双方商定的条件、规则进行自动支付交易，促进业务模式创新。

DC/EP 是央行的负债，由央行背书，具有无限法偿性（不可拒绝接收 DC/EP）。在现实生活中我们可以看到，有些地方不支持微信支付，有些地方不支持支付宝支付，有些地方甚至两者都不支持。但只要你在中国境内，使用人民币支付一定不可以被拒绝。

DC/EP 的设计为替代 M0。DC/EP 的推出旨在取代当前的 M0 货币，可以简单理解为对纸币的替代，不涉及 M1 和 M2（因为目前 M1 和 M2 的电子化已相对成熟，短期内没有必要替代）。

值得一提的是，电子支付只能在有网络的条件下使用。在无网络的条件下，如地下停车场、某地区发生灾难网络瘫痪等场景下，电子支付就无法使用了。而对今天很少携带纸币的我们，在这种情况下很难再进行交易。因此，为了满足纸币可以离线支付的特性，DC/EP 钱包也支持了离线支付功能。

6.2.4　数字人民币的运行机制

民间数字货币往往由交易主体自己记录交易信息。与之不同，DC/EP 金融属性上归于央行负债，而交易又由央行记录并确权。可见，中国人民银行不仅对 DC/EP 的信用背书，而且提供技术进行记账并确保 DC/EP 支付交易的可信度，这就是中国人民银行在 DC/EP 体系中仍扮演的"中心"角色。从这个角度看，中国人民银行发行的 DC/EP 在技术上仍然采用的是中心化的架构。

中国人民银行对数字货币技术方案选型的态度是"不预设技术路线"，采用中心化的传统技术方案或者区块链都可以。而就现实支付场景的复杂性和各种性能要求上，中国人民银行数字货币最终还是采用了中心化的架构。

1. 数字人民币运营体系的设计

运营架构设计是在全球数字货币相关讨论中涉及最多的问题，主要焦点就是单层还是双层。在单层架构体系中，中国人民银行直接向公众发行数字货币；在双层架构体系中，中国人民银行不直接面向居民和企业客户，而是通过向商业银行等发行货币的方式发行，即中国人民银行—商业银行双层模式。

我们先参考纸币是如何发行的。中国人民银行印出纸币后存入中国人民银行发行基金，其中保管的人民币并不是流通中的货币，然后运送到各商业银行业务库，由商业银行通过现金出纳的方式兑换给社会公众。

数字货币的发行方式与纸币类似。中国人民银行按照100%准备金制将数字货币兑换给商业银行，再由商业银行或商业机构将数字货币兑换给社会公众。

对于数字人民币的流通机制，我国存在两种不同的路线选择，一种是中国人民银行直接面向个人发行；另一种是采取现行模式，由中国人民银行授权商业银行提供相应服务。不同的技术路线将直接影响未来采取不同的货币体系。虽然直接面向个人发行可以提高货币政策的传导率，但单独重建法定数字货币发行体系将对现有货币发行体系、支付结算系统，以及商业银行体系产生重大影响，甚至直接引起货币发行的混乱。经过综合考虑，数字人民币确定采用"中国人民银行—商业银行"双层运营架构，如图 6-1 所示。

在双层运营架构下，中国人民银行负责数字人民币发行、注销、跨机构互联互通和钱包生态管理，同时审慎选择在资本和技术等方面具备一定条件的商业银行或支付平台作为指定运营机构，如中国工商银行、中国农业银行、中国银行、中国建设银行、交通银行等银行，以及支付宝、微信等支付平台，由他们作为运营商直接服务客户，提供数字人民币兑换等服务。由于公众已习惯通过商业银行等机构处理金融业务，双层运营模式也有利于提升社会对数字人民币的接受度，同时能够调动商业银行等市场机构的积极性。

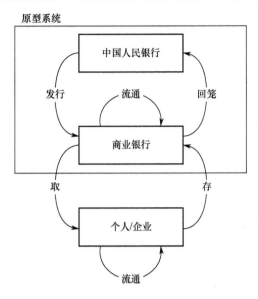

图 6-1　数字人民币双层运营架构

在中国人民银行中心化管理的前提下，充分发挥商业银行、支付平台等金融机构的创新能力，共同提供数字人民币的流通服务。具体来说，指定运营机构在中国人民银行的额度管理下，根据客户身份识别强度为其开立不同类别的数字人民币钱包，进行数字人民币兑出、兑回服务。同时，指定运营机构与相关商业机构一起，承担数字人民币的流通服务并负责零售环节管理，实现数字人民币安全高效运行，包括支付产品设计创新、系统开发、场景拓展、市场推广、业务处理及运维等服务。

双层运营有利于充分利用商业机构现有资源、人才、技术等优势，通过市场驱动，促进创新和竞争。在业务资源上，商业银行和科技公司的 IT 设施比较成熟，用户基础庞大。在人力资源上，商业银行和科技公司人才储备也比较充分。中国人民银行主要进行顶层设计，以及法律规范和监管标准建设，在顶层架构、法律规范、监管要求都设计好之后，服务还是要交给市场，发挥市场配置资源的决定性作用。双层运营架构也有助于分散风险。中国人民银行不预设技术路径，保持开放，不同机构可以探索不同的技术路径，通过竞争实现系统优化。

在管理模式方面，数字人民币坚持中心化的管理理念。为什么要坚持中心化的管理理念？因为中国人民银行数字货币是中国人民银行对社会公众的负债，必须保证和加强中国人民银行宏观审慎和货币政策的调控职能，要保持原有货币政策的传导方式。在双层运营架构中，第一层是中心化管理，可以理解为中国人民银行必须知道发出了多少流通现金，也必须知道发出了多少数字货币。客户之间的转账、交易活动是在第二层进行的，大量的客户信息存储在第二层，即中国工商银行、中国农业银行、中国银行、中国建设银行、交通银行，以及支付宝、微信等支付平台，有义务负责隐私保护、反洗钱、反恐融资等，只是把必要的信息报给中国人民银行。从这个意义上实现了中国人民银行的中心化管理模式，也实现了双层运营。

中国人民银行的作用更多的还是在于监管和调控，而非取代商业银行。可以看到，DC/EP 仍是以中国人民银行为中心的方式进行管理的，这与比特币等数字货币有本质区别。

中国人民银行数字货币体系的核心要素是"一币、两库、三中心"，如图 6-2 所示。"一币"指数字人民币，即由中国人民银行背书并签名发行的含有具体金额的加密数字货币。"两库"指中国人民银行发行库和商业银行库，后者也泛指流通在市场上的个人或企业用户使用的 DC/EP 数字货币钱包。"三中心"指认证中心、登记中心、大数据中心。这种设计使我国的数字货币既具备"居民的中国人民银行数字账户"特征，又能满足小额交易的匿名性与大额交易的可控性要求。

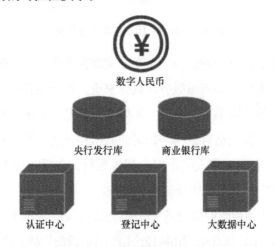

图 6-2　一币、两库、三中心

中国人民银行设计"中国人民银行—商业银行"双层运营模式，核心就是银行账户与数字货币钱包相互绑定，保证商业银行不被通道化或边缘化。

在银行账户基础上绑定数字钱包。绑定在银行账户之上的数字钱包可以理解为托管在银行的保险箱。具体技术设计上就是在银行账户信息中嵌入钱包地址，而在钱包地址中对应嵌入账户标识。

双层运营模式支持两种支付方式。一是持币者直接进入数字货币钱包客户端支付，二是持币者借用银行账户调用数字货币钱包进行支付。

DC/EP 系统独立于传统体系。中国人民银行数字货币体系与基于账户的电子支付体系的 3 个差异主要体现在：中国人民银行发行登记子系统作废旧币，生成新币；由确权链更新旧币与新币的权属；用户访问中国人民银行数字货币登记中心对货币进行验证。

数字人民币从发行到回笼的生命周期与传统法定货币有典型的不同，主要体现在：一是数字人民币的发行和回笼进程，数字人民币发行模仿了法定货币的发行流程，沿用扩表和非扩表两种模式；二是以数字人民币为媒介的交易支付，以数字人民币为交易媒介的金融业务和实体之间交易支付，在记账方法和以现金为媒介的交易行为差不多，然而在具体的实现流程上有较大差异；三是数字人民币对传统货币运行机制的改造。

与传统货币运行机制相比，数字人民币主要有如下改造。

一是发行环节，数字人民币降低了发行成本并模糊超额准备金及现金发行边界。数字人民币的制作成本、运输成本及时间成本相比纸币发行几乎可以忽略。由于电子化的信息表达结构，数字人民币与超额准备金非常接近，所以我们倾向于认为未来数字货币体系中超额准备金和现金的边界将趋于模糊化。

二是交易环节，数字人民币帮助中国人民银行获得货币流转的全生命周期信息，并对既有电子支付体系形成有益补充。在替代 M0 之后，中国人民银行终于可以借助数字人民币获得实体部门银行转账渠道之外的交易信息，而这些信息向来是传统电子支付体系中的信息"黑箱"。另外，数字人民币基于"通证"的记账模式，更适应高并发的零售交易支付场景，并可弥补传统电子支付较难追溯特定款项流向的缺陷，与现有体系下基于银行账户的记账模式形成互补。

三是加载新功能方面，数字人民币可实现定向使用和其他复杂功能。中国人民银行可利用数字人民币字段中的可编程和应用扩展字段，有条件地控制货币流向的结构、时间要求等，从而实现更有效的监管调控。

2. 数字人民币钱包的设计

数字人民币钱包是数字人民币的载体和触达用户的媒介。在数字人民币中心化管理、统一认知、实现防伪的前提下，中国人民银行制定相关规则，各指定运营机构采用共建、共享方式打造移动终端 App，对钱包进行管理并对数字人民币进行验真；开发钱包生态平台，实现各自视觉体系和特色功能，实现数字人民币线上、线下全场景应用，满足用户多主体、多层次、多类别、多形态的差异化需求，确保数字人民币钱包具有普惠性，避免因"数字鸿沟"带来的使用障碍。

（1）按照客户身份识别强度分为不同等级的钱包。指定运营机构根据客户身份识别强度对数字人民币钱包进行分类管理，根据实名强弱程度赋予各类钱包不同的单笔、单日交易及余额限额。最低权限钱包不要求提供身份信息，以体现匿名设计原则。用户在默认情况下开立的是最低权限的匿名钱包，可根据需要自主升级为高权限的实名钱包。

（2）按照开立主体分为个人钱包和对公钱包。自然人和个体工商户可以开立个人钱包，按照相应客户身份识别强度采用分类交易和余额限额管理；法人和非法人机构可开立对公钱包，并按照临柜开立还是远程开立确定交易、余额限额，钱包功能可依据用户需求定制。

（3）按照载体分为软钱包和硬钱包。软钱包基于移动支付 App、软件开发工具包（SDK）、应用程序接口（API）等为用户提供服务，在中国各主要应用市场下载即可获取。硬钱包基于安全芯片等技术实现数字人民币相关功能，依托 IC 卡、手机终端、可穿戴设备、物联网设备等为用户提供服务，用户可通过中国的银行网点、硬钱包自助兑换机、定点酒店等渠道便捷地获取、开立数字人民币钱包。软钱包和硬钱包结合可以丰富钱包生态体系，既安全、便捷，又能充分保护个人隐私，充分满足用户小额、匿名支付需求，满足不同人群需要。

（4）按照权限归属分为母钱包和子钱包。钱包持有主体可将主要的钱包设为母钱包，并可在母钱包下开设若干子钱包。个人可通过子钱包实现限额支付、条件支付和个人隐私保护等功能；企业和机构可通过子钱包实现资金归集及分发、财务管理等特定功能。

（5）中国人民银行和指定运营机构，以及社会各相关机构一起按照共建、共有、共享原则建设数字人民币钱包生态平台。按照以上不同维度，形成数字人民币钱包矩阵。在此基础上，中国人民银行制定相关规则，指定运营机构在提供各项基本功能的基础上，与相关市场主体进一步开发各种支付和金融产品，构建钱包生态平台，以满足多场景需求并实现各自特色功能。

6.3 央行数字货币的影响和监管

央行数字货币是一种新式的货币，代表着一种新的支付基础设施，对现有金融体系可能会造成显著的影响，因此需要充分评估央行数字货币发行和应用的全方位影响，并制定应对措施。

6.3.1 央行数字货币的影响

2018 年 3 月，国际清算银行发布名为《中央银行数字货币对支付、货币政策和金融稳定的影响》的报告，对央行数字货币对现有货币金融体系的影响进行了分析。

1. 央行数字货币对支付体系的影响

从理论上说，未来所有需要现金支付的场景都可以用数字货币支付，为日常交易活动带来了极大便利。但是，央行数字货币的推广和普及必定会改变大众的支付习惯，从而对现有支付体系形成冲击，首当其冲的就是商业银行与第三方支付机构。

以数字人民币为例，对商业银行而言，数字人民币作为基础货币 M0，具有点对点即时到账支付、无交易成本、支持离线使用、支付即结算、支持 7×24 小时结算等性质，将对银行体系外流通的现金产生替代，弱化了银行的支付中介职能，冲击商业银行传统网点业务。人们对现金和存款的需求会随着数字货币的发行而减少，储户可以将现钞按照币值直接转化为法定数字货币，这不仅会减少现金流通，还会直接影响银行的活期存款规模，压缩货币乘数，影响商业银行信用扩张规模，导致银行业资产负债表萎缩，这一过程被称为"脱媒"。

对第三方支付机构而言，目前，支付宝、微信等第三方支付在中国支付市场占据了主导地位，但央行数字货币的推出可能改变现有的市场格局。央行数字货币直接由央行发行并支持点对点交易，减少了传统第三方支付的中间环节，从而减少对第三方支付工具的依赖，对这些平台的收入模式构成了挑战，甚至构成直接竞争。第三方支付平台一方面需要升级改造现有系统，使之与数字人民币兼容，提高交易处理速度和安全性；另一方面需要针对数字人民币为用户提供更高级别的安全和隐私保护，满足监管和合规要求。第三方支付平台也可以与央行合作，将数字人民币整合进自己的支付生态中，为用户提供更多元化的支付选择。总之，第三方支付平台需要不断进行业务模式创新，以适应央行数字货币带来的变革和机遇。

2. 央行数字货币对货币政策的影响

目前，货币政策传导最大的两个问题是时滞（Time Tag）和货币流向不可控。央行数字货币的可追踪性和可编程性，可通过"前瞻条件触发"设计，解决传导机制不畅、逆周期调控困难、货币"脱实向虚"、政策沟通不足等传统货币政策困境。

央行数字货币将对流通中的现金通货产生替代作用，这不仅会减少流通中的现金，还会间接地影响银行体系的活期存款和银行准备金，从而对基础货币、货币乘数乃至货币供给机制产生影响。

3. 央行数字货币对金融稳定性的影响

央行数字货币的应用将直接改变以现钞为主的货币结构，客观上加快金融资产的转换速率，在出现金融风险的情形下，金融危机及其衍生的系统性风险的传导速率和波及范围也将扩大。

发行央行数字货币对商业银行存款的大规模挤出效应是对金融体系稳定性的最大威胁之一。我国法定数字货币归属于 M0，不支付利息，在国家信用的基础上发行；但用户在商业银行的存款，本质上是商业银行的负债，需要支付利息。当经济稳定时，收益将抵消流动性溢价。但是，一旦金融体系的稳定性被破坏，用户的恐慌系数就会上升，对商业银行的信心就会下降，从而导致商业银行的流动性危机，甚至发生挤兑风险。

4．央行数字货币对外汇管理的影响

央行数字货币基于区块链技术，天然具有海量信息存储、防伪、防篡改、可追溯的特点。外汇管理部门可以根据监管和政策需要，收集大量实时数据，跟踪跨境资金流动和使用情况，从而制定相应的外汇管理政策，降低外汇风险。同时，监管部门会与银行进行实时数据交换，防范资本外逃，降低反洗钱成本。

5．央行数字货币对国际贸易的影响

通过引入央行数字货币，国际贸易中的跨境支付过程将实现质的提升。

首先，各国央行数字货币建立自动兑换关系后，可以实现去中介化的点对点支付，支付即清算，成本大幅降低，给跨境支付带来了巨大便利，促进本国货币的国际化程度。

其次，央行数字货币可以应用智能合约技术，摆脱跨境支付过程中信用、担保、支付时间等因素的制约，不仅简化了跨境支付过程，更重要的是降低了国际贸易的汇率和信用风险等，解决了传统跨境支付中存在的效率低、成本高、透明度不足等问题，为第三方支付拓展国际市场提供了新的机遇。

最后，央行数字货币跨境支付将对美元主导的，以环球银行金融电信协会（Society for Wordwide Interbank Financial Telecommunication，SWIFT）和纽约清算所银行同业支付系统（Clearing House Interbank Payment System，CHIPS）为核心的支付体系形成重大挑战。引入央行数字货币将使建立新的全球跨境支付体系成为可能，有利于避免少数霸权国家滥用金融制裁权的问题。

6.3.2　央行数字货币面临的风险

任何事物都有两面性，央行数字货币并非完美的，其也会给现行货币体系乃至整个金融市场带来不确定性。央行数字货币所依赖的区块链技术，在实践中尚未完全成熟，还在不断优化和完善中。因此，在积极研发和推广央行数字货币的同时，也需要清醒地认识到央行数字货币潜在的风险并及早应对。

数字货币的去中心化特点使其拥有较大优势，但也要注重去中心化所引发的风险。数字货币采取密码学相关的技术对交易过程进行加密，不易被篡改，为数字货币的交易提供安全屏障，但是数字货币真正出现在人们视野中的时间还比较短暂，交易的平台不够严谨，各方面发展还不够成熟，其可能存在许多技术漏洞。如果交易平台在网络上被黑客攻击，则会造成巨大的经济损失，交易平台及网络上的各个企业都可能存在不同，安全系数自然也不同，因此不同的数字货币潜在的风险程度也不一样。贸然将央行数字货币发行和结算、清算支付构筑在分布式账本技术上存在不可控的安全隐患。

当前，金融和各种交易活动中高频次和大规模支付对支付系统的安全性、稳定性、包容性和交易效率有极高要求。在交易性能方面，央行数字货币面临较大的挑战。在如"双11""黑色星期五"等特定交易高峰点时，面对数万笔或更多的高并发交易，央行数字货币系统能否平稳应对，以及能否不出现服务器故障、重复交易等问题，还有待进一步验证。

在央行数字货币体系下，零售场景和批发场景下央行数字货币都将面临一定程度的安全威胁。在零售场景下，中央银行拥有央行数字货币流通的全账本数据，中心化的账本将是国家基础设施的关键部分，会成为敌对国家发起攻击的重点目标。央行数字货币系统一旦出现技术故障或遭到网络攻击，将面临支付数据暴露风险和国民财富损失风险。在批发场景下，央行数字货币也存在被攻击的可能。现行的 SWIFT 系统一直饱受网络攻击的困扰，例如，2016 年 2 月，孟加拉国央行的 SWIFT 系统遭到攻击，损失了 8100 万美元。

在批发型央行数字货币系统中，"去中心化"的分布式账本技术降低了因为某个节点受损导致全系统瘫痪的概率，但用户端的安全性难以保障。在跨境支付场景下，各节点分布在不同的国家和地区，面对的外部网络环境各不相同，一旦某个安全性相对薄弱的节点被攻破，区块链账本共享的特点将使整个交易网络的信息数据面临泄露风险，会给整个批发型央行数字货币交易系统带来巨大的安全隐患。

6.3.3　央行数字货币的监管建议

央行数字货币已是大势所趋，相关的监管需要及时跟进，以构建一个既能够促进数字货币健康发展，又能够保护消费者权益、维护金融稳定的法律法规环境。这有利于央行数字货币在支持经济发展、提高金融效率的同时，确保国家金融安全和稳定。

1. 确立数字货币的法律地位与框架

首先，应当明确数字货币的法律地位，将其纳入国家金融管理体系，确定数字货币与法定货币的关系及使用范围。此外，需要建立数字货币发行、流通、交易的基本框架和法律义务。

制定监管标准对支付创新开展非常重要，可以提高支付速度和降低支付成本，进一步减少支付带来的摩擦。建立数字货币监管体系，需要先设立监管部门，再制定颁布新的法律法规，明确规范国家不同部门的管理责任。例如，可以在中国人民银行内部设立专职监管部门，对虚拟货币进行统一监管协调；同时，国家各部门需要承担相关职责，做好综合调控工作，共同弥补法律法规层面出现的缺口和漏洞，避免监管分散和监管套利。采取原则监管推进规则设计，应特别规定超主权数字货币业务需要满足相关法律和监管要求，相关实体也应该紧跟规则变动，积极和当局开展合作，加强风险管理和防范。

2. 完善数字货币发行与流通制度

鉴于法定数字货币的天然优势，已有国家开始着手审查和修订立法，以在正式发行法定数字货币时提供法律支持。当众多资产转移到法定数字货币体系上进行操作时，监管者面临的技术压力将更大，需要考虑加速相关统一标准的制定，以防范金融风险。中央银行应明确规定数字货币的发行机制、流通规则和回笼政策，确保数字货币的稳定性和可信度；同时，需要监管数字货币与现有金融体系的融合，防范系统性风险。

央行数字货币仍在探索阶段，可以积极探索具有中国特色的法定数字货币发展之路，加大数字人民币试点工作力度，提高货币和支付体系运行效率。将数字人民币从发行流通到运营管理的所有环节纳入"沙盒监管"体系，将符合进入"沙盒"条件的机构开发的新技术放入沙盒进行可行性测试。"沙盒监管"最早是由英国在 2015 年提出的，用来鼓励金融科技企业的创新发展。"沙盒监管"可以为数字人民币市场测试创造一个真实的、受限制的"安全空间"，保证在客户数量有限、测试期有限、交易金额有限的条件下运行。在测试过程中，相关机构会及时与监管部门沟通运行情况。如果测试通过，即使不能满足现行监管规则，监管部门也可以授权这些机构在更大范围内进行测试和应用；如果未能通过测试，监管部门可以在与机构沟通后帮助其进行修改和调整，再重新提交测试。

3. 加快推广数字人民币的应用

可以不断丰富数字人民币的应用场景、完善相关设计和基础设施，加强隐私保护、提供公平开放的竞争环境，打破当前支付平台之间的壁垒、弥补当前支付手段的不足，让民众体会到切实的支付便利与高效，打造一个更加快速高效、可靠稳健、开放竞争的数字支付体系。

另外，要做好数字人民币的宣传与推广工作，提高公众认知与教育。通过公共教育项目，向公众科普数字人民币相比其他支付方式的不同定位与优势，提高公众对数字人民币的认识，使其了解数字人民币的优势及潜在风险，增强公众的金融素养。

4. 持续监测与适应技术发展

随着区块链、人工智能等技术的不断进步，数字货币的立法和规范也要不断更新，以适应技术发展和市场变化，确保立法的有效性和前瞻性。

法定数字货币的运营基础是稳定的运营平台，其中，系统的实时数据交易能力起着决定性的作用。因此，加强信息系统架构和完善顶层设计是未来最重要的任务。目前，中国人民银行推出的法定数字货币，并没有预设技术路线，也没有单独依靠某项技术，而是由几个具体的运营机构为法定数字货币研发不同的技术路线，旨在通过动态竞争推动技术进步。即使在某个阶段被某种技术所主导，由于其他机构技术的不断变化，原来的技术路线最终也会被更好的技术路线取代，形成一种竞争优化的状态。

加强数据安全管理。鉴于数字货币高度依赖数据，需要强化数据安全管理，包括个人数据保护、交易隐私维护及数据合规使用。这需要制定相应的数据安全标准和法规，并确保数据在整个生命周期中的安全。

5. 推动国际合作与标准化

央行数字货币作为跨国支付工具，应加强国际合作，推动国际标准的制定，以便在全球范围内实现本国央行数字货币的顺畅流通和使用。

如果各国的央行数字货币存在显著差异，将对央行数字货币的跨境使用形成市场准入障碍，制约央行数字货币发挥世界货币的职能。需要各国央行积极参与金融稳定理事会、国际清算银行、国际货币基金组织、世界银行等国际组织多边交流，在国际组织框架下积极参与法定数字货币标准制定，共同构建国际标准体系。

2021 年，中国人民银行已与国际清算银行、泰国央行、阿联酋央行及香港金融管理局联合发起了多边央行数字货币桥（mCBDC Bridge）项目，共同研究央行数字货币在跨境支付中的作用和技术可行性。

中篇　区块链的技术原理

　　本篇侧重介绍区块链的技术原理和关键技术特征，包括 P2P 网络、共识机制、哈希算法、非对称加密、智能合约等，帮助读者从技术角度理解区块链的巧妙设计，同时了解区块链技术是如何演进的。

　　区块链技术并非完美，也存在缺点和风险，因此需要不断发展和完善。短短数年里，区块链就经历了从 1.0 到 2.0，再到 3.0 的迅猛发展，开辟了一个新的数字经济时代。

第 7 章

区块链技术概览

比特币是技术上的重大突破，但比特币本身并不是真正重要的东西。重要的是它所采用的区块链技术。

——比尔·盖茨（Bill Gates），微软公司创始人

7.1　什么是区块链技术

从技术上看，区块链技术综合了分布式数据存储、点对点传输、共识机制、加密算法等技术的新型应用模式，但是区块链又不是简单地把这些技术拼凑在一起，而是在引入每种技术方案时都经过精心设计，甚至有的技术在区块链中才真正派上了用场。本节将简要说明这些关键技术的特点，在本书第 8 章中会详细介绍各种技术的特点和应用。

7.1.1　区块链技术的诞生

2008 年 11 月 1 日，中本聪（Satoshi Nakamoto）在一个讨论信息加密的互联网邮件组中发表了著名的比特币白皮书，即《比特币：一种点对点的电子现金系统》，开创性地阐述了基于 P2P 网络、非对称加密、时间戳、区块链等技术的电子现金系统的构架理念，这标志着比特币的诞生。2009 年 1 月 3 日，全世界第一个区块诞生，序号为 0，称为"创世区块"（Genesis Block）。几天后的 1 月 9 日，出现了序号为 1 的区块，并与序号为 0 的创世区块相连形成了链，这标志着区块链（Block Chain）的诞生。

区块链本质上是一个分布式的共享账本和数据库，是将数据区块以时间顺序相连的方式组合、以密码学方式保证不可篡改和不可伪造的分布式数据库，也被称为分布式账本技术（Distributed Ledger Technology，DLT）。在区块链中，交易数据由分布在不同地方的多个节点共同记录，而且每个节点记录的都是完整的账目。这些节点不需要属于同一个组织，也不需要彼此相互信任，它们都可以监督交易的合法性。没有任何一个节点可以单独记录或修改账本数据，从而避免了单一记账人恶意造假的可能性。由于参与记账的节点足够多，因此理论上除非所有节点都被破坏，否则账本就不会丢失，从而保证了账本数据的安全性。

与传统的分布式存储不同，区块链中的分布式存储具有如下两个独特的性质：

（1）在传统的分布式存储中，一般是将数据按照一定的规则分成多份进行存储的；而在区块链中，每个节点都按照块链式结构存储完整的数据。

（2）在传统的分布式存储中，一般通过中心节点往其他备份节点同步数据；而在区块链中，每个节点存储都是独立、平等的，依靠共识机制保证存储的一致性。

区块链具有去中心化、集体维护、公开透明、不可篡改、可以追溯等特点，这些特点保证了区块链的"诚实"与"透明"，为创造信任奠定了基础。

7.1.2　区块链技术与比特币的关系

很多人提到区块链，第一反应就是比特币。比特币与区块链确实密不可分。在中本聪的比特币白皮书中，为了实现一种可信任的数字货币，提出通过一个个加密的区块（Block）存储交易信息，并通过哈希值连接起来形成链（Chain）。中本聪的原文中并没有区块链的完整词语，但是已经很明确地定义了区块链。比特币白皮书的发布，标志着比特币和区块链同时诞生。但是，随着后来技术的不断发展，区块链技术有了更广泛的延伸，其应用已经远远不限于以比特币为代表的数字货币了。本节将对比特币和区块链做一些比较和澄清。

1. 区块链源于比特币

在比特币形成的过程中，区块是一个个的存储单元，记录了一定时间内各个区块节点全部的交流信息。各个区块通过随机散列（也称哈希算法）实现连接，后一个区块包含前一个区块的哈希值，随着信息交流的扩大，一个区块与一个区块依次连接，就形成了区块链。

区块链可以视作一个账本，每个区块可以视作一页账目，其通过记录时间的先后顺序连接起来就形成了账本。一般来说，系统会设定每隔一个时间间隔就进行一次交易记录的更新和广播，这段时间内系统全部的数据信息、交易记录被放在一个新产生的区块中。如果所有收到广播的节点都认可了这个区块的合法性，这个区块将以链的形式被各节点加到自己原先的链中，就像给旧账本里添加新页一样。

因此，区块链源于比特币。作为比特币的底层技术，区块链实际上是一串使用密码学方法相关联产生的数据块，每个数据块中包含了一批比特币交易的信息，用于验证其信息的有效性和生成下一个区块。

2. 区块链有更广泛的用途

数字货币是区块链最原始的应用，但随着对区块链研究的不断深入，人们发现区块链的核心优势是解决信任问题，可以应用于除数字货币外更广泛的领域，如金融凭证、征信、保险理赔、商品溯源、版权保护等。

3. 两者的关注点不同

在业界有着"币圈"和"链圈"之争。币圈的人热衷投资数字货币，笃信数字货币将成为未来全球货币的主流，升值空间很大。有人通过长期持有数字货币赚取未来升值带来的利润，有人则看中了数字货币价格波动大的性质，通过不断交易来赚取短期收益。

链圈的人则更加专注于区块链技术本身，相信区块链是一场技术革命，能够在各个行业得到广泛的应用，像蒸汽机、电力、互联网一样足以改变世界。链圈的人致力于研究区块链技术，通过不断地改进算法来提升区块链的性能，并与实际应用场景结合起来，探索应用区块链技术来解决现实生活中的"痛点"问题。

虽然币圈和链圈的关注点不同，但是两者客观上都推动了区块链的发展。早期，币圈通过对数字货币的投入推动了数字货币生态圈的发展和壮大，吸引了更多的人关注数字货币这个新生事物。由于比特币自身存在一些缺陷，各种新生数字货币层出不穷，同时，矿工们对挖矿的疯狂竞争，带动了区块链硬件的发展，因此数字货币的发展客观上推动了区块链技术的不断创新与成熟。人们逐渐发现区块链技术不仅可以应用在数字货币领域，还可以应用到更多领域，从而有更多人投入区块链的研究和推广中，链圈得以壮大。

7.2 区块链的数据结构

区块链是由一个个包含交易信息的区块通过哈希算法连接起来的，如图 7-1 所示。本节将详细介绍区块链中的区块和链的重要特征，以及区块链的形成过程。

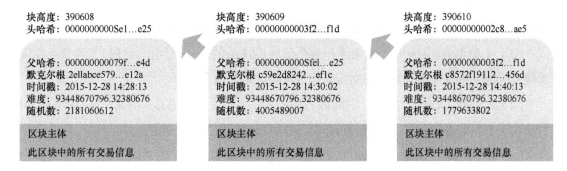

图 7-1　区块链数据结构示意

7.2.1　区块

区块是在区块链网络上承载交易数据的数据块。除了交易数据，区块中还包含了其他的一些必要信息，用来记录区块的位置、时间戳、数字签名等。这些信息还被用于网络中所有节点验证并确认该区块中的交易。

在一般情况下，区块可以分为区块头（Header）和区块主体（Body）两部分。区块头记录当前区块的元信息，包含当前版本号、上一个区块的哈希值（父哈希）、时间戳、随机数（Nonce）、默克尔根（Merkle Root）的哈希值等数据。图 7-2 所示为区块中包含的主要内容。

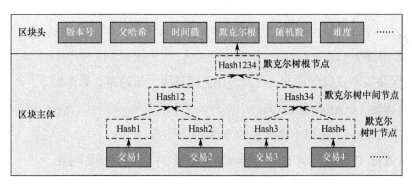

图 7-2　区块中包含的主要内容

不同区块链系统采用的数据结构会有些不同，以比特币为例，区块头包含的主要元数据如下。

（1）版本号（Version）：记录了区块链的软件版本号。在大多数情况下，软件版本号并不重要，但是具有特定版本号的挖掘程序可以指示它支持哪个协议。

（2）父哈希（Parent Hash）：前一个区块（父区块）的哈希值，用于连接前一个区块。区块链通过在区块头中记录区块，以及父区块的哈希值实现连接。父哈希指向上一个区块的地址（头哈希值），依次回溯可以一直到第一个区块，即创世区块。

（3）头哈希值（Hash）：哈希值是每个区块的块头的唯一识别符。任何节点都可以简单地对区块头进行哈希运算，独立地获取该区块的哈希值。

（4）时间戳（Timestamp）：时间戳用来记录一个区块生成的具体时间，自 1970-01-01 T00: 00 UTC 以来的秒数。通过时间戳可以在时间维度追溯每一笔交易。

（5）默克尔根（Merkle Root）：默克尔根是所有交易的一个汇总哈希值，用来快速归纳校验区块中所有的交易数据。区块主体的数据记录通过默克尔树（Merkle Tree）的哈希过程生成唯一的默克尔根并记录于区块头。

（6）随机数（Nonce）：Nonce 的字面意思是"只使用一次的随机数"。在区块结构中，随机数是基于工作量证明所设计的随机数字，矿工不断求解随机数，直到计算出符合条件的哈希值。

（7）难度（Difficulty）：难度是指该区块工作量证明算法的难度目标，指示搜索哈希值的目标大小（以字节为单位）。每个哈希值都有一个"位"，位的目标越低，越难找到匹配的哈希值。难度字段会根据之前一段时间区块的平均生成时间进行调整，来增加或减少其达成共识的时间。比特币平均每 10 分钟就会出现一个新的区块。难度一直在变化，10 分钟这个平均值保持不变。

（8）区块高度（Block Height）：区块高度是指一个区块在区块链中与创世区块之间的区块个数，反映了该区块与创世区块的距离。根据该定义，创世区块的高度为 0，其他区块的高度依次递增。

当然，区块头不仅包含这些元数据，还包括其他大量信息，具体如下：

- 确认次数（Conformations）。
- 矿工（Miner）：挖掘出该区块的节点。
- 交易数量（Number of Transactions）：该区块中包含的交易笔数。
- 比特数（Bit）。
- 权重（Weight）。
- 区块容量（Block Size）：一个区块存储数据的能力，比特币的区块容量是 2MB。
- 交易量（Transaction Volume）：该区块中包含的总交易量。
- 区块奖励（Block Reward）：系统发放给最早求解出正确哈希值并创建新区块的矿工的奖励。
- 交易费奖励（Fee Reward）：为了激励网络中的节点参与记账，每笔交易都附带了相应的奖励。

以比特币中高度为 651469 的区块为例，该区块中包含区块头和区块主体两个部分，区块头中记录了该区块的基础信息，区块主体记录了上一次区块生成之后到本区块生成期间的所有交易明细，如图 7-3 所示。

Block 651460 ⓘ

Hash	0000000000000000000b0cd432d6631ae8ab9a266308ec5627516dc7b9075ae5 🗑
Confirmations	2
Timestamp	2020-10-06 10:50
Height	651460
Miner	BTC.com
Number of Transactions	2 402
Difficulty	19 298 087 186 262.61
Merkle root	c0ca4097b678f15a57e75ca14d33062c9e5a725ac05d963ab6c4a3eabd1d1035
Version	0x20400000
Bit	386 831 838
Weight	3 992 940 WU
Size	1 275 735 bytes
Nonce	2 892 188 242
Transaction Volume	84015.30110914 BTC
Block Reward	6.25000000 BTC
Fee Reward	1.15493100 BTC

Block Transactions ⓘ

Hash	3396434d6964a0983d1d36e58d36a252e8b0d2775cc97ff28524f...			2020-10-06 10:50
	COINBASE (Newly Generated Coins)	➡	bc1qjl8uwezzlech723lpnyuza0h2cdkvxvh54v3do	7.40493100 BTC ⊕
			OP_RETURN	0.00000000 BTC
Fee	0.00000000 BTC (0.000 sat/B - 0.000 sat/WU - 202 bytes)			7.40493100 BTC
				2 Confirmations
Hash	f71ebe4a1a2b2eba471e9f6e1b49f8e323c9cabb7307e5a1b734ee2...			2020-10-06 10:32
	bc1q6qyfw2lezqp4tp2npdre75s8mdzhyfvedqk	0.00867690 BTC ⊕	➡	17jzmrX5kRfhCRQs91tzmZrjAK8M1YLGn3	0.00899439 BTC ⊕
			bc1q6qyfw2lezqp4tp2npdre75s8mdzhyfvedqk...	0.00068251 BTC ⊕
Fee	0.00100000 BTC (444.444 sat/B - 174.520 sat/WU - 225 bytes)			0.00767690 BTC
				2 Confirmations
Hash	27820b1d21585b6981ba440203fa7a68208f0ec4b808040215fe72f...			2020-10-06 10:20
	bc1qwqdg8squsna38e46795at95yu9atm8azz...	0.51992994 BTC ⊕	➡	38b7TzxpBkBD1DUXxQ6XaQEPGpR3ymJhgb	0.36815660 BTC ⊕
			bc1qwqdg8squsna38e46795at95yu9atm8azz...	0.15087334 BTC ⊕
Fee	0.00090000 BTC (236.842 sat/B - 118.734 sat/WU - 380 bytes)			0.51902994 BTC
				2 Confirmations

图 7-3　区块内容示例

区块主体包含了该时间段内的所有交易信息，包括当前区块经过验证的、区块创建过程中生成的所有交易记录，具体包括每笔交易双方的私钥、交易的数量、交易费用、电子货币的数字签名等。

7.2.2 链

链是由区块按照发生的时间顺序，通过区块的哈希值串联而成的，是区块交易记录及状态变化的日志记录。

比特币系统大约每 10 分钟会创建一个区块，这个区块包含了这段时间内全网发生的所有交易。每个区块都保存了上一个区块的哈希值，使得每个区块都能找到其前一个区块，这样就将这些区块连接起来，形成了一个链式结构，如图 7-4 所示。

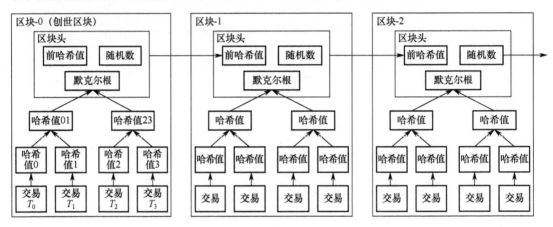

图 7-4　区块链的链式结构

7.2.3 区块链的形成过程

2009 年 1 月 3 日，全世界第一个区块诞生，序号为 0，称为创世区块。中本聪在比特币的创世区块里记录了当天泰晤士报的头版文章标题："The Times 03/Jan/2009 Chancellor on brink of second bailout for banks"（泰晤士报 2009 年 1 月 3 日 财政大臣考虑第二次出手纾解银行危机）。几天后的 1 月 9 日，出现了序号为 1 的区块，并与序号为 0 的创世区块相连形成了链，标志着区块链的诞生。

任何区块链的第一个区块都可以称为创世区块。创世区块的高度为 0。创世区块没有父区块，因此也没有父哈希值。创世区块一般用于初始化，不带有交易信息。创世区块之后产生的区块经过验证依次加入区块链，其高度不断增加。

在区块链中，当一笔交易经由某个节点产生后，这笔交易需要被广播给其他节点进行验证，只有通过验证才能添加到区块链。这个过程可以总结为如下 4 个步骤。

1. 第一步：广播交易数据

网络中的每个节点在产生一笔新的交易后，向区块链全网所有节点广播该交易数据。各节点将数笔新交易放进区块，每个区块可以包含数百笔或上千笔交易。这些交易数据经过数字签名加密并进行哈希运算得出一串代表此交易数据的唯一哈希值后，再将这个哈希值广播给区块链网络中的其他参与节点进行验证。

2. 第二步：竞争记账权

由于记账可以得到比特币奖励，因此很多节点会竞争记账权。竞争记账权的方式是比拼计算能力，各节点进行工作量证明计算来决定谁可以记账，最快计算出结果的节点将获得记账权。这个过程被称为"挖矿"（Mining），参与竞争记账权的节点被称为"矿工"（Miner）。

3. 第三步：生成新区块

得到记账权的矿工将交易数据压缩进新的区块。生成新区块的具体步骤如下：

（1）把在本地存储的自上一个区块生成之后的所有交易信息记录到区块主体中。

（2）在区块主体中生成所有交易信息的默克尔树，把默克尔根的值保存到区块头中。

（3）把上一个生成的区块的区块头数据通过 SHA-256 算法生成一个哈希值填入当前区块的父哈希值中。

（4）把当前时间保存在时间戳字段中。

（5）把其他信息加入区块头中。

在生成完整的区块后，将该区块广播给网络中的其他节点。

4. 第四步：验证新区块

网络中的所有节点通过重新计算哈希值可以很容易地检验新区块中包含的交易信息是否有效，确认没出现双重支付（Double Spending）且拥有有效数字签名后，正确的区块将被添加到区块链中，并被各个节点共同储存。此时，该区块正式加入区块链，区块的数据无法被修改。

所有节点一旦接受该区块，之前没有完成工作量证明计算的区块会失效，各节点会新建一个区块，继续下一轮工作量证明计算。

7.3　区块链技术的分类

从区块链开放程度来看，区块链技术可以分为三大类：公有链（Public Blockchain）、私有链和联盟链，如图 7-5 所示。公有链是指对所有人开放，任何人都可以参与的区块链；私有链则是完全被单独的个人或组织控制的区块链；联盟链是由多个组织构成的联盟控制，并且进入和退出需要授权的区块链。本节将分别介绍这 3 种区块链的特点。

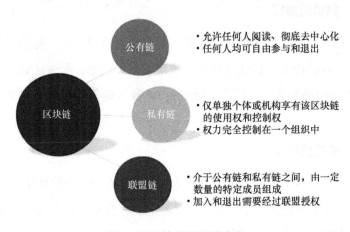

图 7-5　区块链技术的分类

7.3.1　公有链

公有链是最早的区块链，也是目前应用最广泛的区块链。比特币的区块链就是典型的公有链。公有链是完全去中心化的，不受任何机构控制，没有所谓的官方组织及管理机构。公有链是最开放的区块链，世界上任何个人或组织都可以参与区块链数据的维护和读取。任何节点都可以发送交易，并且合法交易能够获得该区块链的有效确认。任何节点都可以参与公有链的共识过程。共识过程的参与者通过密码学技术，以及内建的经济激励机制共同维护公共区块链数据的安全、透明、不可篡改。

公有链系统没有中心服务器，任何节点都可以很容易地部署应用程序，参与的节点按照系统规则自由接入网络，不受控制，节点间基于共识机制开展工作，依靠加密技术来保证安全。

公有链最初是为了实现比特币这样的数字货币应用而诞生的，但随着时间的推移，它的应用场景已经扩展到了金融、供应链管理、版权保护、智能合约等多个领域。

7.3.2　私有链

私有链是指存在一定中心化控制的区块链。控制方可以是个人或一家企业。私有链仅使用区块链的分布式账本技术进行记账，独享该区块链的写入权限，本链与其他的分布式存储方案没有太大区别。

与公有链相比，私有链对数据库的读取和修改权限进行了一定的限制，只有通过管理员或区块链协议筛选和验证的节点才能加入。私有链上的数据访问及使用有严格的权限管理限制，只有管理员才有权修改、编辑、删除链上记录，读取权限可以对外开放。私有链同时保留着区块链的真实性和部分去中心化的特性。

严格来说，私有链算不上一种去中心化的结构，可以理解为一种应用密码学技术创造的封闭、安全的分布式数据库。私有链不能完全解决信任问题，但是可以改善数据的可靠性和可审计性，因此一般应用于企业内部，如内部审计。

7.3.3　联盟链

联盟链是由多家机构联合形成的联盟发起的，兼具部分去中心化的特性。由联盟内部指定多个预选的节点为记账人，每个区块的生成由所有的预选节点共同决定，其他接入节点可以参与交易，但不参与记账。由于参与联盟链的记账节点是事先选好的，节点间的网络连接相对可靠，因此在区块链中可以采用非工作量证明的其他共识算法。另外，因为参与共识的节点数量有限，所以达成共识相对容易，交易速度可以大幅提升。

与公有链不一样，联盟链在某种程度上只属于联盟内部的成员所有，联盟链的数据只有联盟内部的机构及其用户才有权限访问。联盟之外的机构或用户只能通过联盟链开放的数据接口进行有限制的访问。在公有链中想要修改区块数据几乎是不可能的，而在联盟链中，只要联盟内的大部分机构达成共识，即可对区块数据进行修改。

联盟链存在一定的中心化控制，本质上仍是一种私有链，只不过它比单个组织开发的私有链更大，却又没有像公有链那样完全开放。可以认为，联盟链是介于私有链和公有链之间的一种区块链。联盟链可类比为现实社会中的商会或企业联盟，只有组织内的成员才可以共享利益和资源，区块链技术的应用只是为了让联盟成员更加信任彼此。联盟不仅局限于企业之间的联盟，也可以是国与国之间的联盟。

联盟链由于其可控性强、交易速度快等优点，更受企业界的青睐。目前，业界较为知名的联盟链包括 R3 区块链联盟、超级账本（Hyperledger），以及中国的区块链联盟（China Ledger）等。

综上所述，不同类型区块链的比较如表 7-1 所示。

表 7-1　不同类型区块链的比较

比 较 维 度	公 有 链	联 盟 链	私 有 链
中心化程度	完全去中心化	部分中心化	中心化
参与者	任何节点自由参与	联盟成员	个体或企业内部
记账人	所有参与者	联盟内指定	自己
共识机制	PoW、PoS、DPoS 等	分布式一致性算法	分布式一致性算法
激励机制	需要	可选	不需要
交易速度	慢，3~20 笔/秒	较快，约 1 万笔/秒	快，约 10 万笔/秒
典型应用场景	数字货币	支付、结算	审计、发行

7.4　区块链系统结构

区块链是一个由若干区块相连形成的链，区块链网络中的各个节点相互通信、共同协作，形成整个区块链系统。区块链系统正常工作需要满足一定的系统结构。一般说来，区块链系统按照功能逻辑可以抽象成数据层、网络层、共识层、激励层、合约层和应用层，如图 7-6 所示。其中，数据层封装了底层数据区块，以及相关的数据加密、时间戳等基础数据和基本算法；网络层包括 P2P 网络、传播机制和验证机制等；共识层主要封装网络节点的各类共识算法；激励层将经济因素集成到区块链技术体系中，主要包括经济激励的发行机制和分配机制等；合约层主要封装各类脚本代码、算法机制和智能合约，是区块链可编程特性的基础；应用层则封装了区块链的各种应用场景和案例。其中，数据层、网络层、共识层是构建区块链系统的必要模块，缺少任何一层都不能称为真正意义上的区块链系统。激励层、合约层和应用层不是每个区块链系统的必要因素，而是根据具体的应用场景有所选择的，如在私有链中，激励层就不是必需的。

本节将介绍区块链系统各个逻辑层的主要特点和工作原理。

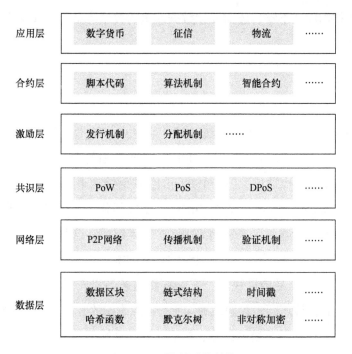

图 7-6　区块链系统结构

7.4.1　数据层

数据层（Data Layer）主要描述区块链的物理形式，是区块链上从创世区块起始的链式结构，包含了区块链的数据区块、链式结构，以及区块上的随机数、时间戳、公私钥数据等，是整个区块链技术中最底层的数据结构。

数据层可以理解成数据库。区块链是一个去中心化的数据库，即分布式账本。区块链账本由多个参与者共同维护，每个参与者都持有一个区块链账本的副本，所有的交易和数据都记录在这些副本上。这种分布式结构增强了系统的稳健性和抗篡改性。

区块链上的所有交易都是透明的，任何人都可以查看交易历史记录。这种透明性有助于建立信任，并允许用户验证交易的真实性。同时，每笔交易都有一个唯一的标识符（哈希值或交易 ID），便于追溯和查询。同时，区块链使用高级加密技术来保证数据的机密性和完整性。每笔交易都通过数字签名进行验证，以确认交易双方的身份，并防止交易被篡改。

一旦数据被记录在区块链上，就几乎不可能被修改或删除。这是因为每个区块都包含前一个区块的加密哈希值，形成了一条链。要修改一个区块，就需要重新计算该区块及其后所有区块的哈希值，这在计算上是不切实际的。

光有分布式数据库还不够，还需要让数据库里的数据信息可以共享交流，这就要靠上一层结构：网络层。

7.4.2 网络层

网络层（Network Layer）主要通过 P2P（点对点）技术实现分布式网络机制，包括 P2P 组网机制、数据传播机制和数据验证机制，因此区块链网络本质上是一个 P2P 网络，具备自动组网的机制，节点通过维护一个共同的区块链结构来通信。

区块链的网络层是区块链技术架构中的关键组成部分之一，它负责处理区块链网络中节点之间的通信和数据传输。区块链网络由多个节点组成，这些节点是运行区块链软件的计算机或服务器。每个节点都维护着区块链的完整副本，并参与网络的维护和交易验证。当一个节点接收到新的交易或区块时，它需要将这条信息广播给网络中的其他节点。同时，节点还需要与其他节点同步数据，确保所有节点维护的区块链副本一致。

网络层的设计对区块链系统的性能、扩展性和安全性至关重要。网络层的设计主要包括网络拓扑和网络协议。网络拓扑描述了这些节点如何连接和交互。常见的网络拓扑包括星形、环形和分布式网络。区块链网络层使用特定的通信协议来确保节点之间的有效通信。这些协议定义了数据传输的格式、节点如何发现和连接其他节点，以及如何处理网络拥堵和故障。常见的通信协议包括 TCP/IP、UDP、WebSocket 等。为了保障通信的安全性和隐私性，节点之间的通信还会被加密，以防数据被篡改或窃取。

随着区块链技术的发展，跨网络和跨链通信变得越来越重要。网络层还需要支持跨网络和跨链协议，以便不同区块链能够进行数据和价值的交换。

在区块链的分布式网络中，不能存在一个中心化的管理机构，因此全网需要依据一个统一的、所有节点一致同意的规则来维护更新区块链系统的总账本，这就涉及了共识机制的构建，也就是再上一层结构：共识层。

7.4.3 共识层

在区块链网络中，节点采用共识算法来维持数据层数据的一致性，这就是共识层（Consensus Layer）。

共识层主要包含共识算法及共识机制，是区块链的核心技术之一，也是区块链社区的治理机制。共识层主要解决的是网络中多个节点如何在没有中心化的管理机构的情况下，对数据的准确性达成共识的问题。区块链的共识机制保证了即使在一个分布式环境中，所有参与者也能够就数据的完整性达成一致，这是通过一系列算法和规则实现的。

目前，至少有数十种共识机制算法，包含工作量证明（Proof of Work，PoW）、权益证明（Proof of Stake，PoS）、委托权益证明（Delegated Proof of Stake，DPoS）、拜占庭容错（Byzantine Fault Tolerance，BFT）算法、燃烧证明、重要性证明等。

共识层不仅确保了区块链系统中数据的一致性，而且还确保了整个网络的安全性，这是因为任何对数据的篡改都需要重新获得网络中大部分节点的验证和同意，这极大地增加了数据被篡改的难度。

共识机制需要消耗大量算力来实现，如何让节点积极踊跃地参与区块链系统维护，这就涉及了激励机制，即激励层。

7.4.4 激励层

激励层（Actuator Layer）主要包括经济激励的发行机制和分配机制，其功能是提供一定的激励措施，鼓励节点参与区块链中的安全验证工作，并将经济因素纳入区块链技术体系中，激励遵守规则参与记账的节点，并惩罚不遵守规则的节点。

区块链的激励层是区块链系统的重要组成部分，它的主要作用是激励网络的参与者遵循既定的规则，并促使其为网络的发展做出贡献。激励层可以激励开发者开发和部署基于区块链的应用程序。这些应用程序不仅能为用户带来价值，也能为网络带来新的流量和参与者，从而推动整个生态系统的发展。

区块链的激励机制包括经济激励和非经济激励两种方式。

经济激励是区块链激励层中最常见也最直接的一种方式。在许多区块链网络中，参与者通过验证交易、传播信息或提供其他服务来获得网络中的原生代币。这些原生代币通常具有实际的经济价值，可以用来购买服务、兑换其他货币或在特定的应用场景中使用。例如，在比特币网络中，矿工通过解决工作量证明难题来验证交易，并获得新生成的比特币。这种激励机制激励了大量矿工投入计算资源，保障了比特币网络的安全性和稳定性。

除了经济激励，区块链网络中也存在非经济激励。这些激励可能包括提升用户在网络中的地位、获得更多的网络资源或特权等。例如，在某些区块链网络中，对网络贡献大的参与者可能被赋予更多的投票权或更大的话语权。非经济激励的方式有助于构建一个更加活跃和积极的社区，让参与者不仅出于经济利益，而且出于对网络发展的共同兴趣和责任感的驱动来参与网络的维护和发展。

激励层的设计需要非常谨慎，因为它直接关系到区块链网络的可持续性和安全性。激励层的设计通常涉及经济学、博弈论和法律等多个领域的知识。一个有效的激励机制应该能够公平地分配奖励，确保对网络有真正贡献的行为得到相应的回报，同时防止恶意行为，如双花攻击或网络拥堵等，还要保持网络的去中心化，避免出现中心化的控制点。在实际应用中，不同的区块链项目可能采用不同的激励机制，以适应其特定的网络环境和目标。

7.4.5　合约层

合约层（Contract Layer）是区块链技术的关键组成部分之一，其原理是将代码嵌入区块链系统，来实现自定义的智能合约。一旦触发了智能合约的条款，系统就能自动执行命令。

合约层主要包括各种脚本代码、算法机制及智能合约，是区块链可编程的基础。智能合约通常由事件、条件和操作 3 个部分组成。事件是指在特定条件下发生的事情，条件是判断事件是否发生的准则，而操作是在事件触发后执行的动作。智能合约在区块链上运行，当满足预设的条件时，智能合约将自动执行其操作。

智能合约是区块链技术中的一项重要创新，它为各种去中心化应用提供了强大的支持，在未来的数字经济中将发挥越来越重要的作用。

7.4.6　应用层

应用层（Application Layer）是指在区块链技术之上构建的、为用户提供的各类实际应用和服务。这一层将区块链的基础设施和智能合约功能转化为实际、可用的应用程序，从而使区块链技术能够服务于各种行业和场景。

应用层的功能是将基于区块链协议开发的应用部署并在现实生活场景中落地，如金融、互联网、医疗、产权保护等。任何需要进行记账或进行数据记录的场景都可以使用区块链技术来提高效率、降低成本。构建在区块链上的软件应用程序被称为"去中心化应用"（DApps），它们通常不由单一实体控制，而是通过网络中的多个节点来运行和维护。DApps 利用区块链的安全性、透明性和去中心化特性来提供服务。去中心化应用类似计算机操作系统上的应用程序或手机端的 App，是普通人可以直接使用的产品。随着区块链技术的不断发展和成熟，预计将有更多的应用场景和应用案例出现。

第 **8** 章

区块链的基础技术原理

区块链是一种去中心化的信任机器。

——尼克·萨博（Nick Szabo），密码学家、智能合约之父

区块链作为一个新兴的概念，诞生至今仅十余年便引起了社会的广泛关注。区块链采用的大多是基础技术，包括如 P2P 网络、共识机制、哈希算法、非对称加密与数字签名、智能合约等，这些都是较为成熟的技术，并且很多技术已经在互联网中得到了广泛应用。但是这并不意味着区块链就是"新瓶装旧酒"，是一些现有技术的拼装。实际上，区块链围绕其"去中心化""不可篡改"的核心目标，精心"选择"了这些技术并对其进行了革新，从而形成了一套全新的应用系统。本章将介绍区块链系统的主要基础技术原理，以及其在区块链系统中的应用。

8.1 P2P 网络

8.1.1 P2P 网络的发展历程

1999 年，美国大学生肖恩·范宁（Shawn Fanning）与肖恩·帕克（Shaun Parker）为了解决从服务器下载音乐时的网络拥堵问题，发明了点对点（Point-to-Point，P2P）传输的网络技术，并开发了著名的音乐下载网站 Napster。用户可以免费下载 Napster 客户端，然后从别人那里下载 MP3 文件，同时自己也可作为一台服务器，供别人下载 MP3 文件。

Napster 不能算完全意义上的分布式网络，因为 Napster 有一台中心服务器，向所有用户提供文件目录服务，当用户想下载音乐时，需要先到这台中心服务器上查询哪些客户端拥有这首音乐，然后再连到那台机器下载。Napster 从诞生以来就陷入了音乐版权官司中，2001 年 7 月，Napster 由于音乐版权的法律纠纷被迫关闭。

为了解决 Napster 存在的问题，2000 年，开发者们提出了 Gnutella 网络文件交换协议，Gnutella 通过泛洪查询模型向与自己直接连接的节点发起查询请求，被查询的节点再去查询与自己连接的节点，如此递归下去，直至查询到结果为止。尽管它没有直接从中心节点查询高效，但它不再依赖一个中心化的索引节点，成了一个完全分布式的网络。

2003 年，美国计算机程序员布拉姆·科恩（Bram Cohen）开发了一种基于 TCP/IP 协议的点对点文件共享协议 BitTorrent。根据 BitTorrent 协议，文件发布者会根据要发布的文件生成一个.torrent 文件，即种子文件，种子是一个记录了下载文件的服务器信息的索引文件。为了提高查询速度，BitTorrent 引入了分布式哈希表（Distributed Hash Table，DHT），相比泛洪查询，DHT 效率显著提升。每个下载者在下载数据的同时不断向其他下载者上传已下载的数据。BitTorrent 协议下载的特点是，下载的人越多，提供的带宽也越多，下载速度也就越快。

中本聪在设计比特币系统时，引入了 P2P 网络来存储不可修改且不断增长的交易信息。P2P 是比特币去中心化系统中网络部分的精髓，通过点对点的传输，比特币构建了一个去中心化的支付系统。

8.1.2 P2P 网络原理

现有的网络服务绝大多数是基于传统的客户端/服务端（Client/Server，C/S）网络架构的，如图 8-1（a）所示，这是一种典型的中心化网络。服务端（Server）的主服务器是网络的中心节点，所有的客户端（Client）都必须通过主服务器与其他客户端进行通信，不能单独与另一个客户端直接通信。在这种网络架构中，主服务器控制着所有客户端的连接与消息分发。中心化的服务端便于服务机构进行管理和维护，如进行统一的版本升级、统一的运行监控、统一的计费等。但随着网络中客户端数量的激增，中心化的 C/S 网络架构存在如下问题。

（1）所有客户端通信都依赖主服务器，因此主服务器的安全性和可靠性非常重要，一旦主服务器出现问题，整个网络都将处于瘫痪状态。

（2）所有客户端的信息都需要经过主服务器转发，对主服务器的网络容量要求很高，容易造成网络拥堵。

（3）主服务器需要处理来自所有客户端的信息，计算负荷很大，而单个服务器的计算能力是有限的，由此产生了服务器集群等解决方案。

传统银行系统都采用了 C/S 网络架构，银行的服务器是中心节点，每个用户就是一个客户端。当用户发起一笔转账交易时，客户端会将该转账申请提交给银行服务器，银行服务器在收到转账申请后，对转账信息中的转账人和接收人身份进行核实，然后将资金划转给接收人，并在数据库中记录该笔交易。转账过程中的用户身份验证、资金核对、交易记录都是由银行服务器来完成的。如果某个时段交易用户数量较多，则会出现网络拥堵的情况。为了确保用户信息安全和资金交易效率，银行需要投入大量经费维护中心服务器的可靠性和计算性能。

为了解决 C/S 网络架构存在的上述问题，去中心化网络成为业界研究的热点，其中最著名的去中心化网络就是 P2P 网络。在 P2P 网络中，没有主服务器作为中心节点，客户端之间可以直接连接并提供服务，如图 8-1（b）所示。每个客户端都能对外提供相应的服务，同时也接受其他客户端提供的服务，即每个终端既是客户端也是服务端，因此也被称为节点。这种通信网络去除了主服务器的绝对控制，即使个别节点发生故障，也不会影响其他节点正常工作。由于不需要主服务器进行数据转发，大幅降低了原来主服务器所在网络的负荷，提高了网络传输效率。

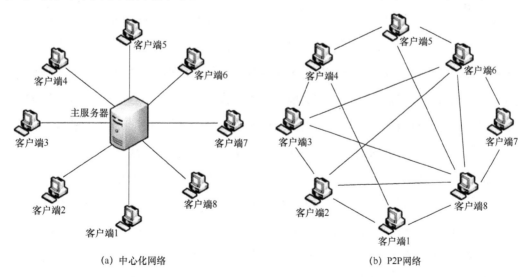

(a) 中心化网络　　　　　　　　　　(b) P2P网络

图 8-1　中心化网络与 P2P 网络示意图

在 P2P 网络中，所有节点共同维护网络秩序。网络中的节点越多，节点之间交互的信息越多，网络的价值就越大。P2P 网络需要设计一套有效的激励机制，使得 P2P 网络中的所有节点在享受其他节点为其提供服务的同时，也愿意主动为其他节点提供服务。

在区块链系统中，要求所有节点共同参与维护账本数据。如果采用 C/S 网络架构，则主服务器需要不断地收集所有交易信息并分发给网络中的所有节点，这是几乎不可能完成的任务。因此，区块链系统自然而然地选择了 P2P 网络，所有新发生的交易区块数据只需要发送给相邻节点，相邻节点在收到数据后会按照规则自动转发给其他相邻节点，这样就可以把区块数据发送给所有节点了。

8.1.3　P2P 网络模型

根据去中心化程度的不同，P2P 网络包含 4 种不同形态的网络模型：

（1）中心化拓扑（Centralized Topology）网络。

（2）全分布式非结构化拓扑（Decentralized Unstructured Topology）网络。

（3）全分布式结构化拓扑（Decentralized Structured Topology，也称 DHT）网络。

（4）半分布式拓扑（Partially Decentralized Topology）网络。

1. 中心化拓扑网络

中心化拓扑网络的原理如图 8-2 所示。存在一个中心节点（中央索引服务器）保存了其他所有节点的索引信息，索引信息一般包括节点 IP 地址、端口、节点资源等。各个节点服务器之间可以直接传输数据，但是需要通过中央索引服务器进行调度。当网络中的某个用户节点需要某个文件时，先向中央索引服务器发送请求，在中央索引服务器上检索所需的文件信息，中央索引服务器返回存有该文件的节点信息，再由请求者直接连接到目标文件的所有者进行文件传输。这种模式实现了文件查询与文件传输的分离，有效地节省了中央索引服务器的带宽消耗，降低了系统的文件传输时延。由于所有节点资源的信息都存在中央索引服务器上，可以依赖其强大的计算能力实现灵活高效的查询和路由算法。中心化拓扑网络最大的优点是结构简单、实现容易、维护便捷、资源发现效率高。

中心化拓扑网络的缺点也很明显。由于中央索引服务器需要存储所有节点的路由信息，网络中的节点规模越大，对中央索引服务器的性能要求就越高，容易出现性能瓶颈，维护和升级的费用也将急剧增加。中心化拓扑网络也存在类似传统 C/S 网络中的单点故障问题。中央索引服务器的瘫痪容易导致整个网络的崩溃，因此其可靠性和安全性较低。

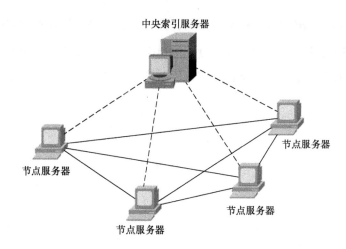

图 8-2　中心化拓扑网络的原理

综上所述，中心化拓扑网络在小型网络管理和控制方面有一定的优势，在大型网络应用中并不适用。

2．全分布式非结构化拓扑网络

全分布式非结构化拓扑网络也称纯分布式拓扑网络，它移除了中央索引服务器，在所有节点之间建立随机网络，在一个新加入节点和 P2P 网络中的某个节点间随机建立连接通道，从而形成一个随机拓扑结构。新节点加入该网络的实现方法也有多种，最简单的就是随机选择一个已经存在的节点并建立邻居关系。在全分布式非结构化拓扑网络中，没有中央索引服务器，每台机器在网络中是真正的对等关系，既是客户端又是服务端，因此也被称为对等机（Servant）。

当一台计算机要下载某个文件时，先按文件名或关键字生成一个查询，并把这个查询发送给与之相连的所有计算机，这些计算机如果有这个文件，则与查询的机器建立连接并传输文件；如果没有这个文件，则继续将这个查询转发给与自己相邻的计算机，直到找到文件为止。这种通过不断向邻居节点转发查询信息的方式像洪水泛滥一样，因此被称为泛洪（Flooding）算法，其示例如图 8-3 所示。

全分布式非结构化拓扑认为网络是一个完全随机图，节点之间的链路没有遵循某些预先定义的拓扑来构建，受节点频繁加入和退出系统的影响小。在网络节点数量较少时，能够较快地发现目标节点，面对网络的动态变化体现了较好的容错能力，因此具有较好的可用性。同时可以支持复杂查询，如带有规则表达式的多关键词查询、模糊查询等。

但是，随着联网节点的不断增多，网络规模不断扩大，通过这种泛洪方式查询将造成网络流量的急剧增加，对网络带宽的消耗非常大，可能导致网络中部分带宽较低的节点因带宽资源过载而失效,出现分区和断链现象,即一个查询访问只能在网络的很小一部分中进行,查询的结果可能不全。为了控制查询消息扩散过多造成流量剧增的问题,一般通过生存时间(Time To Live,TTL)来控制查询的深度。

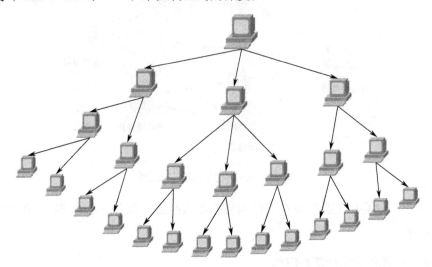

图 8-3 全分布式非结构化拓扑网络的泛洪算法示例

3. 全分布式结构化拓扑网络

在全分布式非结构化拓扑网络中,所有节点通过随机方式组织,形成一个完全对等的随机网络。而在全分布式结构化拓扑网络中,所有节点按照某种确定的结构进行有序组织,如形成一个环状网络或树状网络。最常用的方式是采用分布式哈希表(Distributed Hash Table,DHT)来组织网络中的节点。DHT 是一个由大量节点共同维护的巨大哈希表。哈希表被分割成不连续的块,每个节点被分配给一个属于自己的散列块,并成为这个散列块的管理者。全分布式结构化拓扑网络能够自适应网络中节点的动态加入和退出。由于网络采用了确定的拓扑结构,DHT 可以提供精确的目标发现。只要目标节点存在于网络中,DHT 总能发现它,从而保证发现的准确性。

DHT 的核心思想如下:对网络中的所有节点和资源分别进行编号,如把资源名称或内容通过哈希函数转换成一个字符串,哈希编码的特性使得节点和资源的编号具备唯一性、均匀分布等良好的性质。这样每个节点和资源就有一个对应的编号,在资源编号和节点编号之间建立起一种映射关系,例如,将资源 M 的所有索引信息存放到节点 N 上,当要搜索资源 M 时,只要找到节点 N,就可以快速准确地路由和定位数据,避免泛洪广播消耗带宽资源的问题。

4．半分布式拓扑网络

半分布式拓扑网络结构（也称混合结构，Hybrid Structure）融合了中心化拓扑网络和全分布式非结构化拓扑网络的优点，将网络中性能较高的节点作为超级节点（Super Nodes），在各个超级节点上存储网络中其他部分节点的信息。发现算法仅在超级节点之间转发，超级节点再将查询请求转发给适当的叶子节点。半分布式拓扑网络是一种分层的结构，超级节点之间构成一个高速转发层，超级节点和所负责的普通节点构成一个中心化的拓扑网络。

半分布式拓扑网络如图 8-4 所示，网络中存在若干超级节点和大量普通节点，每个超级节点与多个普通节组成局部的中心化网络。一个新的普通节点加入，需要先选择一个超级节点与其进行通信，该超级节点再把新节点信息推送给其他超级节点，以更新节点列表，新加入节点再根据列表中的超级节点状态决定选择哪个具体的超级节点作为父节点。在这种网络拓扑结构下，泛洪广播只发生在超级节点之间，可以避免大规模泛洪广播存在的问题。但是，这种结构对超级节点依赖性大，易受到攻击，容错性也会受到影响，因此尤其需要重视超级节点的安全问题。

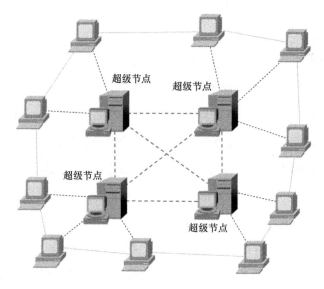

图 8-4　半分布式拓扑网络

在实际应用中，半分布式拓扑网络的组网架构相对灵活，实现难度较小，目前已被较多系统采用。

5. 网络拓扑结构对比

如前文所述，每种拓扑结构的 P2P 网络都有其优缺点，表 8-1 从可扩展性、可靠性、可维护性、发现算法效率，以及复杂查询等方面对这 4 种拓扑结构进行了对比。

表 8-1　4 种拓扑结构的对比

拓 扑 结 构	可 扩 展 性	可 靠 性	可 维 护 性	发现算法效率	复 杂 查 询
中心化拓扑	差	差	最好	最高	支持
全分布式非结构化拓扑	差	好	最好	低	支持
全分布式结构化拓扑	好	好	好	高	不支持
半分布式拓扑	中	中	中	中	支持

8.1.4　P2P 网络在区块链中的应用

P2P 网络模型是区块链技术架构的基础，它定义了网络中节点的组织方式、数据传播机制，以及共识算法等关键要素。

以比特币为例，比特币的网络模型是一个去中心化的 P2P 网络，它允许用户/节点直接通信，不需要通过中央服务器。节点之间通过 TCP/IP 协议连接到网络，并使用比特币协议（Bitcoin Protocol）进行通信。

比特币网络中的节点分两种角色：全节点（Full Nodes）和轻节点（Light Nodes）。全节点拥有完整比特币区块链副本并能提供交易验证功能，全节点能够验证所有比特币交易，并确保区块链的完整性。轻节点只存储区块链的部分数据或索引信息，它们不能验证交易，但可以查询比特币状态，轻节点可以通过向全节点发送请求来验证交易。

新加入的节点需要从网络上其他节点下载完整的区块链数据，这个过程称为同步。可以通过下载区块头信息并从全节点处获取区块主体来减少所需的数据量。

比特币网络采用 Gossip 协议，即消息传递协议，来传播交易和区块信息。节点在收到信息后，会将其广播给其他节点，从而使信息在整个网络中迅速传播。

分布式网络是区块链的基础网络模型，它通过去中心化的结构确保数据的安全性、透明度和不可篡改性。随着区块链技术的不断成熟和应用场景的扩大，其网络模型也在不断地演进和完善，以满足不同应用的需求。

例如，随着区块链技术的发展，不同区块链之间需要进行数据同步和交互，这就涉及跨链通信技术，该技术允许不同区块链网络之间的节点进行消息传递和数据交换。

再如，分片技术支持将一个大的区块链网络分解成多个小的、独立的部分，称为片（Slice）。每个片可以并行处理交易，从而提高系统的吞吐量、降低通信时延，并提升网络的可扩展性。

8.2　共识机制

8.2.1　共识机制的发展历程

1982 年，美国计算机学家莱斯利·兰伯特（Leslie Lamport）等人提出拜占庭将军问题（Byzantine Generals Problem），即在存在消息丢失的不可靠信道上试图通过消息传递的方式达到一致性是不可能的。

1997 年，英国计算机科学家和密码学家亚当·拜克（Adam Back）提出了哈希现金（Hash Cash）算法，他的本意是为实现电子邮件的可信，阻止垃圾邮件发送者轻易发送数百万封电子邮件。哈希现金算法要求发送电子邮件之前对电子邮件的标头进行有效性验证，即需要运算一个数学题，这样发送大量垃圾邮件的成本会变得巨大。这套算法被称为工作量证明算法。该思想被哈尔·芬尼（Hal Finney）借鉴来做可重复的工作量证明机制。

另外，哈伯（Haber）和斯托尼塔（Stornetta）在 1997 年提出了一个用时间戳的方法保证数字文件安全的协议，即用时间戳来表示文件创建的先后顺序，该协议要求在文件创建后其时间戳不能改动，这让文件被篡改的可能性为零。

如何解决公开网络上的信任问题成为比特币要解决的核心问题。中本聪把工作量证明机制引入比特币，利用新币发行的激励机制，完美解决了拜占庭问题。时间戳机制也被中本聪应用到比特币中。

区块链自诞生以来，研究人员提出了多种不同的共识机制，适用于不同的应用场景，在效率和安全性之间取得平衡。当前主流的共识机制包括：工作量证明（Proof of Work，PoW）、权益证明（Proof of Stake，PoS）、工作量证明与权益证明混合（PoS+PoW）、委托权益证明（Delegated Proof of Stake，DPoS）、实用拜占庭容错（Practical Byzantine Fault Tolerance，PBFT）、瑞波共识协议等。

8.2.2　工作量证明

工作量证明（PoW）最早是一个经济学名词，是指通过对工作结果进行认证来证明完成了相应的工作量。1999 年，计算机学者 Markus Jakobsson 和 Ari Juels 将 PoW 的概念引入计算机系统，用以抵挡拒绝服务攻击和网络爬虫，该算法后来在反垃圾邮件中被广泛使用。2008 年 10 月，中本聪在比特币白皮书中将 PoW 作为比特币的共识机制，PoW 开始为人所熟知。

比特币在区块的生成过程中使用了 PoW 机制，通过足够大的工作量来求解数学难题，就"谁有权记账"达成共识。要得到合理的随机数求解数学难题需要经过大量尝试性计算，通过查看记录和验证区块链信息的证明，就能知道是否完成了指定难度系数的工作量。

全网节点通过利用自身的计算能力计算一道规定的数学难题（如比特币采用了哈希问题 SHA-256），竞争一段时间内交易的记账权。在一般情况下，算力高、计算速度快的节点有更高概率先计算出结果，先记账并获得记账奖励，然后网络中的其他节点会检验它计算出的时间和结果，直至全网节点都验证后，才算达成共识。比特币、以太坊、莱特币等主流数字货币底层共识机制都采用了 PoW 机制。

PoW 机制的基本步骤如下：

（1）节点监听全网数据记录，通过基本合法性验证的数据记录将被暂存。

（2）节点消耗自身算力尝试不同的随机数，进行指定的哈希运算，并不断重复该过程直至找到合理的随机数，这一过程也被称为"挖矿"。

（3）在找到合理的随机数后，生成区块信息（区块头+区块主体）。

（4）节点对外部广播新产生的区块，其他节点验证通过后，将其连接至区块链中，主链高度加一，然后所有节点切换至新区块后继续下一轮挖矿。

"矿工"在挖矿过程中会得到两种类型的奖励：创建新区块的新币奖励，以及区块中所包含交易的交易费用（交易双方为了交易被区块链尽早记录会提供给矿工一笔交易费用作为激励）。这种算法的竞争机制，以及获胜者有权在区块链上进行交易记录的机制，实际上分别解决了分布式记账及记账权归属的问题。在比特币区块链中，这一过程还起到了货币发行的作用。新币奖励随着时间的推移会越来越少，目前每隔 10 分钟，会产生 12.5 枚比特币，奖励给挖到新区块的矿工。

PoW 与其名字（工作量证明）一样，矿工有多少工作量，就会获得多少挖矿奖励。拿我们比较熟悉的比特币来说，矿工的矿机性能越好、数量越多，挖出比特币并获得的奖励就会越多，即按劳分配。

尽管 PoW 机制解决了记账权归属问题，但获得记账权的矿工是否有可能"作弊"，在构造的新区块中添加一些并不存在的交易呢？实际上，比特币区块链共识机制的重要环节是网络中的每个节点都会独立校验新区块，其中，最重要的就是校验新区块中每笔交易是否合法。如果没有通过验证，那么这个新区块将被拒绝接入，该矿工也就白白浪费了所有的算力和努力。只有在控制了全网超过 51% 的记账节点的情况下，才有可能伪造一条不存在的记录。当加入区块链的节点足够多时，"作弊"基本不可能发生，从而杜绝了工作量造假的可能。

由此可见，PoW 机制保障了区块链中交易信息的可靠性，但由于所有节点都被要求参与新区块的验证计算，需要消耗巨大的能源。因此，可总结 PoW 机制的特点如下。

1. PoW 机制的优点

（1）安全。由于矿工都是花钱购置矿机参与挖矿的，矿机的花费是真实成本，所以集中作恶（如集体记假账欺骗全网等）的可能性很低，比特币经历十多年时间从未出现任何错漏或被攻击，已经足以证明 PoW 机制的安全性。

（2）优质项目易吸引早期矿工。由于早期参与者更容易获取较大奖励，且不需要专门的矿机，矿工往往更倾向于参与这种早期的优质 PoW 项目，如果项目发展良好，能够获得较高的收益。这一优点是仅针对今天而言的，因为比特币 PoW 机制的成功，所以矿工四处寻找优质项目挖矿，无形中为早期项目贡献了一份力量。但在比特币问世时，上述两个优点其实都不存在，因此这一共识机制其实是个经历的时间越久越安全，也越有魅力的机制。

2. PoW 机制的缺点

（1）资源浪费。计算能力的竞争导致参与者不断升级计算所需的硬件以获得更强的计算能力，甚至生产专门用来计算 SHA-256 或其他数学难题的机器（矿机），所有参与 PoW 竞争的节点都需要付出不少的经济成本（硬件、电力、维护等），而且每次只有一个节点"胜出"，这也意味着其他节点投入的大量资源被浪费了。这些机器的生产和运行造成巨大的人力资源、电力资源的浪费，只为了计算一道毫无意义的加密数学题，这也是比特币最为人所诟病的一点。

（2）达成共识所需的时间较长。由于网络中的所有节点都参与验证，需要较长的时间完成所有节点的计算，这样的验证速度难以满足大规模商用的需求。

（3）升级困难。由于整个计算和竞争的过程全部写在各式各样的矿机中，因此任何针对原有共识机制的升级都很难在短时间内通知到所有节点并实现所有参与人的变更。另外，由于参与人的意愿不同，因此很难实现整个机制和系统的平滑升级，分叉和安全性下降是很难避免的。

8.2.3　权益证明

为了解决 PoW 机制带来的资源浪费和计算延迟问题，2013 年，有人提出了权益证明（PoS）机制。PoS 机制根据每个节点所占代币的比例和时间，分配该节点的代币股份（权益）比例，拥有代币股份越多的节点越容易获取记账权。

PoS 类似现代公司治理中的股权机制，其出发点是如果共识机制主要是用来证明谁在挖矿这件事情上投入最多，那么当前持币最多、最久的人理论上就是投入最多的人。在 PoW 机制中，有更多算力的矿工会得到更多的投票权；而在 PoS 机制中，持有更多币，以及持币时间更长的矿工将获得更多的投票权。采用 PoS 机制的加密货币资产，系统会根据节点的持币数量和时间的乘积（币·天数）给节点分配相应的权益。

PoS 机制在一定程度上降低了系统的整体计算开销，同时能够有选择地分配记账权，即可根据应用场景选择"凭证"的获取来源，这是一个较大的改进。

PoS 机制的优点如下。

（1）无资源浪费。没有矿机，获得较大收益的方式是成为更大的利益相关者。

（2）升级相对容易。升级都通过计算机在软件和线上进行，不涉及硬件的运算重写。

但是引入"凭证"实质上提高了算法的中心化程度，与区块链去中心化的思想是相悖的。因此，其缺点体现在以下几个方面。

（1）财富集中现象更为明显，去中心化特性变弱。由于持币越多的人拥有越多的权益，因此容易形成头部的资源垄断，在极端情况下会出现节点拥有超过 51%的权益，从而控制整个网络的情况。

（2）安全性无法完全确定。部分持币人可能是使用其他数字货币与 PoS 币种交换而来的，不存在实质上的沉没成本，作恶成本相对较低，且机制未经时间检验，无法在短期内确定其安全性。

（3）缺少专业化。拥有权益的人不一定拥有足够的专业知识，甚至未必希望参与记账。

8.2.4　委托权益证明

委托权益证明（DPoS）是一种类似董事会的授权共识机制，该机制让每个持币人对整个系统的节点进行投票，决定哪些节点可以被信任并代理他们进行验证和记账，这些节点被称为代理节点。

每位持币人都有权投票选出固定数量且较为分散的代理节点参与记账，相互验证，持币量少的人也能参与投票，每票的权重由投票人的资产总和决定，让持币数等同于投票权。根据投票结果，得票最多的节点获得代理的资格，承担起生成新区块的责任。新的区块由代理节点进行验证，而不是所有节点创建和验证。持币人投票选出的代理节点通常是持币量较大的强利益相关人，作恶的可能性较小，同时记账奖励发放至这些代理节点，可用于节点的运营。持币人可以不断地投票，一旦代理节点作恶，持币人有权选择新的代理节点继续记账。

DPoS 机制类似公司的董事会制度，能够让数字货币持有者将维护系统记账和安全的工作交给有能力、有时间的人来专职进行。受托人也可以通过记账来获得新币的奖励。相比 PoS 机制，DPoS 机制的优势在于记账人数量大幅减少了，并且轮流记账，可以提高系统的整体效率。

DPoS 通过减少验证者的数量来提高交易速度及创建块的速度，从而大幅提高了区块链的处理能力，减少了区块创建和确认所需消耗的时间和算力成本，并降低了区块链的维护成本，让交易速度接近中心化的结算系统。在理想环境下，DPoS 能够实现每秒数十万笔的交易数量。

DPoS 机制的优点如下。

（1）代理节点数量较少，验证效率高，交易速度快。

（2）能耗较低，网络运行成本低。

（3）代理节点往往是持币量巨大的利益强相关团体或个人，具备更大的社会影响力。随着币价的上涨，记账奖励将为代理节点带来巨大的收益，因此，代理节点的宣传意愿较上述机制最为强烈。

DPoS 机制的缺点如下。

（1）安全性较弱。验证节点过少，通过牺牲安全性获得更好的易用性，本质上已经不能算是去中心化的记账方式了，代理节点的实质可能只是分布在世界各地的几台服务器而已，安全隐患较大。

（2）代理节点权力过大，也很难做到完全匿名，集体作恶或集体受胁迫作恶的可能性无法被排除。

（3）个人投票意愿弱，且由于代理节点本身也是持币量巨大的权益人，通过票选的方式想变更节点必然是利益集团的博弈，社区分裂的可能性较高。

8.2.5　拜占庭容错算法

美国著名计算机科学家莱斯利·兰伯特（Leslie Lamport）在研究分布式网络中数据一致性时，提出了著名的"拜占庭将军问题"（Byzantine Generals Problem，BGP）。

拜占庭是东罗马帝国的首都，拜占庭的将军们需要进攻一个敌营，他们需要达成一致的作战计划并共同执行，否则会被敌人各个击破。每个军队都分隔很远，将军只能靠信使传送消息。但是，在军队内有可能存在叛徒和敌军的间谍，会左右将军们的决定。在达成共识的过程中，结果可能并不代表大多数人的意见。在已知有叛徒的情况下，其余忠诚的将军如何在不受叛徒影响的情况下达成一致的协议呢？拜占庭将军问题就此形成。

在现代通信理论中，拜占庭将军问题被引申为"在缺少可信任的中央节点和可信任的通道的情况下，分布在网络中的各个节点应如何达成共识"。已有研究可以证明，在存在 F 个叛徒的情况，至少需要 $3F+1$ 位将军，才能让忠诚的将军们达成一致。

区块链的 P2P 网络符合拜占庭将军问题模型，有运行正常的服务器（类似忠诚的将军，称为非拜占庭节点），也有存在故障的服务器及被恶意破坏的服务器（类似叛变的将军，称为拜占庭节点）。共识算法的核心是如何在存在非正常节点的情况下，让正常节点间对数据依旧能形成共识。

拜占庭容错系统是一个拥有 N 台节点的系统，整个系统针对每个请求，满足以下条件。

（1）所有非拜占庭节点使用相同的输入信息，产生同样的结果。

（2）如果输入的信息正确，那么所有非拜占庭节点必须接收这个信息，并计算相应的结果。

拜占庭容错系统需要基于如下的一些假设。

（1）拜占庭节点的行为可以是任意的，拜占庭节点之间可以共谋。

（2）节点之间的错误是不相关的。

（3）节点之间通过异步网络连接，网络中的消息可能丢失、乱序并延迟到达，但大部分协议假设消息在有限的时间里能传达到目的地。

（4）服务器之间传递的信息，第三方可以发现，但是不能篡改、伪造信息的内容和验证信息的完整性。

原始的拜占庭容错系统由于需要展示其理论上的可行性而缺乏实用性。另外，还需要额外的时钟同步机制的支持，算法的复杂度随节点增加而呈指数级增加。

实用拜占庭容错（PBFT）算法可以工作在异步环境中，并且通过优化解决了原始拜占庭容错算法效率不高的问题，将算法复杂度由指数级降低到多项式级，使得拜占庭容错算法在实际系统应用中变得可行，目前已得到广泛应用。

实用拜占庭容错的共识机制是少数服从多数，在分布式网络中节点互相交换信息后，各节点列出所有得到的信息，一个节点代表一票，选择大多数结果作为解决办法。PBFT算法将容错量控制在全部节点数的 1/3，即网络中只要有超过 2/3 的节点是正常的，整个系统就可正常运作。

PBFT 算法的步骤如下。

（1）将一个节点作为主节点，其他节点作为备份。

（2）客户端向主节点发送请求，激活主节点的服务操作。

（3）主节点在收到请求后，通过广播将请求发送给其他备份节点。

（4）所有备份节点执行请求并将结果发回客户端。

（5）客户端等待 $F+1$ 个不同备份节点发回相同的结果，并将其作为整个操作的最终结果（其中，F 代表作恶节点数）。

但在实际中，PBFT 算法还存在如下问题。

（1）由于 PBFT 算法中每个备份节点都需要和其他节点进行 P2P 的共识同步，因此随着节点的增多，性能下降得很快。计算效率依赖参与协议的节点数量，不适用于节点数量过多的区块链系统，扩展性差。

（2）系统节点是固定的，无法应对公有链的开放环境，只适用于联盟链或私有链环境。

（3）PBFT 算法要求总节点数 $N \geq 3F+1$，即系统的故障节点数量不得超过全网节点的 1/3，容错率相对较低。

PBFT 算法在节点数量较少的情况下有较好的性能，并且分叉的概率很低，因此主要应用于联盟链中。

8.2.6 共识机制在区块链中的应用

区块链通过全网节点记账来解决信任问题，但是所有节点都在参与记账，最终以谁的记录为准也是一个被关注的焦点问题。在传统的中心化系统中，以中心节点为权威，因此数据记录都以中心节点为准。但在去中心化的区块链系统中，没有中心节点，所有节点都平等地参与记账。由于每个节点自身的算力不同，所处的网络环境也不同，因此各个节点收到数据的时间不尽相同，数据处理的耗时也不同，每个节点记账的顺序难以保持一致。另外，区块链中参与记账的节点身份难以控制，导致 P2P 网络中还可能存在一些恶意节点，发出一些干扰信息。因此，区块链系统中记账数据的一致性问题成为关系到区块链系统正确性和安全性的关键。

区块链系统中所有节点实现记账数据一致性的算法被称为共识机制。中本聪在比特币白皮书中就引入了共识机制，选取了 PoW 机制作为比特币系统的共识机制。共识机制决定了所有记账节点之间如何达成共识，以及如何去认定一个记录的有效性，从而保证最新区块被准确添加至区块链中，节点存储的区块链信息一致不分叉甚至可以抵御恶意攻击。共识机制既是信息有效性验证的手段，也是防止篡改的手段。共识机制保证了区块链中各节点都能积极维护区块链系统，通过一定的规则，使系统中各个参与者快速就系统中记录的数据达成一致。共识机制逐渐发展为一种维护分布式账本多中心化的重要机制，是保障区块链安全稳定运行的核心。

共识机制主要遵循"少数服从多数"和"人人平等"两大原则。其中，少数服从多数不局限于竞争节点数量，也可以是计算能力、权益凭证数量或其他计算机可以比较的参数。人人平等意味着网络中记账节点的地位是平等的，所有节点都有机会优先获得写入数据的权利，当节点满足条件时，所有节点都有权优先提出共识结果，并在被其他节点验证后成为最终共识结果。

共识机制是区块链最核心的技术之一，围绕着共识机制的实现方式有着诸多的创新。除了上述几种常见方式，还有很多其他的共识机制，如开发者证明（Proof of Developer，PoD）、资产证明（Proof of Asset，PoA）、燃烧证明（Proof of Burn，PoB）、重要性证明（Proof of Importance，PoI）等，本节不再展开讲解，感兴趣的读者可以阅读相关文献。

无论哪种共识算法，都有各自的应用场景，在处理实际应用的时候各有优劣。共识机制的选择对区块链性能（资源占用、处理速度等）有较大的影响，同时也会决定区块链去中心化的程度。一般来说，区块链去中心化程度越高，则性能越弱。去中心化程度和效率在多数情况下难以兼顾。区块链选择哪种共识算法，主要取决于网络和数据处理能力等多个方面，以及该链的中心化程度和算力分布情况等因素。

8.3　哈希算法

在上文介绍 PoW 机制时提到，PoW 机制通过网络中所有节点求解一个数学难题来体现各节点的工作量。所谓的数学难题并不是随意设计的，需要满足一定的要求，其中包括以下几点。

（1）抗碰撞性强：对于不同的输入，很难产生相同的结果。

（2）正向计算快：对于给定数据，可以在极短时间内求解出结果，以满足系统性能的要求。

（3）逆向破解困难：无法在较短时间内根据结果倒推原始信息，这样能保障信息的安全性，即使数据发生泄露，也不可能根据加密后的信息获知原文。

（4）抗篡改性强：输入信息相对原始信息发生微小的变动，输出结果必须存在天壤之别，即无法通过对比新旧结果来推断原始信息发生了什么样的变化。

（5）紧凑性：输出哈希值的大小应该适中，既不应该太大以至占用过多空间，也不应该太小以至不足以提供足够的信息。哈希运算使得信息存储和查找的速度更快，因为哈希值相比原文通常更短，所以更容易被找到。

哈希算法正是由于同时具备以上特性，才被选中作为区块链的加密算法。对一个区块内存储的所有数据进行哈希运算获得一个哈希值，该哈希值可以准确地标识一个区块。任何节点都可以根据区块内容独立进行哈希运算以获得哈希值，从而验证该区块的内容是否被篡改。

8.3.1　哈希运算

哈希（Hash）又称散列，哈希算法是一类加密算法的统称，是信息领域中非常基础也非常重要的技术。输入任意长度的字符串，哈希算法可以输出固定长度的由随机字母和数字组成的字符串，即哈希值。

哈希算法具备一些非常好的性质。

（1）高效计算：给定一个输入值，可以很快地计算出其哈希值。哈希运算通常在多种编程语言中都有现成的库支持，易于实现和集成。

（2）抗碰撞性：寻找两个不同的输入值使得它们具有相同哈希值是非常困难的，这种情况被称为"碰撞"。对于任意两个不同的数据块，其哈希值相同的可能性非常小；对于一个给定的数据块，找到和它哈希值相同的数据块极为困难。需要注意的是，尽管寻找两个不同的输入值具有相同哈希值很困难，但在理论上是可能的。

（3）雪崩效应：输入值的微小变化将导致哈希值有非常大的不同，即哈希值在输出空间中均匀分布。如果通过哈希运算一段明文得到哈希值，哪怕只更改该明文中的任意一个字母，最后得到的哈希值都将非常不同。

（4）不可逆性：从哈希值无法反推出原始输入值。

（5）紧凑性：输出哈希值的大小应该适中，既不应该太大以至占用过多空间，也不应该太小以至不能提供足够的信息。

由于上述特性，哈希算法在计算机科学中有广泛的应用，包括数据结构（如哈希表）、数据安全（如数字签名和密码哈希函数）和数据完整性验证等。

在密码学中，哈希算法主要应用在消息摘要和签名中。换句话说，哈希算法主要用于对消息的完整性进行校验。举个例子，当用户登录某个网站时，一般都需要输入密码，如果系统明文保存这个密码，那么黑客就很容易窃取密码来登录，因此系统不可能明文存储密码，而是使用哈希算法生成一个密码的哈希值，在系统后台只保存这个哈希值。由于哈希算法是不可逆的，因此即使黑客得到这个哈希值，也没有办法获知原始密码。而当用户在网站登录界面上输入密码时，系统后台会重新计算这个密码的哈希值，与网站数据库中储存的原哈希值进行比对，如果相同就允许登录。

8.3.2　安全哈希算法 SHA-256

SHA-256 是安全哈希算法（Secure Hash Algorithm，SHA）的系列算法之一，是由美国国家安全局设计、美国国家标准与技术研究院发布的一套哈希算法，由于其摘要长度为256 bit，故称 SHA-256。SHA-256 是目前保护数字信息最安全的方法之一。图 8-5 给出了几个 SHA-256 编码示例，可见即使源数据只有一点变动，其哈希结果差异非常大，具有显著的雪崩效应。

图 8-5　几个 SHA-256 编码示例

8.3.3　默克尔树

1989 年，美国密码学家拉夫·默克尔（Ralph C. Merkle）提出了默克尔树（ Merkle Tree ）的思想，用于检验数据在传输过程中有没有发生损坏，即数据完整性校验。

数据完整性校验最简单的方法就是对整个数据文件进行哈希运算，在接收到文件后再做一次哈希运算，如果两个哈希值相同，就表示在传输过程中文件没有被损坏。因为哈希值是唯一的，且对输入变动非常敏感，只要原始数据发生任何一点改动，哈希值会完全不同，而且因为哈希运算不可逆，所以还可以防止有人根据哈希值反推原始数据或原始数据的部分特征。

如果在一个稳定、高可靠的网络中传输数据，对整个数据文件进行哈希运算来校验完整性是可以接受的。但在 P2P 网络中进行数据传输时，一个节点可能会同时与多个节点进行数据传输，而且其中很多节点可能是不稳定的，因此，在 P2P 网络中传输数据时通常会把一个比较大的文件分成若干小数据块分别传输。如果有一个小数据块在传输过程中被损坏了，只要重新传输这个小数据块就可以了，无须重新传输整个文件。在发送端，每个数据块都需要分别进行哈希运算，这些哈希值将形成一个哈希列表（Hash List）。如果直接将哈希列表传输给接收方，那么如何保证哈希列表在传输过程中不被破坏？在这种情况下，采用同样的思路，我们可以把这些哈希值再进行哈希运算，把相邻的两个哈希值组合成一个字符串，对这个字符串进行哈希运算。以此类推，最终形成一棵倒挂的二叉树，这棵树被称为默克尔树（Merkle Tree），树的根节点被称为默克尔根（Merkle Root）。

默克尔树是一种高效、安全的组织数据的方法，被用来快速查询验证数据块在传输过程中是否被改动。相比整个文件的哈希值，默克尔树还可以单独对其中一个分支进行校验，从而验证部分数据的完整性，会更加灵活。在分布式环境中进行完整性校验时，默克尔树会大幅减少数据的重传量及计算的复杂度。

默克尔树是一类基于哈希值的二叉树或多叉树，由一个根节点、一组中间节点和一组叶节点组成。最底层的叶节点通常为包含存储数据的哈希值，每个中间节点是该节点的所有子节点的组合结果的哈希值，根节点也是由它的所有子节点内容的哈希值组成的。由于默克尔树的每个节点上都是哈希值，因此又被称为哈希树（Hash Tree）。默克尔树使用哈希算法将数据信息转换成一串独立的字符串。

图 8-6 演示了默克尔树的生成过程，数据块#1、#2、#3、#4 分别经过哈希运算得到叶子节点 A、B、C、D，节点 A、B 组合后进行哈希运算得到节点 E，节点 C 和节点 D 组合后进行哈希运算得到节点 F，最终，节点 E 和节点 F 组合进行哈希运算得到的哈希值为根节点，即默克尔根。在默克尔树中，叶子节点的哈希值是实际数据块的哈希值，非叶子节点的哈希值是由若干哈希值组合后进行哈希运算得到的，也被称作路径哈希值。

所有数据记录在默克尔树的叶子节点里，一级级往上追溯，最后归结到默克尔根，反之，通过默克尔根也可以追溯到每笔交易详情。由于哈希值是唯一映射的，且对输入变动非常敏感，因此默克尔根节点的哈希值是所有叶子节点中存储数据的唯一特征。当数据从网络中的一个节点传到另一个节点时，为了检验数据的完整性，只需要验证两个节点所构造的默克尔根节点是否一致。若一致，表示数据在传输过程中没有发生改变；若不一致，说明数据在传输过程中被修改。通过默克尔树很容易定位到被篡改的数据块。

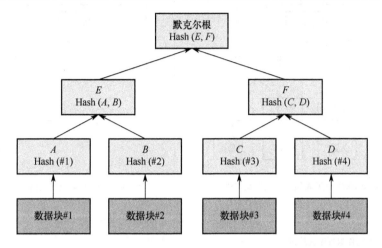

图 8-6　默克尔树的生成过程

以图 8-6 为例，假设网络中有 X 和 Y 两台机器，机器 X 需要将数据块#1、#2、#3、#4 发送给机器 Y。为了验证机器 Y 收到的数据和机器 X 是否相同，只需比较节点数据的默克尔根。如果数据在传输过程中发生了错误或被篡改，可以通过二叉树快速查找。假如数据块#3 发生错误，通过对比两个节点的默克尔树的哈希值，可以发现树根哈希值不同，叶子 E 的哈希值相同，而叶子 F 的哈希值不同，继续比较会发现叶子 C 的哈希值不同而叶子 D 的哈希值相同，因此可确定数据块#3 发生了变动。

如果某个货币的最新交易已经被足够多的区块覆盖，那么这之前的支付交易就可以被丢弃以节省磁盘空间。为便于此而又不破坏区块的哈希值，交易将被哈希运算转化为默克尔树，只有根节点被纳入区块的哈希值，老的区块可通过剪除树枝的方式被压缩，树枝内部的哈希值不需要被保存，图 8-7 所示为在默克尔树中插入与移除交易示例。

每个不包含交易的区块头约 80 字节。如果每 10 分钟生成一个区块，每年生成的区块容量为 80×6×24×365 字节，即 4.2 MB。按照目前存储器的容量水平，即使将区块头都储存在内存里，也不是问题。

另外，不运行一个完整的网络节点也是可以进行支付验证的。如图 8-8 所示，用户只需拥有一个最长工作量证明区块链的区块头副本，可以通过向其他网络节点查询以确认其拥有了最长的链，并链接到给交易打时间戳区块的默克尔树分支。虽然用户自己不能核实这笔交易，但如果交易已经链接到链中的某个位置，就说明一个网络节点已经接受了此交易，而其后追加的区块进一步确认网络已经接受了它。

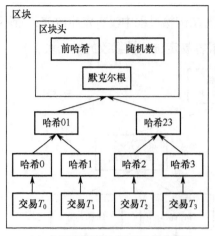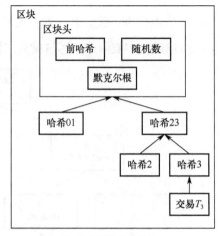

(a) 交易数据被哈希编码插入默克尔树　　　　　(b) 从区块中移除交易数据$T_0 \sim T_2$

图 8-7　在默克尔树中插入与移除交易示例

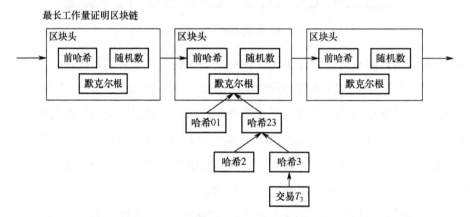

图 8-8　在不完整的网络节点中的支付验证

同样地，只要诚实节点控制着网络，这种简化验证就是可靠的，如果网络被攻击者控制，简化验证会变得比较脆弱。虽然网络节点可以验证它们自己的交易，但只要攻击者持续控制网络，那么这种简化的方法就可能被攻击者的伪造交易欺骗。一种对策是接收其他网络节点发现一个无效区块时发出的警告，提醒用户下载整个区块和被警告的交易来检验一致性。为了更加独立的安全性及更快的支付确认，收款频繁的公司可能仍需运行它们自己的节点。

8.3.4　哈希算法在区块链中的应用

哈希算法被多次运用在区块链中。

在区块链系统中，每个区块头中包含了上一个区块数据的哈希值，通过哈希值层层嵌套，将所有区块串联起来，形成了区块链。我们可以将哈希值理解为区块链世界中的"地址"。就像物理世界中可以用一个特定且唯一的地址来标识每一间房屋一样，我们也可以用哈希值特定且唯一地标识一个区块。

区块链中包含了自该链诞生以来发生的所有交易信息，若要篡改一笔交易，则意味着要将包含该交易信息的区块之后的所有区块的父区块哈希值全部改掉，而且必须在新的区块产生之前快速计算出伪造的区块。在一个节点足够多的网络中，连续伪造的区块运算速度都超过其他节点几乎是不可能实现的，除非该节点控制了网络中超过 50%的算力。

在工作量证明中，也是通过求解一个特定难度的哈希运算来竞争新区块的记账权的。

8.4 非对称加密与数字签名

8.4.1 非对称加密的发展历程

20 世纪 70 年代初期，IBM 公司研究了一种对称密码算法 DES（Data Encryption Standard），于 1976 年 11 月被美国政府采用，成为加密标准，并获得美国国家标准局和美国国家标准协会的承认，发展成了一种被广泛应用的对称密码算法。

1976 年，惠特菲尔德·迪菲（Whitfield Diffie）和马丁·赫尔曼（Martin Hellman）发表了一篇题为"密码学的新方向"（New Directions in Cryptography）的论文，提出了一种完全不同于对称密码体系的新思路，将原来对称密码体系下的密钥一分为二，一个用来加密信息，这个加密密钥是公开的，称为"公钥"；另一个用来从密文中恢复明文，这个解密密钥是私密的，称为"私钥"。从私钥可以推导出公钥，但从公钥很难逆向推算出私钥。因为加密与解密的密钥不同，所以该思想构建的密码学体系被称为非对称密码体系。

1978 年，美国麻省理工学院的 3 位学者罗纳德·李维斯特（Ronald Rivest）、阿迪·萨莫尔（Adi Shamir）和伦纳德·阿德曼（Leonard Adleman）发表了论文"获得数字签名和公钥密码系统的方法"，构造了基于因子分解难度的签名机制和公钥加密机制，实现了非对称密码算法，这就是著名的 RSA 密码算法。这是非对称的公钥加密技术，既可用于数据加密，也可用于签名。RSA 密码算法是目前最流行的公钥加密算法之一。

1985 年，美国学者厄格玛尔（T. ElGamal）基于有限域上的离散对数问题，提出了厄格玛尔公钥密码体制。厄格玛尔公钥密码体制有较好的安全性，应用广泛，尤其在数字签名方面。尼尔·科布利茨（Neal Koblitz）和维克多·米勒（Victor Miller）基于椭圆曲线上对离散对数问题，提出椭圆曲线密码体制（Elliptic Curve Cryptosystem，ECC），首次将椭圆曲线应用于密码学，建立了以公钥加密的算法。ECC 能够提供比 RSA 更高级别的安全性。中本聪在设计比特币时，选择了椭圆曲线数字签名算法（Elliptic Curve Digital Signature Algorithm，ECDSA），因此其成为比特币系统的密码基石。

1991 年，美国学者菲利普·齐默尔曼（Philip Zimmerman）发布完美隐私（Pretty Good Privacy，PGP）系统，它是一种基于 RSA 公钥加密体系的邮件加密系统，能够保证邮件内容不被篡改，同时让邮件接收者信任邮件来自发送者。

1993 年，由美国国家安全局设计、美国国家标准与技术研究院发布的安全哈希算法（Secure Hash Algorithm，SHA），于 1993 年 5 月 11 日被采纳为标准。经不断改进至今已发布多个安全哈希标准。哈希算法具有优秀的特性，在数字货币领域被广泛应用，如区块链的构造。

8.4.2 非对称加密的基本原理

加密（Cipher）是使信息不可读的过程，它能使信息加密，也能使信息加密后再次可读。密钥（Secret Key）可以视为一把钥匙，通过使用密钥，将原来的明文文件或数据转化成一串不可读的密文代码，只有持有对应的解密钥匙，才能将该加密信息解密成可阅读的明文。加密使得私密数据可以在低风险情况下通过公共网络传输，并保护数据不被第三方窃取、阅读。

在早期的密码学应用中，发送方和接收方要先约定好加密规则，发送方按照规则对信息进行加密，接收方使用同一种规则对信息进行解密。由于加密和解密使用同样的规则，因此这类加密方式被称为对称加密算法（Symmetric-Key Algorithm）。这种加密方式有一个很大的弱点：发送方必须把密钥告诉接收方，否则无法解密。一旦密钥被其他人获知，密码就失效了。因此，如何保存和传递密钥，就成了最棘手的问题。

非对称加密算法解决了密钥传递的问题。该算法有两个密钥：公钥（Public Key）和私钥（Private Key）。首先，系统按照某种密钥生成算法，将原始数据经过计算得出私钥，然后用另一种算法根据私钥生成公钥。公钥的生成过程不可逆，由于在现有的计算条件下难以通过公钥穷举出私钥，因此即使公钥被泄露了，也无法通过公钥获取私钥，可以认为数据传输是安全的。

1976 年，美国计算机学家惠特菲尔德·迪菲（Whitfield Diffie）和马丁·赫尔曼

（Martin Hellman）提出了一种全新的加密思想，可以在不直接传递密钥的情况下完成解密，称为"Diffie-Hellman 密钥交换算法"，简称 DH 算法。DH 算法允许通信双方在公开网络中交换信息，以生成一致的、可以共享的一对密钥，称为公钥和私钥，公钥与私钥是通过一种算法得到的密钥对，公钥是密钥对中公开的部分，私钥则是非公开的部分。如果用公钥对数据加密，那么只能用对应的私钥解密。由于通信双方在本地的加密和解密采用了不同的密钥，因此 DH 算法也被称为非对称加密算法。

DH 算法开创性地打破了对称加密的框架，启发了人们：加密和解密可以使用不同的规则，只要这两种规则之间存在某种对应关系即可，这样就避免了直接传递密钥。如果公钥加密的信息只有私钥解得开，那么只要私钥不被泄露，信息传输就是安全的。

非对称加密与解密的过程如图 8-9 所示。

（1）接收方生成两个密钥，一个为公钥，一个为私钥，其中公钥是公开的，任何人都可以获得，私钥则是保密的。

（2）发送方获取接收方的公钥，然后用它对信息加密。

（3）接收方得到加密后的信息，用私钥解密。

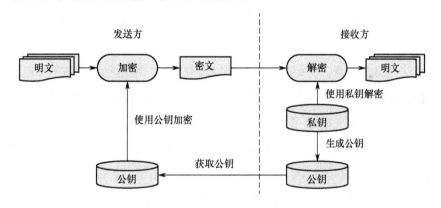

图 8-9　非对称加密与解密的过程

非对称加密算法的保密性好，消除了密钥在传输过程中被泄露的风险，但是其加解密速度远远慢于对称加密算法，在某些极端情况下，甚至能比对称加密算法慢 1000 倍。

在区块链网络中，每个节点都拥有唯一的密钥对。公钥是密钥对中公开的部分，就像银行的账户可以被公开，私钥是非公开的部分，就像账户密码。当使用这个密钥对时，如果用其中一个密钥加密一段数据，则必须用另一个密钥解密。公钥通常用于加密会话、验证数字签名，或者加密可以用相应的私钥解密的数据。私钥是只有用户自己知道的一串字符，可用来操作账户里的加密货币。

8.4.3 RSA 算法

1977 年，三位数学家 Rivest、Shamir 和 Adleman 设计了一种非对称加密算法，并用他们 3 个人名字的首字母将其命名为"RSA 算法"，后来被广泛应用在计算机网络中。RSA 公开密钥密码体制使用不同的加密密钥与解密密钥，是一种"由已知加密密钥推导出解密密钥在计算上是不可行的"密码体制。它通常先生成一对 RSA 密钥，其中之一是私钥，由用户保存；另一个为公钥，可对外公开。RSA 算法中的每个公钥都有唯一的私钥与之对应，公钥只能解开对应私钥加密的内容。可用于通信中拥有公钥的一方向拥有私钥的一方传递机密信息，不被第三方窃听。

RSA 算法既可以先用公钥加密数据，再用私钥解密，又可以先用私钥加密数据，再用公钥解密，即公钥和私钥具有对称性。

在 RSA 算法的具体实现过程中，如 A 要把信息发给 B，会先由接收方 B 随机确定一个密钥，将这个私钥保存在 B 中。然后，由这个私钥计算出另一个密钥，即公钥，这个公钥的特性是几乎不可能通过其自身计算出生成它的私钥。接下来，通过网络把公钥传给发送方 A，A 在收到公钥后，利用公钥对信息加密，并把密文通过网络发送给 B，最后 B 利用已知的私钥，就能对密文进行解码了。

RSA 算法可靠性极高，密钥越长，它就越难被破解。根据已经披露的文献，目前被破解的最长 RSA 密钥是 768 个二进制位。也就是说，长度超过 768 位的密钥，还无法破解。因此可以认为，1024 位的 RSA 密钥基本安全，2048 位的 RSA 密钥极其安全。

但是由于 RSA 算法进行的都是大数计算，因此 RSA 算法在最快的情况下也比对称加密算法慢很多。速度一直是 RSA 算法的缺陷，一般只用于少量数据加密。RSA 算法的速度是对应同样安全级别的对称密码算法的 1/1000 左右。在实际应用中，一般先使用一种对称算法来加密信息，再用 RSA 算法来加密比较短的公钥，最后将用 RSA 算法加密的公钥和用对称算法加密的消息发送给接收方。

对 RSA 算法来说，传输公钥的过程是公开的，如何抵抗第三方恶意攻击就成了关键。例如，一个攻击者将接收方的公钥拦截下来，并传输一个假的公钥给发送方，发送方如果拿到假的公钥来加密信息，那么攻击者可以拦截并解密。使用数字签名可以防止这种攻击。

8.4.4 数字签名算法

数字签名算法（Digital Signature Algorithm，DSA）是一种更高级的验证方式，不仅有公钥、私钥，还有数字签名。私钥加密生成数字签名，公钥验证数据及数字签名，如果数据和数字签名不匹配，则认为验证失败。数字签名的作用就是校验数据在传输过程中不被修改。

DSA 的工作流程如图 8-10 所示。

（1）使用消息摘要算法（如哈希运算）将发送数据加密生成数字摘要。

（2）发送方用自己的私钥对数字摘要进行加密，生成数字签名。

（3）将原文和数字签名同时发送给对方。

（4）接收方用发送方的公钥对数字签名进行解密得到摘要，同时对接收到的原文数据使用消息摘要算法产生同一摘要。

（5）将解密后的摘要和收到的数据与接收方重新加密产生的摘要对比，如果两者一致，则说明在传输过程中数据没有被破坏和篡改，否则说明收到的数据已经不可靠了。

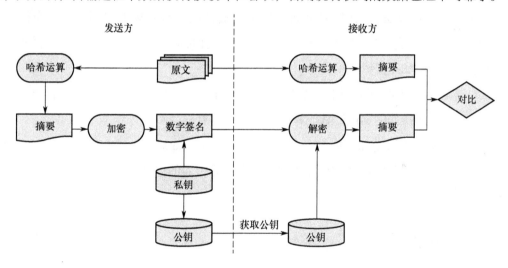

图 8-10　DSA 的工作流程

可见，DSA 并非用于对原文内容进行加密，而是用于对原文数据的有效性进行校验，确保信息源是准确可靠的。

8.4.5　ECC 算法与 ECDSA 算法

椭圆曲线加密（Elliptic Curve Cryptography，ECC）算法是 Neal Koblitz 和 Victor Miller 两人于 1985 年分别提出的一种公钥加密体制，其数学基础是利用椭圆曲线上的有理点构成 Abel 加法群上椭圆离散对数的计算困难性。

椭圆曲线是一个平面上所有点的集合，这些点满足特定的数学方程。在密码学中使用的椭圆曲线是经过精心挑选的，以确保它们具有强大的数学特性，如离散对数问题的困难性。目前没有已知有效的算法可以快速计算椭圆曲线上的离散对数。这是 ECC 算法安全性的基础。

ECC 算法的私钥是一个随机选择的数字，用于生成公钥。公钥是椭圆曲线上的一个点，通过私钥与椭圆曲线的生成点（基点）的点乘得到。其中，点乘是对椭圆曲线上的两个点进行数学上的乘法运算。

在加密过程中，发送方将消息与接收方的公钥进行点乘，得到一个椭圆曲线上的点，将这个点作为加密消息发送给接收方。接收方使用自己的私钥对加密消息进行点乘，得到原始消息。因为椭圆曲线的点乘运算具有非互逆性，即只有知道私钥的人才能解密由公钥加密的消息，从而保证了消息的安全性。

ECC 算法被认为是在给定密钥长度的情况下最强大的非对称算法，相比其他公钥加密算法（如 RSA 算法），在提供相同安全级别的情况下有更短的密钥长度。有研究表明，160 位的 ECC 密钥与 1024 位的 RSA 密钥安全性相同，256 位的 ECC 密钥的安全性等同于 3072 位的 RSA 密钥。

ECC 算法占用的存储空间小，对带宽要求低，因此适用于带宽资源紧张的网络。但其缺点是加密和解密操作的实现比其他算法需要的时间更长。

椭圆曲线签名算法（Elliptic Curve Digital Signature Algorithm，ECDSA）是 ECC 算法和 DSA 的结合。与普通 DSA 相比，ECDSA 在计算密钥的过程中，部分因子使用了 ECC 算法。

8.4.6 数字签名

在日常生活中，我们经常用手写签名来证明某份文件上的内容确实是经本人确认过的。手写签名具备防伪功能，从而确保了文件的真实性。因为每个人的笔迹都是独一无二的，即使有人刻意模仿，也可以通过专家鉴定区别。另外，签名也是对签名人的约束，即需要对签名的内容承担责任，不可抵赖。这两个特性使得手写签名在日常生活中被广泛使用，如签署合同、起草借条等。

手写签名需要签名人本人手写，效率较低，如果存在大量文件需要确认，或者在需要快速处理的场景下，手写签名就不是一种有效的方案了。数字签名（Digital Signature），也称电子签名，是一种通过算法实现身份验证的方式。数字签名的作用跟手写签名是一样的，是用来证明某份文件或某条消息是本人发出且认同的。目前，美国、欧盟、日本、中国等主要经济体均认可数字签名的法律效力。2000 年，中国颁布的新《合同法》首次确认了电子签名的有效性。2004 年，中国制定了《中华人民共和国电子签名法》，并于 2005 年 4 月 1 日正式实施，在《中华人民共和国电子签名法》中，电子签名被定义为数据电文中以电子形式所含、所附用于识别签名人身份并表明签名人认可其中内容的数据。

在 ISO 7498-2 中，数字签名的定义为：附加在数据单元上的一些数据，或是对数据单元所做的密码变换，这种数据和变换允许数据单元的接收者用以确认数据单元来源和数据单元的完整性，并保护数据，防止被人（如接收者）伪造。

数字签名用公钥加密领域的技术实现，是一种用于鉴别数字信息的方法。在网络上可以使用数字签名来进行身份确认。数字签名是一个独一无二的数值，若公钥能通过验证，那我们就能确定对应公钥的正确性，数字签名兼具可确认性和不可否认性。

使用数字签名的具体步骤如下。

（1）发送方将报文按双方约定的哈希算法计算得到一个固定位数的报文摘要。哈希算法保证了只要改动报文中的任何一位，重新计算出的报文摘要值就会与原值不符。这样就保证了报文的不可更改性。

（2）发送方将该报文摘要用发送方的私钥加密，即得到数字签名，然后将数字签名连同原报文一起发给接收方。

（3）接收方在收到电子签名后，用同样的哈希算法对报文摘要值进行计算，然后用发送方的公钥进行解密，并与解密后的报文摘要值对比，如相等则说明报文确实来自发送方。

常用的数字签名算法有 RSA、DSA 和 ECC 算法等。在实际应用中，由于直接对原消息进行签名存在安全性问题，而且原消息往往比较大，直接使用 RSA 算法进行签名速度会比较慢，所以我们一般对消息计算其摘要（使用 SHA-256 等安全的摘要算法），然后对摘要进行签名。只要使用的摘要算法是安全的，那么这种方式的数字签名就是安全的。

8.4.7　数字签名在区块链中的应用

在区块链网络中，每个节点都拥有一对密钥。节点在发送交易数据时，首先用自己的私钥对交易内容进行签名，并将签名附加在交易数据中，其他节点在收到广播消息后，先对交易中附加的数字签名进行验证，只有完成消息完整性验证及消息发送者身份验证后，才会进行后续的处理流程。

比特币是一种完全匿名的数字货币，它的身份认证是基于 ECDSA 的。比特币的账户地址就是对公钥计算摘要得到的，向全世界公布。确认账户拥有者的唯一办法就是看用户有没有账户对应的私钥。对于比特币中的任意一笔交易记录，只有付款方的签名是有效的，它才是有效的；如果账户私钥丢失，那将永远地失去账户里面的钱；私钥一旦被黑客盗取，里面的钱也将完全归黑客所有。

在比特币区块链中，私钥代表了对比特币的控制权。交易发起方用私钥对交易（包括转账金额和转账地址）签名并将签名后的交易和公钥广播，各节点接收到交易后可以用公钥验证交易是否合法。图 8-11 所示为比特币交易的加密和解密的过程。在这个过程中，交易发起方无须暴露自己的私钥，从而实现保密目的。

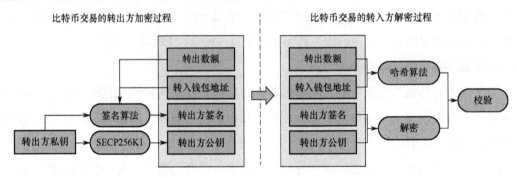

图 8-11　比特币交易的加密和解密的过程

8.5　智能合约

8.5.1　智能合约的发展历程

人们在日常经济活动中经常通过签订合同来约束彼此的行为，但即使签订合同，也无法保证双方都能在规定期限内完整地履行合同规定的内容。传统合约存在主观性强、管理成本高、信息不透明、执行难度高、执行周期长等缺点。

1995 年，密码学家尼克·萨博（Nick Szabo）首次提出"智能合约"（Smart Contract）的概念。萨博把智能合约定义为"一套以数字形式定义的承诺，包括合约参与方可以在上面执行这些承诺的协议"。其中，"承诺"指的是合约参与各方都同意的权利和义务，这些承诺定义了合约的本质和目的；"数字形式"意味着合约必须写入计算机可读的代码中。萨博的愿景是创建一个去中心化的数字交易系统，该系统不受信任第三方的影响。由于当时缺乏可信的执行环境，智能合约没有被真正应用起来。

2008 年，中本聪发布了比特币白皮书，提出了区块链的概念。尽管比特币本身并不是一个智能合约平台，但它为后续智能合约技术的发展奠定了基础。

2013 年，Vitalik Buterin 提出了以太坊的概念，这是一个基于区块链的平台，专门设计来支持智能合约。以太坊的目标是创建一个可编程的区块链，允许开发者构建和部署自己的去中心化应用（DApps）。以太坊的出现让智能合约得以"复活"，智能合约的概念最终在区块链上被实现。

智能合约已经成了区块链技术的特性之一，著名区块链专家梅兰妮·斯万（Melanie Swan）认为，区块链 2.0 的核心就是智能合约的应用。

8.5.2　智能合约的基本原理

智能合约是一种自动执行、自动监管的合约，其合约条款直接写入代码，运行在区块链上。智能合约允许在没有中介或第三方的情况下进行交易和协议的执行，其执行过程是由计算机程序自主进行的，不需要人为干预，从而实现了去中心化的自动化。

智能合约建立的权利和义务是由一台计算机或计算机网络执行的。因此，智能合约可以通俗地理解为一个在计算机系统上构建的用于传播、验证或执行合同的电子协议，在满足一定条件的情况下，可以被自动执行。

简单来说，智能合约就是用计算机语言替代法律语言记录条款并由程序自动执行的合约。换句话说，智能合约就是传统合约的数字化版本，运行在区块链网络上，由程序自动执行。

众所周知，区块链最大的特质就是去中心化，在不信任中创造出信任。基于区块链的智能合约将合约以数字化的形式写入区块链中，在区块链优秀特性的加持下自然地具备了去中心化的特点，合约内容公开透明、条理清晰且不可篡改，编程语言就是规束合约的法律条文，交易双方可完全放心地进行交易。

智能合约的整个产生和执行过程都是可追溯、不可篡改的。一旦触发合约就会立即执行，自动按照合约规范进行操作。整个过程智能高效，能在短时间内快速完成执行更体现了它的准确性和经济性。

区块链不仅可以支持可编程合约，而且具有去中心化、不可篡改、过程透明可追踪等优点，天然适合智能合约执行。需要注意的是，智能合约并非一定要依赖区块链来实现，但是区块链的去中心化、数据的防篡改，决定了智能合约更加适合在区块链上实现。

智能合约一旦部署在区块链上，所有参与节点都会严格按照既定逻辑执行。如果某个节点修改了智能合约的逻辑，其修改结果无法通过其他节点的校验而不会被承认，则修改无效。

将智能合约以数字化的形式写入区块链中，由区块链技术的特性保障存储、读取、执行整个过程的透明可追踪、不可篡改。同时，由区块链自带的共识算法构建出一套状态机系统，使得智能合约能够高效地运行。

基于区块链技术的智能合约不仅可以发挥智能合约在成本效率方面的优势，而且可以避免恶意行为对合约正常执行的干扰。

与传统合约相比，有区块链加持的智能合约具有以下几大特点。

（1）合约内容公开透明且不可篡改：智能合约在区块链上运行，具有去中心化和不可篡改的特性，保证了合约内容的安全性和可靠性。合约内容是公开透明的，代码即法律（Code Is Law），交易者基于对代码的信任，可以在不信任的环境下安心、安全地进行交易。

（2）自动执行，无须第三方仲裁：传统合约通常需要第三方仲裁机构介入，低效且费时费力。智能合约可以自动执行其中设定的条件和条款，避免了人为操作导致的错误和纠纷，从而可以去掉中介机构，无须第三方仲裁，节省了成本和时间，并提高了效率。

（4）永久运行：运行在区块链上的智能合约，同样被区块链上网络节点共同维护，只要区块链在，智能合约就能永久地运行下去。

（5）经济高效：相比传统合约经常会因为对合约条款理解的分歧造成纠纷，智能合约通过计算语言很好地避免了分歧，几乎不会造成纠纷，达成共识的成本很低。在智能合约中，仲裁结果一旦出来，则立即执行生效。因此，相比传统合约，智能合约有经济、高效的优势。

区块链解决了智能合约的信任问题。智能合约的出现可能是对商业合作的颠覆。例如，之前的商业合作需要第三方公信机构的参与或需要第三方的担保。而基于区块链的智能合约大幅减少了人工的参与，如担保、审计、核验等。不仅如此，智能合约适用于各种场景，包括金融服务、众筹协议、保险合同、违约合同、信贷执法等各类场景。虽然智能合约目前处于初级发展阶段，但潜力无限，它将改变我们的生活。

8.5.3　区块链在智能合约中的应用

智能合约是存储在区块链节点中的一段代码，代码的逻辑定义了合约的规则。智能合约运行在分享的、复制的账本上，可以处理信息，接收、存储和发送有价值的内容，区块链存储的是状态，智能合约是区块链用于状态转换的方式。

一个基于区块链的智能合约包括事务处理机制、数据存储机制，以及完备的状态机，用于接收和处理各种条件，并且事务的触发、处理及数据保存都必须在区块链上进行。智能合约系统的核心就在于将合约以事务和事件的方式经智能合约模块处理，事务主要包含需要发送的数据，而事件则是对这些数据的描述。事务及事件信息传入智能合约后，合约资源集合中的资源状态会被更新，进而触发智能合约进行状态机判断。当状态机中的条件被触发时，智能合约就会按照预设的合约动作自动执行，并将执行结果永久保存在区块链中。

基于区块链的智能合约的执行流程主要包括 3 个步骤，如图 8-12 所示。

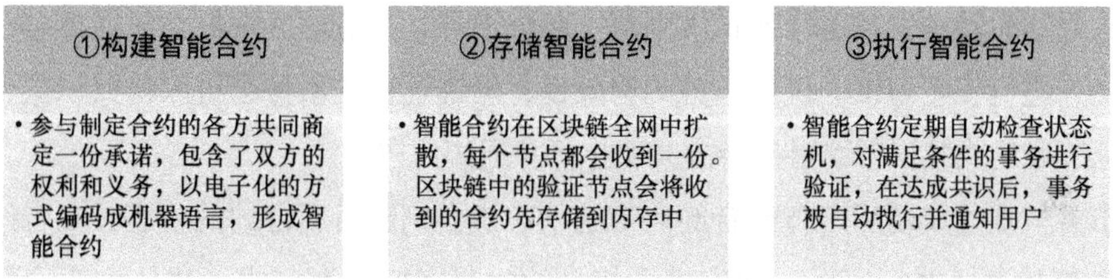

①构建智能合约	②存储智能合约	③执行智能合约
• 参与制定合约的各方共同商定一份承诺，包含了双方的权利和义务，以电子化的方式编码成机器语言，形成智能合约	• 智能合约在区块链全网中扩散，每个节点都会收到一份。区块链中的验证节点会将收到的合约先存储到内存中	• 智能合约定期自动检查状态机，对满足条件的事务进行验证，在达成共识后，事务被自动执行并通知用户

图 8-12　智能合约的执行流程

1. 第一步：构建智能合约

参与制定合约的各方必须先注册成为区块链的用户，区块链返回给用户一对公钥和私钥：公钥为用户在区块链上的账户地址，私钥为操作该账户的唯一钥匙。

各方共同商定一份承诺，承诺中包含了双方的权利和义务；这些包含权利和义务的条款以电子化的方式编码成机器语言；参与各方分别用各自的私钥进行签名，以确保合约的有效性。签名后的智能合约将传入区块链网络中存储。

2. 第二步：存储智能合约

智能合约在区块链全网中扩散，每个节点都会收到一份。区块链中的验证节点会将收到的合约先存储到内存中，等待新一轮的共识时间，触发对该合约的共识和处理。

共识时间到了，验证节点会把最近一段时间内保存的所有合约，一起打包成一个合约集合，并计算出这个合约集合的哈希值，再将这个合约集合的哈希值组装成一个区块结构，扩散到全网；其他验证节点在收到这个区块结构后，会把里面合约集合的哈希值提取出来，与自己保存的合约集合进行比较；同时发送一份自己认可的合约集合给其他验证节点；通过这样多轮的发送和比较；所有验证节点最终在规定的时间内对最新的合约集合达成一致。

最新达成的合约集合会以区块的形式扩散到全网，每个区块包含以下信息：当前区块的哈希值、前一区块的哈希值、达成共识时的时间戳，以及其他描述信息；同时，区块链最重要的信息是带有一组已经达成共识的合约集合；收到合约集合的节点会对每条合约进行验证，只有通过验证的合约才会被写入区块链，验证的内容主要是合约参与者的私钥签名是否与账户匹配。

3. 第三步：执行智能合约

智能合约会定期自动检查状态机，逐条遍历每个合约内包含的状态机、事务及触发条件；将满足触发条件的事务推送到待验证的队列中，等待共识；未满足触发条件的事务将继续存放在区块链上。

进入最新轮验证的事务会被扩散到每个验证节点，与普通区块链交易或事务一样，验证节点会先进行签名验证，确保事务的有效性；验证通过的事务会进入待共识集合，等大多数验证节点达成共识后，事务会被成功执行并通知用户。

在事务被执行成功后，智能合约自带的状态机会判断所属合约的状态，在合约包含的所有事务都被顺序执行完后，状态机会将合约的状态标记为完成，并从最新的区块中移除该合约；反之将标记为进行中，继续保存在最新的区块中等待下一轮处理，直到处理完毕；整个事务和状态的处理都由区块链底层内置的智能合约系统自动完成，全程透明、不可篡改。

第 *9* 章

区块链技术的特点与演进

> "区块链技术将让人们看到更多的机会和无限的可能性。"
>
> ——蒂姆·德雷珀（Tim Draper），硅谷风投教父

9.1 区块链技术的优缺点

相比传统的中心化数据库系统，区块链这个由密码学技术保障的分布式链式数据库系统具有非常明显的去中心化，以及高安全性、隐私性和开放性等优势。然而，每种技术设计思路都有两面性，区块链构思精巧的分布式自治设计在带来以上优势的同时，也因完全的去中心化思路和极高可靠性的要求造成了如效率低下、存储成本高昂等缺点，同时，高匿名性的密码设计反过来也造成了隐私安全等问题。

9.1.1 区块链技术的优点

1. 去中心化

目前，不管是传统的交易系统，还是第三方交易系统，都是基于中央账本的体系运转的。中央账本扮演着信息保管员的角色，每笔交易需要第三方中介或信任机构的背书，这些都属于中心化的交易网络。

区块链本质是分布式记账的，区块链中每个节点和矿工都必须遵循同样的记账交易规则，而这个规则基于密码学算法而不是信用，对发生的每笔交易的确认和区块的生成，系

统中相关节点都参与了验证、协调和同步，从而保证了各节点账本的准确性和一致性，因此去中心化的交易系统不需要第三方中介或信任机构的背书。

区块链通过分布式记录全网所有交易信息，最终汇聚形成"公开大账本"。其中，每个区块链网络中的节点都具有记账功能，每个节点也都可以观察到整个账本。交易前的风险识别和定价可以基于共享账本嵌入信用管理，交易撮合可以由各参与方基于共享账本自行完成，交易后实现快速结算，并省去对账和审查的环节。

区块链技术不依赖额外的第三方管理机构或硬件设施，没有中心管制，除了自成一体的区块链本身，通过分布式核算和存储，各个节点实现了信息自我验证、传递和管理，去中心化是区块链最突出、最本质的特征。

2. 创建信任

在区块链网络中，通过算法的自我约束，任何恶意欺骗系统的行为都会遭到其他节点的排斥和抑制，因此，区块链系统不依赖中央权威机构的支撑和信用背书。

在传统的信用背书网络系统中，参与人需要对中央机构足够信任，随着参与网络的人数增加，系统的安全性呈下降趋势。与传统的信用背书网络系统相反，在区块链网络中，参与人不需要信任任何人，随着参与节点数量的增加，系统的安全性反而会提升，同时数据内容可以完全公开。

区块链能有效实现信用共享。《经济学人》中曾有文章将区块链称为"创建信任"的机器。这就说明区块链能够在技术层面建立去中心化的信任机制。在现实世界中的价值传递往往需要基于一种信任机制来确权和记账，依赖某个中心化的机构，例如，银行、证券交易所等，这种记账模式都是人们熟知的。然而，区块链却可以实现低成本的点对点价值传递，从而降低了信任的成本。

3. 安全性

区块链的每个区块都通过加密算法与前一个区块连接，形成了一条不可更改的数据链，一旦数据被记录在区块链上，就几乎无法被篡改。时间的不可逆性导致任何试图入侵篡改区块链数据信息的行为都很容易被追溯，进而被其他节点排斥，限制其不法行为。

区块链数据由链上的各个节点共同维护，每个参与维护的节点都能复制获得一份完整数据库，同时实现基础信息可追溯与不可删改。只要不能掌控超过 50%的数据节点，就无法肆意操控修改网络数据。这让区块链本身变得相对安全，避免了主观人为的数据变更。

4. 隐私性

虽然区块链上的交易是透明的，但用户可以通过使用加密地址来保护其身份，除非有法律规范要求。单从技术上讲，各区块节点的身份信息不需要公开或验证，信息传递可以匿名进行，最大限度地避免了各节点身份信息的暴露，具有极强的隐私性。

5. 开放性

区块链的技术基础是开源的，除了交易各方的私有信息被加密，区块链的数据对所有人开放，任何人都可以通过公开的接口查询区块链数据并开发相关应用。因此，整个系统信息高度透明，对区块链上每个节点都是公平且公开的。

区块链的分布式账本技术提供了一个透明且不可篡改的完整交易记录。这种透明性可以帮助监管机构更好地监控金融活动，确保交易的合规性。同时，区块链上的每笔交易都是可审计的，有助于监管追溯和调查。

6. 智能交易

基于区块链技术的智能合约，不依赖第三方，可以自动执行双方协议承诺的条款，具有预先设定后的不变性和加密安全性，它具有透明可信、自动执行和强制履约的特点。智能合约可以使网络中各个对等节点进行自动交互并实现高效协作，无须向中介支付达成信任的成本，越来越多的商业逻辑通过智能合约的形式得以体现和表达，有利于实现更大范围、更低成本的新协同机制。

9.1.2　区块链技术的缺点及改进方案

区块链作为一种发展中的新技术，并不是完美的，也存在诸多缺点。

1. 交易不可撤销

在比特币交易系统中，如果转账地址填错，会造成永久损失且无法撤销；如果丢失私钥，也同样会造成永久损失无法挽回。而在现实生活中，如果银行卡丢失或遗忘了密码，可以通过银行营业厅处理找回。

区块链技术的一大特点就是不可逆、不可伪造，但其前提是私钥是安全的。私钥是由用户生成并保管的，没有第三方参与。私钥一旦丢失，便无法对账户的资产做任何操作。另外，随着量子计算机等新计算技术的发展，未来非对称加密算法存在被破解的可能性，这也是区块链技术面临的潜在安全威胁。

2. 交易延迟问题

在区块链中，数据确认的时间相对较长。以比特币交易来说，比特币交易需要被网络上的验证节点确认，该确认过程需要约 10 分钟，当交易需要 6 次确认需求时，被确认的比特币交易将被永久记录在区块链上，并被视为绝对有效，而 6 次确认就需要 1 小时。比特币网络每次只能处理 7 笔交易，这就意味着全世界每小时只有 7 个人可以使用比特币进行买卖交易活动。相比很多互联网支付网络，区块链的交易效率还是很低的。VISA卡每秒可以处理 2.4 万笔交易；2019 年"双 11"期间，支付宝的每秒交易速度已经达到 25.6 万笔。

交易速度是区块链技术面临的重大技术挑战之一，每秒交易笔数（Transactions Per Second，TPS）成为区块链创新的核心目标之一。以太坊的出现对比特币进行了一次升级，EOS 的出现可以说是对以太坊的一次升级。以太坊的每秒交易笔数在 10~20 笔，维基链的交易速度可以达到每秒 1000 笔以上。

区块链技术面临的交易延迟问题主要来自两个方面：区块生成时间和网络拥塞。

区块链技术是基于分布式计算的，每个节点都需要通过求解数学难题来验证交易并生成新的区块。这个过程需要一定的计算能力和时间，并且每个区块的大小也有限制，所以在繁忙的网络中，可能需要等待一段时间才能将交易打包进新的区块。

另外，网络拥塞也会对交易延迟产生影响。在高峰期，网络上的交易数量可能会超过节点的处理能力，导致交易被滞留在队列中等待确认。在这种情况下，用户可能需要支付更高的交易费用来优先处理其交易。

为了缓解这些问题，一些区块链项目正在探索不同的协议和算法，以提高交易速度和吞吐量。例如，使用轻量级的"闪电网络"（Lightning Network）进行交易。同时，一些交易平台也在寻找方法来优化交易费用和时间。例如，实现动态调整手续费的机制等。

区块链用来解决交易延迟问题的方法有以下几种。

（1）提高区块大小限制：区块链中的每个区块都有大小限制，如果交易数量超过了这个限制，就会导致交易延迟。提高区块大小限制可以增加每个区块最大能容纳的交易数量，从而缩短交易确认时间。

（2）降低交易费用：在通常情况下，交易费用越高，交易确认的速度也越快。因此，降低交易费用可以使更多的人愿意使用区块链进行交易，从而减少交易延迟。

（3）优化共识机制：如 PoS 和 DPoS，这些机制比 PoW 更高效，可以缩短确认时间和降低能源消耗。

（4）使用闪电网络：闪电网络是比特币区块链上的第二层支付协议，它允许用户在主链之外进行大量的小额交易，只在最终结算时才在区块链上记录一笔交易，这可以大幅提高交易速度和吞吐量。它通过建立链下支付通道，将一系列小额交易汇聚在一起，然后再一次性提交到区块链上进行结算，从而实现秒级交易确认。

（5）采用分片技术：分片技术是一种将整个区块链网络分成若干个片段，每个片段只处理自己的交易的技术。这样可以将交易处理的负载分摊到不同节点上，从而提高整个网络的吞吐量和交易速度。

3. 技术性能问题

每个想参与区块链的节点都必须下载、存储并实时更新一份从创世块开始延续至当前的数据包。如果每个节点的数据完全同步，那么区块链数据对存储空间容量的要求就可能变成一个制约其发展的关键问题，系统是否足够稳定和技术是否成熟决定着这样的机制是否一直可行。

区块链技术的性能问题主要是由其去中心化和不可篡改的设计特点引起的。

首先，由于区块链是一种去中心化的技术，所有的节点都需要参与数据的验证和存储，因此每个节点都需要复制整个区块链的数据，并对每个新的交易进行验证和记录。这会导致区块链的存储需求随着交易数量的增加而不断增长，从而影响区块链的性能。

其次，由于区块链的设计目的是保证数据的不可篡改性，因此在每个区块添加到区块链中后，就不能再对其进行修改或删除操作。这就意味着，如果存在错误或恶意的交易，区块链将无法修正这些问题，从而导致数据污染和安全问题。

最后，区块链还存在着交易确认速度慢、交易处理能力低等问题。由于每个节点都需要对交易进行验证和记录，因此交易确认的时间通常比传统中心化系统更长，并且交易处理能力也受参与节点数量的限制。

针对这些性能问题，区块链技术正在不断发展和完善。例如，一些区块链项目采用了分片或侧链技术来提高交易处理能力和确认速度；一些项目也尝试通过改进共识算法、优化节点通信等方式来提高区块链的效率。

4. 高能耗问题

区块链是一个高能耗的系统，为了维护区块链的真实和完整性，其每秒运算能力达到了 7 万亿次。矿工通过随机的哈希运算，来争夺记账权，这一过程需要消耗电力，而且只有不到 1%的矿工能够竞争到每 10 分钟区块的记账权，其他矿工的算力都被浪费了。

区块链解决高能耗问题的方法主要包括以下几个方面。

（1）采用共识机制改进算法：传统的区块链共识机制（如比特币的工作量证明）需要通过大量的计算能力来竞争记账权，这会导致高能耗；一些新型共识机制（如权益证明、多方签名等）则采用更为高效的算法，在保证安全性和去中心化的前提下，减少了计算和能源消耗。

（2）使用可持续能源：由于区块链网络的运行需要大量电力，使用可持续能源可以降低对环境的影响，并且在长期看来也可以降低成本。一些区块链项目已经开始利用太阳能、水力发电等可再生能源挖矿。

（3）优化节点设置：在传统的区块链网络中，所有节点都需要参与交易验证和记账，这会导致计算负载不均衡，一些节点的计算量过大而耗费更多能源。因此，通过优化节点设置，让更多轻节点参与到网络中，可以分摊计算负载、降低能源消耗。

（4）实现分层架构：将区块链系统分成多个层次，每个层次都有不同的功能和任务。例如，数据存储可以分离出来作为底层基础设施，而智能合约和应用程序则可以放在更高级别的层次。通过分层架构，可以将计算复杂度和能源消耗降到最低。

总之，解决区块链高能耗的问题需要综合运用多种技术手段，并且要根据具体情况进行选择和优化。随着技术的不断发展，相信未来还会出现更加有效的解决方案。

5. 隐私问题

公开透明的交易使得隐私性变差。在区块链社会中，任何交易和财产都是公开透明的，这就意味着完全没有隐私。在区块链的公有链中，每个参与者都能获得完整的数据备份，所有交易数据都是公开且透明的。如果知道一些商业机构的账户和交易信息，就能知道它的所有财富，以及重要资产和商业机密等。

为了解决这些问题，已经有一些技术和方法被开发出来，以在保持区块链透明度的同时提供更多的隐私保护，包括如下几个方面。

（1）匿名币和混币技术：一些加密货币，如门罗币（Monero）和洗币（Zcash），采用了特殊的加密技术来保护用户隐私。这些技术可以隐藏交易发起者、接收者和交易金额。

（2）零知识证明：这是一种加密方法，允许一方（证明者）向另一方（验证者）证明某个陈述是正确的，而无须透露任何额外信息。例如，Zcash 利用零知识证明允许交易在保持隐私的同时得到验证。

（3）私有链和联盟链：与公有链不同，私有链和联盟链通常只允许特定参与者加入和访问数据。这些链可能更适合需要保护商业机密和隐私的场景。

（4）分层设计：一些区块链平台采用了分层（Layered）设计，其中，主链负责处理主要的交易和验证，而一些侧链（Sidechains）则可以处理特定的、需要隐私的交易。

（5）交易隐私协议：一些项目正在开发特定的协议，如 Tornado Cash，旨在通过加密和混合技术增强交易的隐私性。

上述技术和方法提供了一定程度的隐私保护，但它们也各有优势和局限性。在区块链技术不断发展的过程中，隐私保护仍是一个需要持续关注和改进的重要领域。

6. 安全问题

区块链利用了非对称密码学原理，按照当前的技术水平是安全的。但随着量子计算机的发展，以及数学研究的深入，这种非对称加密算法能否被破解还是一个未知数。量子计算里的秀尔算法（Shor's Algorithm）使得穷举的效率大幅提高。由于 RSA 算法是基于大数分解的（无法抵抗穷举攻击），因此，未来量子计算会对 RSA 算法构成较大的威胁。一个拥有 N 量子比特位的量子计算机，每次可进行 $2N$ 次运算，从理论上讲，密钥为 1024 位长的 RSA 算法，用一台 512 量子比特位的量子计算机在 1 秒内即可破解。当加密算法被破解的这一天到来的时候，现有的区块链技术就不再是一个值得信任的安全技术了。

为了应对量子计算带来的威胁，全球的科研机构和公司正在研究和开发后量子密码学（Post-Quantum Cryptography，PQC）算法。这些算法被设计为即使量子计算机出现，也能提供安全保证。美国国家标准与技术研究院正在进行一项标准化工作，以筛选和标准化这些新的加密算法。

对于区块链技术而言，量子计算机的出现确实构成了一种长期的安全威胁。然而，区块链技术的可升级性意味着，一旦量子计算机成为现实威胁，区块链系统可以迁移到新的、量子安全的加密算法上。这种迁移可能涉及更新区块链网络中的软件，以及重新加密存储在区块链上的数据。

虽然量子计算对现有加密算法构成了威胁，但科技界正在积极准备应对措施，以确保未来信息的安全。区块链技术也有望适应这些新的挑战，保持其作为一个安全可靠的技术平台的地位。

9.1.3　区块链的"不可能三角"

在分布式领域，有个著名的 CAP 定理，即分布式系统无法同时确保一致性（Consistency）、可用性（Availability）和分区容忍性（Partition），设计中需要弱化对某个特性的需求。CAP 定理认为，分布式系统最多只能保证 3 项特性中的 2 项。

区块链本质上是一个去中心化的分布式账本数据库，它也存在"不可能三角"。安全性（Safety）、去中心化（Decentralization）和高性能（High-performance）成了区块链的

"不可能三角"，该理论也被称为"SDH 完备性"，如图 9-1 所示。

（1）安全性：指系统能够保护数据不被恶意攻击和篡改。这需要用密码学技术来确保数据的完整性和保密性。

（2）去中心化：拥有大量参与区块生产和验证的节点，一般节点的数量越多，去中心化程度越高。没有单个实体掌控整个系统，系统由多个参与者共同维护，这有助于提高系统的透明度和公正性。

（3）高性能：每秒处理交易的笔数。造成区块链性能低下的主要原因是每笔交易都要在所有节点上达成一致，需要消耗大量算力。

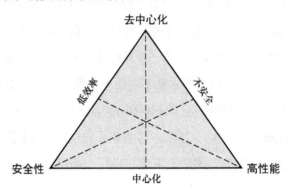

图 9-1　区块链的"不可能三角"

在区块链系统的设计中，这 3 个特性存在着矛盾关系，无法同时达成 3 个特性，只能最多满足其中 2 个。例如，为了提高安全性，可能需要增加节点之间的通信和计算量，从而导致系统变得更加复杂和低效；为了保持去中心化，可能需要将权力分散到许多参与者手中，但这也可能导致决策缓慢和协调困难。

区块链的"不可能三角"问题表明，在设计和实现区块链系统时，必须在这 3 个特性之间进行权衡，并寻找平衡点。这是一个复杂的问题，需要考虑许多因素，如系统的应用场景、参与者的数量和资金规模、技术的发展水平等。主流区块链比特币、以太坊、EOS都在"不可能三角"的某个特性上做了妥协。

比特币作为一种去中心化的数字货币，牺牲了性能特性，满足了去中心化和安全性的设计需求。目前，攻击比特币所需的代价是所有 PoW 公链中最高的。

以太坊 2.0 采用 PoS 共识机制。在以太坊网络中，不仅可以转账，还可以运行智能合约，应用场景更复杂，但目前以太坊性能低下，容易发生网络拥堵。

EOS 作为区块链应用平台，经常被外界指责有中心化的嫌疑。EOS 采用的是 DPoS 共识机制，由 21 个超级节点负责记账、出块。因为节点数量少，所以在三大公链的"去中心化"方面，一直被外界质疑。

9.2　区块链技术的演进历程

国际区块链学者梅兰妮·斯万（Melanie Swan）在《区块链：新经济的蓝图与导读》一书中，将区块链的发展分成了 3 个阶段，如图 9-2 所示。

区块链 1.0 的核心是"数字货币"，即与现金有关的加密数字货币。

区块链 2.0 的核心是"智能合约"，即股票、债券、期货、贷款、智能资产和智能合约等非货币应用。

区块链 3.0 的核心是"去中心化互联网"，除了金融场景，区块链还可以应用于大量非金融场景，如政府、健康、科学、文化、艺术等，从而成为整个社会的数字经济基础设施。

图 9-2　区块链发展的 3 个阶段

9.2.1　区块链 1.0

2008 年中本聪第一次提出了区块链的概念，在随后的几年中，区块链成为比特币的核心组成部分：作为所有交易的公共账本。通过利用点对点网络和分布式时间戳服务器，区块链数据库能够自主进行管理。

区块链 1.0 是指最早的、最基础的区块链技术阶段，主要应用于比特币等数字货币的发行和交易。这期间诞生了各种各样的数字货币。

区块链 1.0 具有以下几个特点。

（1）单一应用：区块链 1.0 采用了单一的应用模式，即仅限于数字货币交易。比特币是第一个成功应用区块链技术的项目，它利用区块链技术实现了去中心化的电子货币系统。其他数字货币项目也采用了类似的模式。

（2）公有链：区块链 1.0 使用公有链，即所有人都可以访问和加入的区块链网络。这种架构能够保证去中心化和安全性，但是也存在一些缺陷，例如，交易速度慢、吞吐量低、难以保护数据隐私等。

（3）PoW：区块链 1.0 使用 PoW 共识机制来保证交易的正确性和一致性。这种机制需要矿工通过大量的计算来解决数学难题，从而获得记账权。由于计算量很大，因此消耗了大量的能源和计算资源。

（4）匿名性：区块链 1.0 中的数字货币交易通常是匿名的，即不需要提供身份信息。这在一定程度上保护了用户隐私，但弊端是为非法活动和洗钱等行为提供了便利。

（5）可编程性：区块链 1.0 采用了可编程的智能合约技术，开发者可以根据自己的需求开发符合业务逻辑的应用程序。然而，在这个阶段，智能合约功能还比较简单，无法实现复杂的业务逻辑和数据处理。

总之，区块链 1.0 阶段的特点是单一应用、公有链、PoW、匿名性和可编程性。虽然这个阶段的技术相对简单，但是它为后续的区块链技术发展奠定了基础，并且推动了数字货币和电子支付等领域的进步。

9.2.2　区块链 2.0

如果说区块链 1.0 以比特币为代表，解决了货币和支付手段的去中心化问题，那么区块链 2.0 就是更宏观地对整个市场去中心化，利用区块链技术来转换许多不同的数字资产而不仅仅是比特币，通过转让来创建不同资产的价值，最典型的就是以太坊 ETH，以及 EOS。区块链技术的去中心化账本功能可以用来创建、确认、转移各种不同类型的资产及合约。几乎所有类型的金融交易都可以被改造在区块链上使用，包括股票、私募股权、众筹、债券，以及其他类型的金融衍生品，如期货、期权等。

区块链 1.0 被称为"全球账本"。相应地，可以将区块链 2.0 看作一台"全球计算机"：实现了区块链系统的图灵完备，可以在区块链上传和执行应用程序，并且程序的有效执行能得到保证，在此基础上实现了智能合约的功能。

以智能合约为标志的区块链 2.0 初步实现了链上自治、自足和去中心化的功能。自治意味着一旦满足合约条款的条件出现，系统就会自动调用相关资源来执行合同条款。自足意味着系统通过在链上提供各类服务自动获取资源并建立资源池，以满足使用资源的需要。去中心化意味着系统将不依赖中心化服务器的统一指令运行，各节点经过社区相互协商、民主投票形成类似法律的代码，通过自动化运行设计代替传统的人脑判断，从而在一个无须信任的环境中完成精准交易。

区块链 2.0 相比区块链 1.0，具有以下几个特点。

（1）智能合约：区块链 2.0 引入了智能合约的概念，使得区块链可以进行更复杂的逻辑操作。智能合约是一种以代码形式编写的自动化合约，它们可以根据预定条件自动执行交易，无须人工干预。

（2）去中心化应用：区块链 2.0 支持去中心化应用的开发和部署，这些应用在运行时不需要集中的服务器，通过区块链网络上的节点来通信和协作。这种分布式的应用架构可以提高应用的可靠性和安全性，并且实现去中心化的治理。

（3）数字身份：区块链 2.0 具备数字身份功能，可以为用户提供去中心化的身份系统，让用户可以在不同的应用和服务之间"无缝切换"。数字身份还可以提供更好的隐私保护，防止个人信息被滥用。

（4）扩展性：区块链 2.0 针对第一代应用的扩展性问题做出了改进，采用了更加先进的共识算法、分片技术、侧链技术等，以提高区块链的处理能力和吞吐量。

总之，区块链 2.0 具有更加灵活、智能和高效的特点，可以为各种应用场景提供更好的解决方案。

9.2.3 区块链 3.0

目前，区块链技术已经发展到 3.0 阶段，区块链在应用上逐步由金融类应用向非金融类应用转化，衍生出众多的产业生态领域，如图 9-3 所示。区块链和人工智能、物联网、5G、云计算等结合的紧密程度进一步提升。对企业级应用来说，未来区块链技术将在安全性和可扩展性方面进一步深化。

区块链 3.0 是在现有区块链技术基础上的进一步发展和创新，具有以下几个特点。

（1）分布式应用平台：区块链 3.0 不再是简单的加密货币交易系统，更注重分布式应用程序的开发和部署。它提供了更广泛的开发功能，如智能合约、去中心化存储、多链协作等。

（2）可扩展性：区块链 3.0 解决了早期的可扩展性问题，它可以支持更高的交易吞吐量和更广泛的应用场景。例如，使用分片技术、侧链技术和跨链协议等方法增加网络的容量。

（3）隐私保护：区块链 3.0 更注重隐私保护，可以实现匿名交易和数据加密。这让用户可以在保护隐私的情况下进行数字资产的交易和转移。

（4）环保性：区块链 3.0 采用了更环保和节能的共识机制。例如，用 PoS 代替了 PoW，这降低了对节点计算能力的要求，并减少了能源消耗。

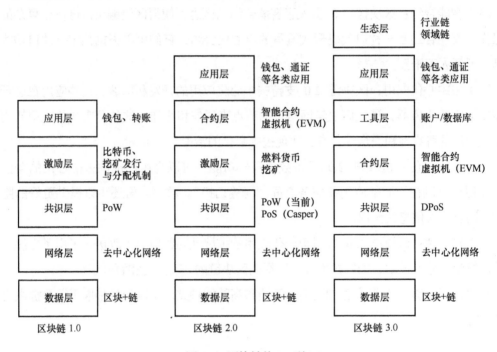

图 9-3　区块链从 1.0 到 3.0

总之，区块链 3.0 具有更强的智能化、可扩展性、隐私保护和环保性等特点，这些特点使得它能够应用于更广泛的场景并发挥更大的作用。

9.3　区块链技术的未来展望

9.3.1　区块链的新技术趋势

根据全球著名咨询机构 Gartner 的新兴技术成熟度曲线（见图 9-4），区块链目前已经翻越了期望膨胀的巅峰，迈入新的发展阶段，距离技术成熟期还有 5～10 年。

当前，区块链技术正处于快速发展和演进的阶段。以下是区块链技术当前和未来可能的发展趋势。

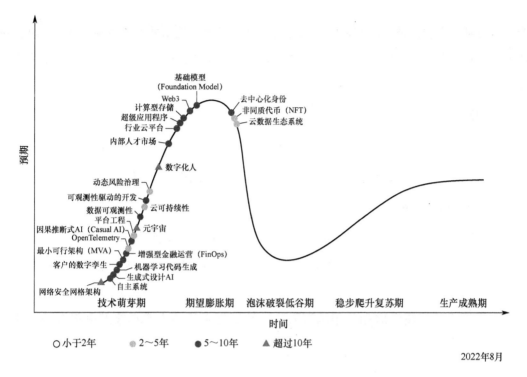

图 9-4 Gartner 的新兴技术成熟度曲线

图片来源：Gartner。

1. 去中心化应用

随着人们对数据隐私和安全的重视，去中心化应用将成为未来区块链技术的主要应用之一。这些应用可以在不依赖中心机构的情况下实现数据共享、信任建立和价值传输。

2. 联盟链和私有链

由于公有链存在性能限制和隐私问题，联盟链和私有链将成为企业更好的选择。联盟链可以基于共同的利益和信任建立自己的网络，而私有链则可以只向被授予权限的参与者开放。

交叉链技术：解决跨链互操作将是未来的一个重要问题。交叉链技术可以使不同的区块链网络相互连接和通信，从而实现资产和信息的跨链转移和交互。

3. 分片技术

在区块链技术中，所有交易数据都需要存储在区块链的每个节点上，这导致了区块链数据的存储和传输效率低下，无法满足大规模商业应用的需求。分片技术可以提高区块链的吞吐量和可扩展性。分片技术的主要原理是将区块链数据分割成多个片段，每个片段包含一定数量的交易记录。这些片段可以并行处理，提高了数据处理的效率，从而降低计算负担和交易延迟。分片技术还可以实现跨片段的交易验证，确保整个区块链系统的安全性和一致性。

4. 隐私保护

随着数据隐私和安全的重要性日益增加，区块链技术将不断改进隐私保护方面的功能。例如，零知识证明、同态加密等技术将被广泛应用于保护个人数据和机密信息。

5. 去中心化金融（DeFi）

DeFi 将是区块链技术最受关注的领域之一。DeFi 可以通过智能合约和去中心化交易所实现去中心化金融服务，包括借贷、保险、稳定币等，将传统金融服务转移到区块链上。

随着技术的不断发展和应用的深入，区块链技术将在未来继续迎来更多的革新和突破。

9.3.2　基于区块链的 Web 3.0 革命

"Web 3.0"一词是以太坊联合创始人 Gavin Wood 在 2014 年提出来的，当时提出这个概念，重在构建去中心化网络。Web 3.0 被用来描述互联网潜在的下一个阶段，一个运行在区块链技术之上的去中心化的互联网。Web 3.0 以区块链、隐私计算、人工智能等新一代信息技术融合创新为基础，有望解决网络空间的信任和安全问题，推动互联网从传递信息向传递价值转变。Web 3.0 是区块链技术应用创新发展的重要方向。

作为下一代互联网，Web 3.0 将带来去中心化、安全性和用户主权的革命。与传统互联网相比，Web 3.0 具有如下显著的特点。

（1）去中心化：Web 3.0 摒弃了传统互联网的中心化模式，采用分布式的区块链技术，使权力更加分散，消除了中心化机构的垄断，让用户成为网络的参与者和决策者。Web 3.0 通过智能合约和 DApp 实现了更多应用场景的开发。DApp 不依赖中心化的服务器和机构，具有透明、安全和可扩展性等优势。

（2）安全性：Web 3.0 借助区块链的加密算法和智能合约机制，提供了更高的数据安全性和交易可信度。用户可以在一个去信任的环境中进行交易和合作，无须担心数据被篡改或泄露。Web 3.0 为用户提供了去中心化身份验证和管理的解决方案。通过区块链的加密技术，用户可以安全地管理和控制自己的数字身份，实现去中介化和跨平台验证。Web 3.0 注重用户的数据隐私与安全。通过去中心化的身份验证和数据存储，用户可以更好地掌握自己的数据，并自主选择与哪些机构共享数据，减少了数据泄露和滥用的风险。

（3）用户主权：Web 3.0 重塑了用户与互联网的关系，赋予用户对个人数据和数字资产的控制权。用户可以自主管理和运用自己的数据，从中获得经济回报，并决定数据的使用和共享的方式。

（4）社区自治：智能合约是 Web 3.0 的核心技术之一，它可以自动执行预设的条件和规则，实现可编程的数字化合约。智能合约的应用范围广泛，包括金融交易、供应链管理、知识产权保护等。

Web 3.0 是互联网发展理念的升级，具有架构分布化、数据自主化、算法公开化、数据资产化四大典型特征，为带动数字基础设施重构、推动数字产业生态体系重塑、促进数字经济新变革与新发展带来了机遇。

Web 3.0 将改变社交媒体和娱乐行业的格局。通过去中心化的社交平台和内容创作平台，用户可以更好地掌控自己的数据和创作权益，实现更直接的用户与内容创作者之间的互动和价值交换。

在金融领域，Web 3.0 将颠覆传统金融行业，推动 DeFi 的发展。DeFi 提供了无须中介的金融服务，包括借贷、支付、保险等，为用户提供了更大的金融自由和创新空间。

在数字资产领域，非同质化通证（Non-Fungible Token，NFT）的应用正在吸引越来越多的参与者。NFT 是一种基于区块链技术的数字资产。与比特币等加密货币不同，NFT 具有独特性和不可互换性，每个 NFT 都有其独特的属性和数据，代表了一种独特的数字或实体资产的所有权。NFT 不局限于特定的数字资产形式，其应用范围正在扩大，包括图片、音乐、视频、线上收藏品等。艺术家和创作者可以通过 NFT 将他们的作品上链，确保作品的原创性和所有权，同时为收藏者提供一种全新的收藏方式。在区块链游戏中，NFT 可以代表游戏内的物品、角色或土地的所有权，玩家可以买卖或使用这些 NFT。NFT 可以为创作者提供一种新的版权管理和变现方式，即通过 NFT 销售其作品的版权或使用权。许多知名品牌已经开始将 NFT 作为品牌战略的一部分，并从中获得显著收益。

Web 3.0 打破了地理和法律的限制，使得跨境交易和合作更加便捷和高效。无论是商业合作、知识共享还是国际支付，Web 3.0 为全球范围内的参与者提供了更平等和便利的机会。

随着区块链技术的不断发展和创新，Web 3.0 正以惊人的速度重构互联网世界。这一变革将影响金融、社交、娱乐和数据隐私等各个领域，并为用户带来更大的自由和创新空间。随着 Web 3.0 的不断发展和创新，我们将迎来一个更开放、更公平、更可信的数字经济时代。

第 *10* 章 ——

区块链技术的风险与监管

10.1 区块链技术的风险

虽然我国对虚拟货币一直保持严监管状态,但是对比特币背后的区块链技术非常重视。2019 年 10 月 24 日下午,中共中央政治局就区块链技术发展现状和趋势进行了第十八次集体学习。习近平总书记在主持学习时强调,区块链技术的集成应用在新的技术革新和产业变革中起着重要作用。我们要把区块链作为核心技术自主创新的重要突破口,明确主攻方向,加大投入力度,着力攻克一批关键核心技术,加快推动区块链技术和产业创新发展。

国家高度重视区块链行业发展,2021 年各部委发布的区块链相关政策超 60 项,区块链不仅被写入"十四五"规划中,各部门更是积极探索区块链发展方向,全方位推动区块链技术赋能各领域发展,积极出台相关政策,强调各领域与区块链技术的结合,加快推动区块链技术和产业创新发展,区块链产业政策环境持续利好发展。

区块链的风险基于区块链技术及其应用过程中的成本或收益的不确定性。因此,可以将区块链的风险分为两类:技术系统本身的风险和社会应用系统的风险。前者是指区块链技术自身的风险;后者是指区块链技术在应用场景中的风险。技术风险主要包括共识机制存在漏洞、智能合约仍有困境、密钥丢失危机、跨链技术瓶颈等;应用风险主要包括全网传播造成冗余、链前数据难以保真、隐私泄露、信息安全、技术滥用、匿名交易难以追责,以及秩序重构引发混乱等。

相关数据统计显示,2021 年全球区块链生态系统发生的相关安全事件超过 300 起,相比 2020 年增幅达 22%；造成的经济损失超 153 亿美元，同比增长 26%。大量事实表明，区块链已然成为网络攻击者重点关注的目标。随着应用流行度的增加，未来还会出现更多区块链安全问题。图 10-1 中总结了一些常见的区块链安全事件。

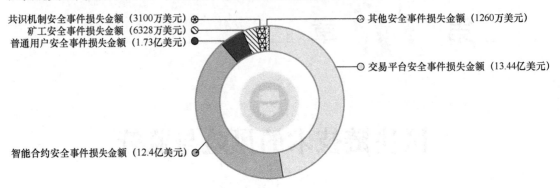

图 10-1　区块链安全事件统计

在我国，区块链技术在证券领域的应用处于探索阶段，存在很多问题。例如，技术发展并不成熟、存在软件漏洞、缺乏责任主体，以及难以及时进行危机处理等。另外，还有法律缺失，以及可能出现严重的金融犯罪等问题。

10.1.1　区块链的技术风险

区块链技术本身的风险源自区块链技术不成熟和区块链机制设计。区块链是技术集成式创新，区块链系统的共识机制、智能合约、数据管理这些核心设计是区块链技术系统风险的最大来源，机制设计本身存在漏洞与矛盾。区块链技术本身的风险主要有以下几类：共识机制漏洞、智能合约风险、协议攻击风险、工程缺陷风险、密钥丢失风险。

1. 共识机制漏洞

共识机制是区块链设计的核心，也是区块链能够满足去中心化设计的关键所在，但它的运作通常由简单的多数投票机制组成，这样的机制可能受到游说者或特别活跃贡献者的影响，这既会威胁用户利益，也会破坏节点之间的公平原则。目前，区块链常见的共识机制主要有工作量证明机制、委托权益证明机制、权益证明机制等。攻击者通过对不同机制的漏洞设计相应的攻击手段，以获取非法收益。例如，针对权益证明机制的 51% 算力攻击可以使矿机联合形成矿池，垄断采矿权、计费权和分配权，通过篡改账本信息来控制交易运作，影响区块链的生态安全，甚至波及其相关的货币体系。

2. 智能合约风险

智能合约是去中心化的区块链系统的核心设计之一，智能合约实际上是正确执行公开指定程序的共识协议，它预先编写好程序代码，让网络中的节点按照合约制定的运行规则行事。但是，智能合约虽"智能"却非"全能"。目前，任何一个智能合约的设计都存在开发者编程语言不当、程序结构不完善等安全漏洞，因此，智能合约的应用常常无法达到预期效果。如果主体的治理和信任完全依赖代码库，攻击者就可以利用智能合约的设计漏洞，在代码允许的情况下"合法"获利，这会造成难以估计的损失。例如，在针对"以太坊分布式自治组织"（DAO）的攻击事件中，黑客攻击了智能合约中的漏洞，造成了高达6000 万美元的损失。在区块链实施和执行智能合约的过程中，还可能出现因认知不足而造成的损失。用户对智能合约的法律理解和覆盖范围不清楚，法律代码能否精准、有效地转换为智能合约也存在疑问。

区块链系统是由数据层、网络层、共识层、激励层、合约层和应用层等组成的。黑客通常会选择其中保护相对薄弱的数据层、网络层、共识层、扩展层和业务层来进行攻击。因此，区块链安全生态就显得更为复杂，单一的安全防护已不能满足需求。面对这些问题，应用平台需要 DDoS 防御、渗透测试、Web 防火墙等安全防御措施。除了平台，用户自身和矿池平台也应该提高安全意识，在薄弱环节布置相应的防御措施。智能合约的提出让区块链应用更具便捷性和拓展性，但随之而来的是越来越多的安全漏洞，这大大增加了其被攻击的风险，因此智能合约审计就显得十分重要。

3. 协议攻击风险

比特币的成功与它强大的算力基础分不开。目前，其他区块链应用的算力都还与比特币无法相比，其他区块链应用难以有足够的算力来保证系统的稳定性，理论上也越容易受到如 51%算力攻击这样的在基础协议层面的攻击。Krypton 平台就遭到过这种攻击，而且这种攻击方法被认为是一种有效攻击以太坊的方法。这种事情并不是偶发的，而是接连发生的，如果 51%算力攻击蔓延下去，那么区块链标榜的"不可篡改"将不复存在，任何基于区块链的信任应用都将土崩瓦解。

除了这种已知的攻击方法，攻击协议的其他手段也层出不穷。一些已知的协议攻击方式如下。

（1）粉尘攻击（Dust Attack）：攻击者向受害者的钱包发送大量价值极低的比特币交易，被称为"粉尘"，目的是填满接收者的钱包，导致正常用户无法处理这些交易，或者迫使接收者支付高额的交易费来处理这些垃圾交易。为了防范粉尘攻击，一些钱包和交易所会设置交易阈值，拒绝处理低于阈值的交易。此外，用户也可以采取措施来保护自己的隐私，如使用混币服务来混淆交易路径。尽管粉尘攻击本身不会直接导致资金损失，但它确实会对用户的隐私和交易能力造成影响。

（2）拒绝服务（DoS）攻击：攻击者发送大量垃圾交易或区块，使网络节点或矿工无法处理合法的交易，从而导致服务不可用。这些攻击可能会针对区块链网络的不同组件，包括节点、矿工、智能合约或整个网络本身。例如，发送大量无效或低价值的交易到网络中，填满节点的内存池，导致正常交易无法被及时处理；尝试耗尽节点的计算资源（如CPU、内存）或存储资源（如磁盘空间），使其无法正常工作等。

（3）交易延展性攻击：这种攻击利用比特币交易标识符（TXID）的可变性，通过修改交易输入的签名来创建一个具有相同金额和发送方的新交易，可能导致双花攻击，或者混淆交易所和钱包服务。这种攻击主要影响在交易广播之前不验证交易完整性的系统。为了缓解交易延展性攻击的风险，比特币网络在2013年后进行了一系列升级和改进，包括BIP 62和BIP 66，这些改进旨在降低交易延展性攻击的可能性。此外，交易所和其他处理交易的第三方服务机构也采取了额外的安全措施，例如，在交易被矿工确认后再更新用户账户，以及使用更复杂的方式来追踪交易状态。

（4）BIP 66和BIP 65攻击：这是针对比特币协议升级的特定攻击，攻击者利用节点之间的软件不兼容性发动攻击。BIP 66和BIP 65是比特币改进提议（Bitcoin Improvement Proposals，BIPs）的一部分，它们分别对应了两个不同的协议升级。这些BIPs旨在改进比特币网络的功能和安全性。然而，在部署过程中，这些升级可能会引入暂时的漏洞，攻击者可能利用这些漏洞发动攻击。

区块链本身的分布式特性导致其进行整体升级非常困难。一旦被攻击者发现有效的攻击手段，可能在很长的一段时间内，该手段对区块链系统都会造成持续不断的负面影响。

4．工程缺陷风险

即便是在理论上很完备的算法，也会有各种实现上的漏洞。由于区块链大量应用了密码学算法，属于算法高度密集工程，出现错误也在所难免。历史上这类事情有很多，例如，NSA对RSA算法实现埋入缺陷，使其能够轻松破解别人的加密信息。又如，以太坊DAO合约漏洞致使业务还没有开展的时候，准备的钱已经不见了。一个不容忽视的事实是，技术风险已经超过业务风险成为区块链的主要风险。以往金融机构也涉及业务风险和技术风险，虽然金融机构也重视技术风险，但是整个体系的建设还是围绕着防范业务风险展开的。然而，从区块链当前最成熟的应用比特币来说，比特币交易所遭遇的最大危机都来自技术风险而不是业务风险。

曾经是世界上最大的比特币交易所之一的 Mt.Gox 倒闭就是因为黑客攻击造成了巨额资产损失。世界知名交易所 Bitfinex 也因多重签名缺陷造成了 12 万枚比特币（当时价值 6800 万美元）的损失。因此，未来在区块链上这种技术风险的防范一定是流程中的重中之重。

5. 密钥丢失风险

区块链技术运用密码学原理中非对称的加密技术来生成与储存密钥，但是这种技术并非无懈可击。密钥可能遭到病毒和恶意软件的入侵，若将密钥储存在非加密文件或通过电子邮件、短信等非加密中介传输，则密钥可能会因受到损害而落入他人手中。托管类钱包的密钥一旦被盗，无法通过一般途径寻回与重置，用户就会丧失该密钥所保管资产的控制权，对方可以用这个密钥合法访问密钥所保护的资产，从而给密钥所有者造成巨大财产损失；非托管类钱包的用户也有可能因为遗忘密钥的助记词而造成数字资产被永久性封存。

区块链技术的一大特点就是不可逆、不可伪造，但其前提是密钥是安全的。密钥安全问题看似老生常谈，其实在区块链世界里还有特别的意义。与以往任何体系不同的是，区块链中的密钥是每个用户自己生成且自己负责保管的，理论上没有第三方的参与，所以密钥一旦丢失，便无法对账户的资产做任何操作。多重签名在某种程度上能解决一部分问题，但实施起来非常复杂，而且要设计与之相配套的非常复杂的密钥管理和使用体系。

10.1.2　区块链的应用风险

区块链技术在应用场景中的风险，是区块链技术在实际应用中出现的安全隐患，与业务应用相关联，它随着信息技术的发展、应用领域的延伸，以及社会管控程度的提高而逐渐显现，并让使用区块链应用场景的消费者与投资者遭受损失。它主要包括区块链的可扩展性问题、链前数据真实性问题、隐私泄露问题、虚拟代币犯罪问题、应用标准不一问题、权责追溯问题、监管法规滞后问题、体系冲突问题等方面。例如，区块链技术与金融、政务、版权、供应链等多个领域的深度融合，不可避免地会涉及投资人、参与者、普通消费者与国家等多方利益，其应用风险将造成诸多社会问题及对社会秩序的冲击。当前风险防范的理念与手段，在区块链应用场景中已经不再具有适用性和有效性，需要建立一个新的风险防范框架，以解决这一新兴技术在各种应用场景中出现的法律问题与社会问题。

随着区块链应用的推广，区块链数字资产引发的各种安全问题也开始出现，包括盗币、诈骗、非法集资、洗钱、暗网非法交易、网络犯罪等。

2021 年 7 月，跨链桥项目 Chainswap 遭到黑客攻击，超 20 个项目代币被黑客盗取，总计损失达 400 万美元。

2021 年 7 月，跨链桥项目 Anyswap 新推出的 V3 跨链流动性池遭到黑客攻击，总计损失超过 787 万美元。

2021 年 8 月，区块链应用孵化机构 DAO Maker 遭到黑客攻击，总计被盗走 700 万美元，有 5521 名用户受到影响。

2022 年 2 月，跨链桥项目 Wormhole 遭到攻击，损失约 3.2 亿美元。

2022 年 8 月，区块链平台 Solana 遭到攻击，价值数百万美元的加密货币钱包被洗劫一空。

10.2 区块链技术的发展与监管

尽管世界各国对以比特币为代表的数字货币的监管态度不一，但作为比特币底层技术之一的区块链技术自诞生以来日益受到重视，甚至有人认为这是继蒸汽机、电力、互联网之后的第四次工业革命。

10.2.1 区块链技术的促进政策

我国政府比较早就开始关注区块链技术的发展。2016 年 10 月，工业和信息化部发布《中国区块链技术和应用发展白皮书（2016）》。2016 年 12 月，国务院印发《"十三五"国家信息化规划》，首次将区块链技术列入国家级信息化规划中。

2017 年 1 月，国务院办公厅发布的《关于创新管理优化服务培育壮大经济发展新动能加快新旧动能接续转换的意见》中提到了区块链和其他技术交叉融合，构建若干产业创新中心和创新网络。

2019 年 1 月，国家互联网信息办公室发布《区块链信息服务管理规定》，为区块链信息服务的提供、使用、管理等提供有效的法律依据，意味着政府对区块链在金融领域的应用监管逐渐走向成熟。

2019 年 10 月 24 日，习近平总书记在中央政治局第十八次集体学习时，深入浅出地阐明了区块链技术在新技术革新和产业变革中的重要作用，对区块链技术的应用和管理提出了具体要求。这也意味着对各部门、各地方全面和深刻认识区块链技术发展现状和趋势、提高运用和管理区块链技术的能力将起到巨大推动作用。这代表了国内对区块链技术的态度由原先的中立抵制转变为积极推进的局面。

除了中央层面的政策，地方政府对区块链技术发展也高度重视，多地制定了指导政策，扶持区块链应用，以带动当地区块链相关产业的发展。这些指导政策以鼓励和扶持偏多。具体包括技术层面、产业层面、行业应用等方面，例如，将区块链写入地方经济发展规划，推动区块链技术研究和赋能其他行业发展，对区块链项目给予资金、税收等落地政策扶持，布局产业园等区块链基础设施，设立区块链联盟、协会等。中央和地方政府的重视，为区块链技术和产业的发展营造了良好的政策环境。

10.2.2　区块链技术的监管

区块链业务是技术与金融的跨界，其去中心化、自治化的特点给监管带来了诸多全新的挑战。

首先，区块链的去中心化特点使其部分应用场景难以被传统监管体系覆盖，在监管无法触达的情况下，市场的逐利等特性可能会导致区块链技术被应用于非法领域，为黑色产业提供庇护所。如何监管这样的技术确保其不被用于非法用途，同时保护用户隐私，是监管层需要解决的问题。

其次，区块链技术发展迅速，新的应用和业务模式不断涌现，区块链的应用还可能跨越不同领域，这给监管机构带来了快速学习和适应新技术的挑战。区块链技术在金融领域的应用可能会带来新的金融风险。监管机构需要评估这些风险，并制定相应的监管措施，以防系统性风险的发生。

再次，区块链自监管也带来了问题，如果区块链出现故障，没有系统作为第二道防线进行审计和纠正。缺乏独立的审计机制可能会使该技术更容易受错误和欺诈的风险影响。

最后，区块链技术的应用往往跨越国界，这要求各国监管机构之间加强合作与沟通，共同制定标准，以应对跨境监管的挑战。

由于区块链技术相对较新，因此各个国家还在探索如何建立有效的监管框架来规范这项技术的发展和应用。

在美国，监管机构如美国的证券交易委员会、美国商品期货交易委员会、美国财政部的金融犯罪执法网络（FinCEN）等，正在制定和实施相关的监管框架，以确保区块链技术的应用符合现有的金融法规要求，同时防范非法活动的发生。美国各州对区块链技术的应用，如加密货币交易、智能合约等，都有不同的法律和监管政策。例如，特拉华州通过了法律，允许企业使用区块链技术来记录股东投票和公司事务。美国政府鼓励区块链技术的创新和研究，多个政府机构，如美国国家标准与技术研究院和美国商务部国家标准与技术开发局正在研究如何标准化区块链技术。美国政府在国际层面上与多个国家和国际组织合作，以推动区块链技术的发展，并共同应对区块链技术带来的挑战。

在欧盟，欧盟委员会发布了一系列指导文件，旨在为区块链技术的发展提供指导，并促进欧盟内部对该技术的应用和创新。欧盟《通用数据保护条例》（*General Data Protection Regulation*，GDPR）为区块链技术中的数据保护提供了法律框架，要求所有处理欧盟公民数据的组织，无论其所在地点如何，都必须遵守这些规定，这给区块链技术中的数据处理和隐私保护带来了挑战。金融工具指令（MiFID II）为金融市场上的交易提供了规则，包括通过区块链进行的交易，旨在提高金融服务的透明度和公平性。一些欧盟国家为区块链技术提供了监管沙箱环境，允许创新者在受控环境中测试新的区块链应用，而不必立即遵守所有现行法规。欧盟也在与其他国家和地区合作，以建立国际监管合作和标准。

在中国，监管机构一直积极研究和探索如何有效监管区块链技术。通过建立适当的监管框架和政策，在利用区块链技术潜力的同时，确保金融和网络安全。中国人民银行和其他监管机构已经发布了一系列政策和指导方针，旨在规范区块链技术的应用，同时鼓励其健康发展。2019 年 1 月，国家互联网信息办公室发布了《区块链信息服务管理规定》，对提供区块链信息服务的平台进行规范，要求其进行备案，并对发布的信息内容负责。

随着区块链市场监管政策的成熟和完备，以及区块链技术的进一步提升，行业监管制度体系建设进一步完善，为区块链深入服务实体经济提供了有力保障。

10.3　区块链技术的标准化工作

区块链作为一个新兴技术领域发展势头迅猛，同时也产生了很多乱象。制定统一的区块链技术标准，将有助于业界、普通民众及相关监管部门准确识别、去伪存真，减少行业乱象，保护投资人合法权益，对区块链的发展起到积极作用。

目前，区块链技术在应用、安全、互通等方面缺乏统一标准，区块链平台性能受网络环境、节点数量、共识算法、业务逻辑等因素影响较大，而各行各业又对区块链技术的性能指标评价缺乏统一标准，在一定程度上会影响区块链技术的跨链互联、场景拓展和产业合作。因此，区块链领域统一标准的制定对跨行业、跨国的区块链应用落地和联合等意义重大。

国际化标准的制定旨在规范区块链的应用，能够在全球范围内有效打通不同国家、行业和系统之间的认知和技术屏障，防范应用风险，为全球区块链产业发展提供重要的标准化依据。

10.3.1　区块链国际标准推进

在国际上，IOS/IEC JTC1、W3C 等组织都对区块链标准化及其重点方向提出了建议。

目前，国际上区块链技术的标准化工作正在积极开展。以下是一些相关进展。

国际标准化组织（International Organization for Standardization，ISO）：2016 年 9 月，ISO 成立了一个专门负责区块链和分布式账本技术标准化的委员会 ISO/TC 307。该委员会已经发布了一些标准，如 ISO 22739:2020 区块链和分布式账本技术参考架构、ISO/TS 23222:2021 分布式应用程序和智能合约的安全性等。

截至 2022 年 11 月，ISO/TC 307 已有基础、智能合约、治理等 6 个工作组和 3 个研究组，已发布术语和参考架构两项国际标准，分类和本体、治理两项技术规范，以及隐私、身份管理等四项技术报告。

国际电信联盟（International Telecommunication Union，ITU）：ITU-T FG DLT 是 ITU 为推动区块链技术标准化而设立的专家组。该专家组的主要工作之一是为不同应用场景设计和开发共同的框架和标准。

除了 ISO 和 ITU，还有一些其他组织在推动区块链标准化。例如，欧洲委员会成立了专门的区块链观察员小组，旨在为区块链技术标准化提供支持和指导。

总体来说，虽然区块链技术的标准化工作还处于初级阶段，但随着越来越多的组织投入该领域，相信未来会有更多的标准得以发布和推广。

10.3.2　区块链国内标准推进

中国区块链技术的标准化进程仍处于起步阶段。

2016 年 10 月，工业和信息化部发布《中国区块链技术和应用发展白皮书（2016）》，明确了区块链的主要特点和应用领域，并提出了区块链标准化路线图，这是我国首个来自官方的区块链指导文件。

2017 年 3 月，中国电子技术标准化研究院开始担任 ISO/TC 307 国内技术对口单位。

2017 年 5 月，在工业和信息化部信息化和软件服务业司指导下，中国区块链技术和产业发展论坛公布了《区块链和分布式账本技术参考架构》标准。这是首个政府指导下的国内区块链基础标准，对区块链产业生态发展意义重大。

2017 年 12 月，由中国电子技术标准化研究院牵头的首个区块链领域国家标准《信息技术 区块链和分布式账本技术 参考架构》正式立项，这意味着中国进一步加快了区块链标准化的步伐。

2019 年 11 月，国家标准化管理委员会启动区块链和分布式记账技术等一批技术委员会筹建工作。

2019 年 12 月，工业和信息化部组织筹建全国区块链和分布式记账技术标准化技术委员会。

2020 年 2 月，中国人民银行发布了金融行业标准《金融分布式账本技术安全规范》（JR/T 0184—2020），被认为是金融行业的首个区块链标准，其中不仅提出了构建金融分布式账本系统的硬件和软件安全要求，还表明了区块链金融将逐渐规范和体系化。

截至 2021 年 9 月，已经有 20 个区块链技术标准草案完成了初步审查，并向社会公开征求意见，其中有 7 个标准已经正式发布实施。这些标准包括区块链应用模型、智能合约安全设计规范、区块链安全评估指南等，涉及区块链技术的各个方面，旨在提高区块链技术的安全性、可靠性和互操作性。

2023 年 5 月，《区块链和分布式记账技术 参考架构》（GB/T 42752—2023）国家标准正式发布，这是我国首个获批发布的区块链技术领域国家标准。

2024 年 1 月，工业和信息化部、中央网络安全和信息化委员会办公室、国家标准化管理委员会联合印发了《区块链和分布式记账技术标准体系建设指南》，为区块链标准工作顶层设计提供了指南。

此外，中国还积极参与国际标准化组织（ISO）制定的区块链标准工作中，例如，在智能合约、身份认证和数据隐私保护等领域积极发挥作用，为中国企业参与国际市场提供了便利。我国积极参与国际区块链标准的制定，一方面能够提升我国在区块链领域的国际影响力和话语权；另一方面参与制定国际区块链标准，对我国自身区块链标准的制定也有一定的参考和借鉴意义，此举能够推动中国区块链技术面向世界。

总体来说，中国的区块链技术标准化工作正朝着更加完善、更加规范的方向不断推进，这有助于促进区块链技术的应用和发展。

下篇 区块链技术在金融中的
广泛应用

本篇从应用角度介绍区块链在金融领域的广泛应用，包括支付清算、征信、供应链金融、数字票据、资产证券化、证券交易、金融风险管理等领域，通过对现有技术方案和基于区块链的解决方案的对比，帮助读者了解区块链是如何应用到金融实际场景中的，以及使用区块链技术能够解决的问题和带来的好处。为了更加形象地介绍区块链的应用方式，每个领域都引入了真实案例来解读。

第 11 章

区块链技术在金融领域的应用：原则与前景

> 区块链技术肯定会在未来的某个时候成为金融系统的一部分。
>
> ——约瑟夫·斯蒂格利茨（Joseph Stiglitz），2001 年诺贝尔经济学奖得主

11.1 区块链技术在金融领域的应用价值

近年来，伴随着新技术的出现，创新资源流动加速，给全球的金融体系也带来了巨大的冲击。作为科技领域极具挑战性的创新之一，区块链因其开放性、自治性、匿名性、不可篡改性等特点，在很多领域都有应用潜力。金融行业具备参与者之间信任度低、对交易记录安全性和完备性要求高的特点，与区块链技术应用特点十分契合。区块链技术带来了金融的信任变革，重构了传统金融的运行模式。

从本质上讲，金融以信用为基石。在互联网时代，网络无法解决现实世界的实物资产转让问题，多方机构之间传递数据、信息和价值需要建构复杂和庞大的信用体系，来防范人为篡改、盗取数据的可能性，但在中心化数据存储模式下的信用体系，依然存在内部风控风险。区块链作为去中心化数据库，与金融具有天然一致性。区块链的出现，使很多传统互联网中因信任力度和信任成本问题而难以进行线上融合的场景有了融合创新的可能。利用区块链技术可以强化大数据信用机制，对数字资产进行加密记录并存储，区块链网络中的所有节点存储完全一致，可以让金融交易更加便捷与快速。利用"机器创造信任"，

可以将互不信任的节点连接在一起完成信任传递，实现参与方之间的有效连接和高效协作。链上的所有数字资产数据都不可篡改和可追溯，提高了机构与个人的失信成本。

区块链技术在金融领域应用的核心价值，可以概括为以下 4 点。

第一，利用区块链的特点，可以实现高效、低成本的交易模式。区块链通过点对点交易模式，大幅降低了信息传递过程中出现错误的可能，通过计算机程序自动确认并执行双方交易结果，大幅度提高了金融交易和结算效率。在传统的金融体系中，跨境支付或证券交易可能需要几天时间，区块链可以简化交易流程，实现近乎实时的交易和结算。同时，由于区块链可以去除中间商和第三方验证，减少了处理交易所需的步骤和费用，从而降低了交易成本。

第二，区块链可以重构信用创造机制。在传统的金融体系中，信用通常是由中心化的权威机构（如银行）来背书的。区块链技术通过分布式账本技术，让参与者可以直接交易，不需要中介机构，同时基于非对称加密算法和网络共识机制，使得交易记录几乎不可能被篡改，智能合约可以自动执行合同条款，为合同执行提供了新的可能性，因此可以说，区块链重构了信用创造机制，交易双方可直接进行可信任的价值交换，有助于促进金融市场的高效和公平性。

第三，可有效实现个人隐私的保护。在区块链上，用户通过一对密钥进行交易。公钥是一个公开的地址，用于接收资金，而私钥是一个保密的密码，用于签名和发送交易。这些地址是由一长串字符组成的，不直接透露用户的个人身份。因此，虽然区块链上的交易记录是透明的，但是交易双方的个人身份信息却是匿名的。为了进一步加强隐私保护，一些区块链项目采用了额外的隐私保护措施，如零知识证明、环签名等。

第四，能有效降低金融监管的成本。区块链技术的不可篡改性，减少了金融交易中的错误和欺诈行为。区块链上的所有交易都是公开透明的，任何人都可以查看交易历史记录，保证数据的真实性和可追溯性，减少了审计流程，提高了金融系统的可追溯性和合规性，降低了金融监管的成本。

11.2　区块链技术在金融领域的应用原则

在金融领域，现有技术框架与区块链技术存在较大的不同，应用区块链技术必然会对原有系统进行较大的更新。而金融系统对成熟度、稳定性等指标要求较高，准入门槛则更高，因此要将区块链技术应用到金融领域需要经过较长时间的验证。

区块链技术要在金融领域应用，不仅需要考虑其透明度、安全性、可编程性等基本特点，还需要注意法律合规性、数据隐私保护、技术安全性、去中心化管理、兼容性和互操作性等问题。

（1）法律合规性：虽然区块链技术可以去除传统金融体系中的中央机构和中介机构，但是金融交易仍需要遵守法律和监管规定。区块链技术的应用需要遵守当地法律和监管的规定，尤其是涉及金融交易领域的规定，包括反洗钱、客户身份识别和数据保护等法规。因此，当使用区块链技术时，需要充分考虑相应的法律合规问题，并与监管机构进行充分沟通与合作。

（2）数据隐私保护：区块链技术具有公开、透明和可追溯的特点，但这也可能导致用户信息被泄露和隐私被侵犯。因此，当使用区块链技术时，需要采取相应的措施来加强用户的数据隐私保护，如采用加密技术和匿名化处理等。

（3）技术安全性：区块链技术采用密码学算法和哈希算法等多种安全机制，保证交易的安全性和数据的完整性。同时，区块链技术的去中心化特点也增强了系统的抗攻击性和容错性。但是区块链技术本身并不绝对安全，可能存在漏洞和被攻击的风险。因此，当使用区块链技术时，需要采取相应的措施来保障系统的安全性，如采用密码学技术、进行多重验证等。

（4）去中心化管理：区块链技术去除了传统金融体系中的中央机构和中介机构，但这也可能导致管理和治理上的问题。因此，当使用区块链技术时，需要探索合适的去中心化管理模式，确保系统的稳定性和可持续发展。

（5）兼容性和互操作性：要在金融领域应用区块链技术，需要考虑现有系统的兼容性和互操作性。因此，在设计区块链解决方案时，需要充分考虑与现有系统的集成和互操作问题，并采取相应的技术手段来实现数据的无缝对接和交互。

这些原则不仅可以提高金融交易的效率和便捷性，还可以降低风险和成本，并增加金融体系的信任度和可靠性。

11.3　区块链技术在金融领域的应用实践

2019 年以来，区块链迎来了政策风口和红利期，金融是区块链技术的重点研究领域之一，我国各大银行纷纷探索和研究区块链金融的落地场景。中国银行、中国工商银行、中国农业银行、平安银行等银行，以及蚂蚁金服、度小满等金融机构在资金管理、供应链金融、数字票据、资产证券化等领域开始了应用，在贸易融资、支付清算等细分领域都有具体的项目落地。此外，各大银行利用区块链的共识算法、智能合约、数据传输、智能钱包等显著特征，打造集区块链基础技术服务、智能运维、金融级安全能力于一体的企业级区块链技术基础平台。

2020 年 2 月，中国人民银行发布了金融行业标准《金融分布式账本技术安全规范》（JR/T 0184—2020），被认为是金融行业的首个区块链标准，该标准中不仅提出了构建金融分布式账本系统的硬件和软件的安全要求，还表明了区块链金融将逐渐规范和体系化。

2021 年初，《中华人民共和国国民经济和社会发展第十四个五年规划和 2035 年远景目标纲要》正式发布，提出要培育壮大人工智能、大数据、区块链、云计算、网络安全等新兴数字产业，"推动智能合约、共识算法、加密算法、分布式系统等区块链技术创新，以联盟链为重点发展区块链服务平台和金融科技、供应链管理、政务服务等领域应用方案，完善监管机制"，把区块链产业上升到国家发展战略层面。

11.3.1　区块链金融的应用场景

区块链技术在金融领域有许多应用场景，如图 11-1 所示，包括但不限于以下几个方面。

（1）数字货币：区块链技术被广泛应用于数字货币领域，如比特币、以太币等。这些数字货币通过去中心化的方式实现交易和价值转移，消除了传统金融系统中的中介机构。

（2）智能合约：区块链技术可以支持智能合约，即合同的自动执行，无须中介机构或第三方信任机构。智能合约在金融领域的应用范围包括贷款、保险、衍生品和证券等。

（3）支付清算：区块链技术可以提供更安全、快速和低成本的支付和清算服务，同时防止欺诈和篡改行为。企业可以利用此技术建立内部结算系统，并加速跨境汇款的处理进程。

（4）身份验证：区块链技术可以用于身份验证和 KYC（了解客户）过程。这种方法可以极大地降低身份盗窃和欺诈等问题发生的可能性。

（5）票据管理：区块链技术可用于票据管理，这让票据更安全、更容易跟踪和交换，并减轻了票据的管理成本和工作量。

（6）资产管理：区块链技术可以实现更安全、透明、高效的资产管理。银行、保险公司和其他金融机构可以使用此技术来跟踪和管理其客户的资产，同时提供更好的投资组合和风险管理服务。

总体来说，区块链技术在金融领域有着广泛的应用，能够改善传统金融基础设施，增加透明度、安全性并提高效率。

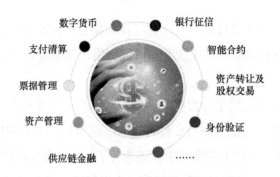

图 11-1　区块链技术在金融领域的应用场景

11.3.2　区块链金融的早期探索

当前，国内金融机构积极试水区块链应用，基本还处在概念验证和试点阶段，尚未大规模商用。在国外，各大金融机构已纷纷成立区块链实验室等，开展区块链技术和应用的探索，如摩根大通、花旗银行、高盛等。但整体来看，区块链在金融领域的应用尚处于起步阶段。表 11-1 展示了国内金融机构的一些区块链金融典型应用。

表 11-1　国内金融机构的一些区块链金融典型应用

典 型 应 用	代 表 机 构	推 出 日 期
人民币现钞管理	中国人民银行南京分行	2016 年 12 月
积分管理	泰康保险集团	2017 年 3 月
精准扶贫	中国工商银行	2017 年 5 月
信用证	民生银行、中信银行	2017 年 7 月
资产证券化 ABS	百度金融	2017 年 8 月
数字保单与保单质押登记	上海保险交易所	2017 年 9 月
基于区块链的数字票据	上海票据交易所	2018 年 1 月
数字票据	中国人民银行	2018 年 6 月
应收账款管理	浙商银行	2018 年 8 月

2016 年 12 月，中国人民银行南京分行开展人民币冠字号码信息流通平台建设试点，共有 10 家银行参与。通过应用区块链技术，将各银行清分时上传的冠字号码及捆包号信息存储在区块链共享账本中，同时，利用城市金融网传输信息，实现了跨行调款冠字号码信息流和现金实物流同步流转。

2017 年 3 月，泰康保险集团宣布推出基于区块链技术的积分管理平台，为旗下泰康在线平台提供积分在线交易服务。该积分管理平台基于超级账本 Fabric 架构的企业级区块链打造，是国内保险业率先将企业级区块链应用于实际生产的案例。

2017 年 5 月，中国工商银行正式启动与贵州省贵民集团联合打造的脱贫攻坚基金区块链管理平台，将第一笔扶贫资金 157 万元成功发放到位，这是业界首个服务于精准扶贫的区块链平台。中国工商银行发挥区块链技术"交易溯源、不可篡改"的优势，探索打造银行金融服务链和政府扶贫资金行政审批链的跨链整合与信息互信，实现了扶贫资金的透明使用、精准投放和高效管理。

2017 年 7 月，民生银行与中信银行合作打造的基于区块链技术的国内信用证信息传输系统成功上线，并完成了首笔 1 亿元的国内信用证业务。通过区块链技术，该系统实现了国内信用证电开、电子交单、中文报文传输等功能，银行解决了交易双方的互信和电子数据传递等一系列问题，降低了时间成本和邮寄成本，增加了业务透明度，加快了企业资金周转的速度。

2017 年 8 月，由百度金融发布的"百度—长安新生—天风 2017 年第一期资产支持专项计划"获得上海证券交易所批准，意味着中国首单基于区块链技术的交易所资产证券化产品落地。通过区块链技术实现了底层资产从 Pre-ABS 模式放款，到存续期还款、逾期，以及交易等全流程数据的实时上链，对现金流进行实时监控和精准预测，提高了对基础资产全生命周期的管理能力。

2017 年 9 月，上海保险交易所正式发布区块链底层技术平台（简称"保交链"）。保交链是服务保险行业的区块链底层技术平台，使用上海保险交易所自主研发的 Golang 国密算法包，能够支持数字保单存证的场景下每秒 5 万笔保单指纹的数据上链和高并发处理。

2018 年 2 月，上海票据交易所官方网站发布消息称，其数字票据交易平台实验性生产系统于 2018 年 1 月 25 日成功上线试运行，中国工商银行、中国银行、浦发银行和杭州银行在数字票据交易平台实验性生产系统顺利完成基于区块链技术的数字票据签发、承兑、贴现和转贴现业务。

2018 年 6 月，中国人民银行发布了一套以区块链为基础的支票数字化系统，旨在打击财务欺诈，以及减少打印支票的费用。该数字票据系统依托区块链技术，以智能合约为载体，每张数字票据都是一段包含票据业务逻辑的程序代码及对应的票据数据信息，这些运行在区块链上的数字票据拥有独立的生命周期和自维护的业务处理能力，可支持票据承兑、背书转让、贴现、转贴现、兑付等一系列核心业务类型，各种业务规则可通过智能合约的方式实现。

2018 年 8 月，"浙商链融 2018 年度第一期企业应收账款资产支持票据"成功发行，它以企业在浙商银行应收款链平台上签发及承兑的应收账款为基础资产。据悉，这是国内首单区块链应收款 ABN。为了化解企业应收账款占比过高的难题，浙商银行基于区块链技术研发了应收款链平台，把企业的应收、应付账款转化为支付结算和融资工具。企业在应收款链平台上签发及承兑的应收账款，既可以作为购买商品或劳务等的交易对价支付给平台的其他用户，也可以通过转让或质押来获取资金，实现应收账款的无障碍流转或变现。

11.3.3　去中心化金融

去中心化金融（Decentralised Finance，DeFi）是指那些在开放的去中心化网络中发展出的各类金融领域的应用，其目标是建立一个多层面的金融系统，以区块链技术和加密数字货币为基础，重新创造并完善已有的金融体系。

目前，DeFi 项目已有数千个，除了支付、借贷、去中心化交易所、衍生品等几种类型，去中心化钱包、保险平台、预测市场、身份认证等都属于 DeFi 的范畴。我们可以看到一个全新行业的早期阶段，整个 DeFi 生态系统正处于蓬勃发展时期。

相比传统金融，DeFi 具备如下优势。

（1）更广泛的全球金融服务：DeFi 让任何人都可以通过互联网或智能手机获得金融服务。目前，传统金融领域对用户的门槛要求很高，在身份、财富和地域方面都有严格的把控。在 DeFi 体系中，金融公司的金牌交易员与偏远地区的人享受到的服务是没有区别的。

（2）经济实惠的跨境支付：DeFi 省去了昂贵的中介机构的费用，有效降低了国际汇款的成本。

（3）隐私性和安全性的提升：在 DeFi 体系中，由用户保管自己的财产，且无须中央机构验证就可进行安全交易。与此同时，在传统金融领域里，托管机构负责保管用户的财产和信息，一旦信息发生泄露，后果将不堪设想。

（4）交易的抗审查性：DeFi 确保交易是不可被更改的。区块链无法被中心化机构关闭。例如，在一些治理不善或政治因素不稳定的国家，人们可以使用 DeFi 来保护自己的财产。

（5）操作简单易懂：中心化机构的流程过于复杂烦琐，DeFi 可以为用户提供更为简单便捷的服务。

DeFi 的发展也存在诸多问题和瓶颈。一方面，DeFi 的发展受制于底层公链的性能。目前的 DeFi 项目主要搭建在以太坊网络之上，而以太坊的性能瓶颈比较突出，距离突破瓶颈还有较长的路要走，在这样的状况下，那些对性能要求较高的 DeFi 项目将处于比较尴尬的境地。另一方面，DeFi 项目相比传统金融产品，使用难度大很多，对用户的认知要求较高，这也在很大程度上影响了 DeFi 的发展速度。此外，DeFi 项目的安全性有待实践的验证，并需要不断积累用户信任。

第 *12* 章

区块链技术在支付清算中的应用

12.1 支付清算业务的发展与痛点

12.1.1 支付清算业务的演进历程

支付清算系统是金融市场基础设施的核心组成部分,是实现资金转移和结算的基础设施。一个完整的支付流程一般会涉及支付、清算、结算 3 个环节,如图 12-1 所示。其中,支付是指消费者、商户和收单机构参与的资金转移并产生资金转移指令的过程;清算是指金融机构之间产生支付参与方净额应收或应付款的过程;通过结算环节,完成金融机构备付资金账户的增减,最终完成支付流程。

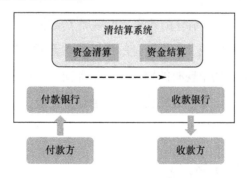

图 12-1　支付清算流程示意

支付清算业务对金融系统的稳定运行至关重要。高效的支付清算系统可以减少资金在金融体系中的沉淀,提高资金的使用效率,降低交易成本,促进金融市场健康发展。同时,支付清算业务也是金融风险管理的重要环节,通过清算可以及时发现和处理金融交易中的错误，降低金融风险。随着经济全球化的不断深入，支付清算业务的国际化也越来越重要。

支付清算系统的发展历程可以分为以下几个阶段。

（1）传统柜台时代：早期的支付清算主要通过银行柜台进行，客户需要亲自到银行提交支付指令，银行工作人员手动处理每笔交易，再通过纸质凭证进行清算。这种方式效率低下且容易出错，受交通条件和时间限制。

（2）电子化时代：20 世纪八九十年代，随着计算机技术的普及，支付清算开始电子化。银行开始使用电子系统处理交易，提高了处理速度和准确性。在这个阶段，电子银行和网上银行开始出现，客户可以通过自助设备进行支付。随着网络技术的发展，银行开始建立直接的电子通信网络，如 SWIFT 允许银行直接通信和清算，减少了中介机构的参与，提高了效率。

（3）网络化时代：21 世纪初，互联网的普及使得支付清算业务进入网络化时代。银行和第三方支付机构开始提供在线支付服务，客户可以通过计算机、手机等设备进行支付，支付清算变得更加便捷和快速。

（4）移动支付时代：近年来，移动支付技术的发展，特别是智能手机的普及，使得支付清算业务进入移动支付时代。人们可以通过各种移动支付应用，如支付宝、微信支付等进行支付，支付清算变得更加便捷和高效。

虽然技术进步让支付清算越来越便捷、高效和安全，但是在过去的几个世纪里，其本质和运行机制未发生根本变化。在这种模式中，必须有一个权威中央机构作为中心节点进行记录和清算。不同银行间进行资金转移，必须依赖一个中央清算机构，这个过程需要耗费大量时间和费用，影响了支付清算的效率，也增加了成本。

随着经济全球化进程的加速，货币资金的跨境流动无时无刻不在发生着。货币种类及监管政策等方面存在差异，基于现有的跨境支付结算交易流程和系统，资金跨境支付结算可能需要多个中间机构合作，才能最终构建汇款通道并完成支付结算，这是一个费时、费力、费金钱的过程。

12.1.2　现有支付清算模式的痛点

传统的支付清算，尤其是跨境支付，主要依靠支付机构之间通过协议，以及账户、备付金建立起来的信任链条，整个流程是链式结构的，从汇款人到收款人中间可能经过 N 个中间机构，依托这些机构建立的一对对的信任关系，将资金流传递下去，如图 12-2 所示。

这种模式受地域、时间、监管等因素影响巨大，导致信任链条建立的成本居高不下。支付交易信息要在多家银行机构间流转、处理，支付路径长，客户无法实时获知交易处理状态和资金动态，银行的对账、流动性管理等环节也推高了业务处理成本。总体来看，存在几大问题。

图 12-2　传统链式跨境支付流程

一是支付结算周期长。尽管随着技术的进步，支付清算速度已经大幅提升，但某些类型的交易，尤其是跨境交易，仍然需要较长的时间来完成。传统跨境支付业务需经过付款机构、付款清算行、清算组织、收款清算行、收款机构等多个环节，每个环节均需要对交易真实性、合规性进行审核，还需要进行清结算及对账，各个环节为串行状态，不能并行。因此，资金在途时间较长，跨境汇款从资金汇出到收妥可能需要 3～5 个工作日甚至更长时间。另外，由于时差问题，各国工作时间不一致，转账还会受营业时间限制。

二是交易费用高。支付服务提供商可能会收取一定的手续费，这些费用可能会增加交易成本，尤其对小额交易来说，费率相对较高。由于传统跨境支付业务需经过多个环节，各个环节均需收取一定的手续费，因此交易费用较高。以目前全球最大的国际支付和结算组织 SWIFT 为例，从美国汇款到中国，汇款手续费为汇款金额的千分之一，另外还需要承担货币兑换成本。据世界银行调查，目前的跨境支付综合成本约 7%，远高于境内支付结算费率。

三是支付和结算流程复杂。传统的支付结算平台要接入的金融机构数量太多，造成后续资金清分过程复杂冗长。跨境支付涉及货币转换、多个清算机构的参与和国际法规的遵守，可能会导致额外的处理时间和成本。

四是系统可靠性和安全性。尽管支付系统的安全等级在不断提升，但网络攻击、数据泄露和其他安全事件仍然是一种持续的威胁，可能导致资金损失和信誉损害。传统跨境支付模式经过的中间机构较多，客户信息在每个中间机构均有留存，存在信息泄露风险。不同国家法律及监管政策、技术水平、市场环境、信用等级差异较大，欺诈交易、持卡人拒付等风险较高。

五是过于依赖中心化机构。目前的支付清算系统仍然依赖中心化的处理机构，可能存在单点故障和安全风险。在跨境支付中，目前的绝大部分汇款都会通过 SWIFT 平台，但美国及其盟友占据了 SWIFT 董事会的大部分席位，在货币、组织和数据方面有绝对话语权。一旦国际形势发生变化，如境外通过 SWIFT 设置交易障碍，将对外贸行业和跨境支付业务产生较大影响。

12.2 区块链技术在支付清算中的解决方案

区块链技术提供了一种去中心化的支付清算解决方案。通过分布式账本技术，交易可以在无须中央权威机构介入的情况下进行记录和清算，这有可能彻底改变传统支付清算系统的运作方式。由于支付清算业务涉及多个参与方，存在安全性、隐私性，以及性能效率方面的问题，被业界认为是最适合使用区块链技术的行业之一。

12.2.1 基于区块链的支付清算系统

区块链技术如何重塑整个跨境支付流程呢？

实际上，跨境支付存在的问题主要是由当前的国际金融格局所决定的。目前，各国的金融机构是各自独立的典型的中心化机构，每个机构都有自己的账本且相互共享的数据有限。位于两个不同国家的主体要进行资金转移，需要双方收付机构之间按照传统跨境支付的链式业务流程，构建一个环环相扣的可信任支付结算路径。

而区块链应用的最大特点在于，利用分布式账本、数据不可篡改、可溯源等技术特性，实现资金流和信息流的共享和流转，快速建立汇款人和收款人的信任路径，如图 12-3 所示。在这种模式下，打破了传统跨境支付流程中链条式的信任建立机制，通过建立底层信任，实现基于共享账本的跨境支付模式。

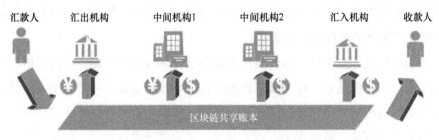

汇款时间：秒级到账

图 12-3 基于区块链共享账本式跨境支付流程

基于区块链的支付清算系统充分利用区块链分布式数据存储、点对点传输、共识机制等技术，加密共享交易信息，突破了原有国际支付的报文网络和底层技术，在区块链智能合约中实现了独特的支付业务逻辑。

中国人民银行或其指定机构系统建设和运维跨境支付平台，采用联盟链方式将商业银行、清算机构、监管机构、运维机构等连接成一个系统，每个机构拥有自己的节点。商业银行经审核加入节点，为其开户单位提供跨境支付服务，还可通过智能合约加载贸易合同等信息，清算机构提供资金清算服务，监管机构对资金流向、票据、单证等信息进行全程监管。

付款人通过商业银行发起支付业务，将相关凭证一并上传，所有参与方均收到支付信息，在进行合规等审核后，收款银行为收款方入账，资金可由清算机构同步全额清算或异步轧差净额清算。

对于人民币清算，商业银行间通过人民币跨境支付系统（Cross-border Interbank Payment System，CIPS）实现资金转移；对于跨币种清算，可由双边互相开立清算账户，实现双边本币清算，避免对美元的依赖及货币转换损失，同时，可运用双方货币互换协议的额度提供清算保障。

区块链技术将原来逐个节点确认传递的汇款模式，改为业务节点实时同步并行确认模式，提高了交易效率。在汇出端发起汇款的同时，所有参与方均收到该信息，在做完合规等所需的审核后，区块链上协同各方完成汇款交易。如果转账过程中出现问题，会实时反馈至汇款者。

区块链技术可以建立高效的点对点支付网络，实现点对点的直接支付，无须通过传统的中间机构，缩短了交易环节，从而大幅提高了支付效率，降低了交易成本。利用区块链技术可以实现全天候支付、即时收款、轻松取现，满足跨境电子商务支付结算服务的便捷需求。与传统需要数天甚至更长时间的清算周期相比，区块链技术解决了传统跨境支付方式清算时间长的问题，大幅提高了资金的使用效率。在跨境支付中，不再依托代理行、SWIFT 等第三方机构，从而降低了交易成本。

区块链的分布式账本技术保证了交易记录的不可篡改性，每笔交易都会被网络中的所有参与者共同验证，增强了交易的安全性。所有节点均参与记账，可促进多方信息共享和协同操作，增加跨境支付双方的信任度。

依托现有区块链的共识机制和智能合约，可支持跨境支付业务的可信开展。智能合约是区块链技术的重要组成部分，可以自动执行合同条款，从而在满足特定条件时自动完成支付，提高了支付的自动化程度，消除了跨境支付欺诈造成的跨境资金风险，从而低成本地建立全球一体化的基础跨境支付信任平台，改变跨境支付格局，推动全球经济融合发展。

区块链技术提供了一个透明的交易记录，每笔交易都可以被追踪和验证，有助于提高支付系统的透明度和可信度，帮助金融机构更好地进行反洗钱监控和合规性检查。可以在区块链上设置监管节点，及时获取监管数据，实现事前、事中、事后全过程的监管。

12.2.2 区块链技术对现有支付清算体系的影响

区块链技术不可避免地会对现有支付清算体系产生不同程度的影响，具体包括以下几个方面。

1. 对商业银行支付清算系统的影响

商业银行需要升级现有 IT 基础设施以支持区块链技术，包括购买新的硬件设备、开发或采用支持区块链的软件系统，将现有的支付清算系统与区块链平台进行整合，实现区块链系统与现有的支付、清算、结算和其他相关系统的无缝集成。

商业银行通过接入区块链跨境支付系统，在区块链平台上可快速完成参与方之间支付交易信息的可信共享，并在数秒内完成解付，实时查询交易处理状态，实时追踪资金动态。同时，银行可以实时销账，实时获知账户头寸信息，提高流动性管理效率。

2. 对中央银行支付清算系统的影响

区块链技术本身具有去中心化、去信任中介等特点，对现有的以中央银行为中心的集中支付清算系统将产生广泛的影响。

经过十几年的建设，我国已建成了成熟稳定的现代化支付清算系统。在此基础上，建设基于区块链技术的支付清算系统，可作为当前中央银行清算系统的有益补充，在提高资金清算效率的同时，进一步完善我国的支付系统体系。作为银行业监管机构，中央银行需要及时制定区块链支付清算的技术标准，以确保不同银行系统之间的互通性。

另外，区块链技术改变了支付系统的运作方式，可能会影响金融系统的稳定性，同时对现有的监管框架和监管机构的角色产生影响，中央银行需要评估这些变化对金融稳定性的潜在影响。

3. 对国际支付清算组织的影响

SWIFT 的诞生为银行提供了安全、可靠、快捷的结算服务，但需要收取费用。而基于区块链技术的跨境支付系统具有去中心化、去信任中介等特点，不存在中间节点，只收取很少的转账费用甚至免费。同时，基于区块链的跨境支付系统通常是 24 小时运行的，不受节假日等因素影响，不会出现资金延迟到账等现象。因此，区块链技术可能会与 SWIFT 形成潜在的竞争关系，从而在支付方式上影响客户的选择。

12.2.3　区块链在跨境支付中的应用情况

目前，国内外部分机构已将区块链技术用在跨境支付领域。

2017 年 3 月，招商银行应用区块链直联跨境支付技术，为前海蛇口自贸片区注册企业南海控股有限公司通过永隆银行向其在香港同名账户进行跨境支付，标志着国内首个区块链跨境领域项目成功落地应用。

2018 年 6 月，蚂蚁金服在香港上线基于区块链的电子钱包跨境汇款服务，AlipayHK 的用户可以通过区块链技术向菲律宾钱包 Gcash 汇款。第一笔汇款仅耗时 3 秒。

2018 年 8 月，中国银行通过区块链跨境支付系统，成功完成雄安与韩国首尔两地客户的美元国际汇款，这是国内商业银行首笔应用自主研发的区块链支付系统完成的国际汇款业务。

2019 年 6 月，VISA 推出基于区块链的跨境支付网络 VISA B2B Connect，通过支持银行间的直接交易为全球金融机构跨境支付提供便利。

2021 年 4 月，中国建设银行推出了基于区块链等金融科技新技术的"跨境易支付"平台，实现了完整的数字资产、支付指令、实体资金、会计核算的闭环，实现了端到端跨境支付全流程服务优化，支持多币种、多地区、多机构接入。

12.3　案例分析：瑞波币与瑞波支付系统

Ripple（瑞波）支付网络是全球第一个开放的可以对多种货币进行转账的分布式支付网络（平台），由美国旧金山数字支付公司 Ripple Labs 研发，目的是提供一个更高效、便宜的跨境支付解决方案，同时减少对传统金融系统中银行和其他中介机构的依赖。Ripple Labs 于 2013 年 3 月推出了 Ripple 支付协议，并发行了原生代币瑞波币（XRP），从 2014 年 4 月开始交易。截至 2020 年，已有 60 多个国家和 850 多家银行或机构使用 Ripple 支付网络。

Ripple 支付网络是一个基于区块链的开放式支付清算网络，以 RTXP（支付协议）为基础，具有去中心化的特点。通过这个支付网络可以转账包括人民币、美元、欧元，甚至比特币在内的多种货币，支付简便、易行、快捷，交易速度快、费用低，可以让银行的国际支付成本降低 33%，并且可以在几秒内完成交易。

12.3.1　Ripple 支付网络的运行方案

Ripple 是一个开放的支付网络，由 Ripple Labs 进行维护，通过两项关键措施——XRP

（瑞波币）和 Gateway（网关），有效地解决了信任问题，让支付网络功能更加完善。Ripple 支付网络由以下 4 个关键部分组成。

1. RTXP（支付协议）

RTXP（支付协议）是 Ripple 支付网络的基础，它允许货币兑换和转账，允许用户使用 Ripple 网络发送和接收不同类型的货币，从而提供更好的灵活性和便利性。该协议与 SMTP（邮件传输协议）相似，其成功构建了一个去中心化的支付清算网络，将相关机构和个人节点连接到网络中，所有节点之间实现"点对点"资金转移和信息交流，以达到方便、快捷的效果。

RTXP 能够与其他支付系统无缝集成，包括传统的银行支付系统。这让银行和支付服务提供商能够使用 Ripple 来简化跨境支付流程，并减少相关的成本和时间。

RTXP 运行在一个去中心化的网络上，这意味着没有单一的中央权威机构控制该网络，提高了网络的抗审查性和可靠性。

2. XRP（瑞波币）

XRP 是 Ripple 协议的本地数字代币，用于促进交易和作为网络中的一种桥梁货币，帮助在不同货币之间进行快速和低成本交易。XRP 虽然是数字货币，但与比特币等数字货币不同的是，它主要是为了满足 Ripple 支付网络媒介货币、保护网络安全需求而发行的货币。XRP 的媒介货币功能是指当无法找到合适的市商完成交易时，交易双方可以将 XRP 作为媒介进行交易，因为 XRP 无交易费用，同时作为 Ripple 支付网络中唯一的原生货币，在该网络中没有交易风险。

3. Ripple 共识算法

Ripple 共识算法（Ripple Protocol Consensus Algorithm，RPCA）是一种独特的共识机制，它使得 Ripple 支付网络能够在几秒内确认交易，而不需要像比特币那样的能源密集型挖矿过程。RPCA 通过一系列信任节点来验证交易，这些节点在网络中达成共识，从而确保交易的有效性和安全性。

4. 做市商机制

Ripple 支付网络中的做市商（Authorized Liquidity Maker）机制是该网络的一个关键组成部分。做市商在 Ripple 支付网络中扮演着桥梁的角色，它促进了货币之间的快速兑换和提供流动性，帮助用户在不同货币之间进行兑换。通过做市商机制，Ripple 支付网络实现了资金的转移，当发生交易时，通过系统自动选择报价最优的市商，达到转账成本最小化的目的。做市商通过买卖货币来赚取差价，同时也为网络提供了必要的流动性。Ripple 支付网络中有很多市商，可以有效防止 Funds Exchange Provider（单一货币兑换服务商）的出现。

Ripple 支付网络中的做市商维护着一个订单簿，列出了他们愿意买卖的货币及相应的汇率。当用户想要兑换货币时，他们可以查看做市商的订单簿，找到最佳的汇率。当用户发起兑换请求时，Ripple 支付网络会自动找到最佳的做市商来完成交易。用户将他们的货币发送给做市商，做市商则以用户想要兑换的货币类型进行支付。在某些情况下，做市商可能会将 XRP 作为桥梁货币来完成交易。例如，如果用户想将美元兑换成欧元，做市商可能会先将美元兑换成 XRP，再将 XRP 兑换成欧元。做市商通过提供不同货币的流动性，确保了 Ripple 支付网络中的交易可以快速完成。

Ripple 支付网络的一个重要特点是具备互操作性，这意味着它能够与其他支付系统无缝集成，包括传统的银行支付系统。这对金融机构特别有吸引力，因为它们可以使用 Ripple 支付网络来简化跨境支付流程，并减少相关的成本和时间。Ripple 与全球多家银行和金融机构建立了合作伙伴关系，这些机构使用 Ripple 的技术来提高跨境支付的效率和降低成本。

依托 Ripple 支付网络，所有跨境收付款人的信息都可以通过 Ripple 支付网络提供的基础网络建立信任，实现支付和资金清结算，如图 12-4 所示。Ripple 支付网络支持高效跨境汇款，在节省时间的同时也大幅降低了成本。

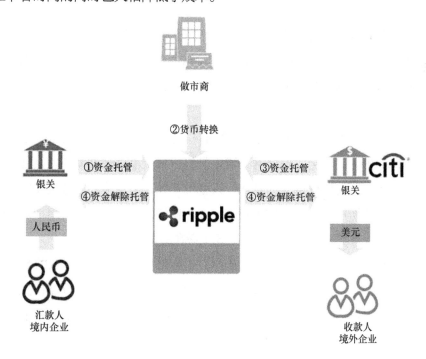

图 12-4　基于 Ripple 支付网络的区块链跨境支付流程

12.3.2 Ripple 支付网络的实际应用

Ripple 支付网络系统主要包括 xCurrent、xRapid 和 xVia 3 种服务，其中，xCurrent 为用户提供跨境支付即时结算服务，以及任何一种货币和所有货币之间的互操作性，xRapid 通过 XRP 提供流动性保证，提高转账的速度和可信度，xVia 是一个基于 API 标准化的接口，允许银行和其他金融服务提供商在同一个结构内进行交互，而无须依赖多支付网络集成，简化了支付流程。这 3 种服务共同构成了 Ripple 支付网络强大的功能，旨在提高跨境支付的效率并降低成本，为银行和其他金融机构提供更高效、经济的解决方案。

Ripple 支付网络主要为银行和个人两类客户提供支付服务。

Ripple 支付网络为银行提供技术服务，主要包括底层协议和汇款技术。

银行直接通过 Ripple 支付网络实现资金转移，在这个过程中，银行相当于 Ripple 的网关，银行的客户感受不到任何影响，在实际业务办理中，银行的客户可以选择 SWIFT 或 Ripple 进行汇款，由于 Ripple 跨境转账成本低廉，在一定程度上对 SWIFT 有替代作用。目前，Ripple 已经和众多全球性银行建立了合作关系，如美国银行、渣打银行、加拿大皇家银行等，我国的上海华瑞银行也与 Ripple 进行合作，通过 Ripple 支付网络为留学生提供外币汇划服务。

个人用户使用 Ripple 支付网络进行转账包括如下操作步骤。

（1）注册账户：用户需要先在 Ripple 支付网络中创建一个账户，注册时需要设置钱包的账户和密码，Ripple 钱包注册不需要进行实名验证，在注册时会生成私钥，可以用来恢复账户。

（2）选择信任网关并设置信任线。在 Ripple 支付网络中，网关是资金进出网络的关口，能够有效保证资金的安全，信任网关可以是银行、货币兑换商或任何其他提供货币服务的实体。用户可以通过信任网关为其账户设置信任线，指定他们愿意接受哪些货币或资产，并为特定货币或资产设置一种信用额度。通过信任网关和信任线，用户可以设置他们的账户可以接受的货币类型和金额，从而降低了潜在的欺诈风险。

（3）发送交易：用户可以通过 Ripple 网络发送货币。如果发送的是 XRP，交易会直接通过 Ripple 支付网络进行。如果涉及其他货币，XRP 可能会被用作中介货币来完成交易。

（4）交易验证：Ripple 支付网络中的节点会用 RPCA 来验证交易，确保其有效性和安全性。

（5）交易确认：一旦交易被验证，它就会被网络中的其他节点确认，并在账户之间进行结算。

相比现有的跨境支付方案，Ripple 支付网络具备如下特点。

（1）解决了跨境支付信任建立难的痛点。Ripple 支付网络利用区块链技术的去中心化特性，通过数字加密和分布式共识机制，在各个参与节点之间建立信用关系，形成去中心化的可信任的分布式网络，减少了跨境支付中信任建立难和成本高的问题。Ripple 支付网络上的交易是可追踪的，提供了更好的交易透明度和审计能力。

（2）提升业务效率并降低成本。Ripple 支付网络通过其庞大的去中心化网络实现了多节点间的合作协同，优化了跨境支付的效率。Ripple 允许直接进行点对点支付，减少了传统跨境支付中可能涉及的中介、银行环节。此外，Ripple 的统一支付网络能够快速、智能地构建支付路径，从而以较低的成本快速完成跨境支付，实现了业务效率的提升和成本的降低。Ripple 的交易确认时间非常短，通常只需几秒，这与传统跨境支付可能需要几天相比，大幅提高了支付速度。Ripple 的交易费用相对较低，尤其针对大额交易，可以显著降低跨境支付的成本。

（3）融入现有的金融支付结算体系。Ripple 通过其不同的产品（如 xCurrent、xRapid 和 xVia）实现了不同货币和不同金融系统之间的互操作性，兼容现有金融支付结算体系。Ripple 在技术实现上做出了一定的妥协，以适应金融行业的实际业务和监管需求。例如，xCurrent 支付模式不使用代币，减少了金融机构对货币脱媒的担忧。同时，Ripple 支付网络也提供了满足反洗钱和反欺诈等监管要求的功能，确保基于区块链的支付结算在监管方面与现行支付方式一致。

（4）提供端到端的跨境支付解决方案。Ripple 为金融机构提供了端到端的跨境支付解决方案，不仅包括基于区块链的支付网络，还开发了专有的软件套件，让金融机构能够轻松接入和使用 Ripple 支付网络。这种"开箱即用"的功能极大地降低了金融机构开展基于区块链的跨境支付业务的门槛。

第 *13* 章

区块链技术在征信中的应用

13.1 征信业务的发展与痛点

13.1.1 征信业务的发展背景

征信一词出自《左传·昭公八年》中的"君子之言，信而有征，故怨远于其身"。在现代社会，征信指的是专业化的、独立的第三方机构依法采集、整理、保存、加工自然人、法人及其他组织的信用信息，包括自然人信息、企业信息、银行信贷数据等，为个人或企业建立信用档案，依法采集、客观记录其信用信息，并依法对外提供信用报告、信用评估、信用信息咨询等信用信息服务，帮助客户判断、控制信用风险，进行信用管理的活动。

信用是现代市场经济的生命。征信体系不仅影响个人和企业，对整个国家的经济体系来说，都是非常重要的一环。对企业，尤其是中小企业来说，征信体系是否完备直接关系到其融资状况，也关系到金融机构的成本与风险，乃至社会总体效益。

中国的银行征信业务可以追溯到 20 世纪 80 年代末和 90 年代初，当时中国金融市场逐渐开放，需要建立一套可靠的信用评估体系。我国的征信体系是由中国人民银行主导建立的，采用非营利、非市场化的模式运作。1992 年，中国人民银行下发了《关于加强个人信用档案工作的通知》，提出在全国范围内建立个人信用档案制度。

2000 年，中国人民银行发布了《关于开展个人信用历史信息服务试点工作的通知》，从试点开始逐步推广银行征信系统。

2006 年，中国人民银行正式颁布实施《中国个人信用信息基础数据库管理办法》。

该办法规定了征信机构的注册和监管要求，以及对信用信息的收集、处理和使用等方面的规定。

2006 年 3 月，中国人民银行成立了征信中心，负责维护和管理全国个人信用信息基础数据库。

2013 年 1 月，国务院颁布了《征信业管理条例》，随后，中国人民银行配套出台了《征信机构管理办法》《企业征信机构备案管理办法》《征信投诉办理规程》等一系列制度及行业标准。之后，我国企业征信的市场化得到较快发展。

2015 年，中国人民银行修订完善了《中国个人信用信息基础数据库管理办法》，进一步明确了征信机构的职责和义务，加强了个人信息保护。

2018 年，中国人民银行发布了《关于规范金融信用信息基础数据库管理工作若干问题的通知》，对银行征信业务进行了更为细致的规定和监管。

2018 年 5 月，百行征信在中国人民银行的监管和指导下正式成立，成为我国唯一一家获得个人征信牌照的市场化机构，个人征信市场化进程加速。

总体来说，我国征信体系在 30 余年的发展中，经历了试点、推广、制度化和完善的过程，成为一项重要的金融基础设施，为金融机构提供了可靠的信用评估工具，也为消费者提供了保护个人信用权益的途径。

13.1.2 征信业务的运行模式

我国目前的征信模式可分为 3 种。

第一种是以中央银行征信系统为中心的征信模式，其数据主要来自银行、证券公司、保险公司等金融机构，权威性高但存在数据不全面、更新不及时等缺陷。

中国人民银行征信系统主要通过商业银行及中国人民银行两条主线，依次从全国总行、省级分行、地方支行、营业网点 4 级体系进行信用信息征集，如图 13-1 所示。公共征信模式具有覆盖面全、数据质量高、有利于个人隐私保护的优点，但公共征信系统搭建耗费较大、运作效率较低、产品丰富度较差。

中国人民银行征信中心于 2006 年 3 月成立，作为央行直属事业单位专门负责企业和个人征信系统的建设、运行和维护。中国人民银行征信中心采集的信息覆盖个人贷款、信用卡、担保等信贷信息，以及个人住房公积金缴存信息、社会保险缴存和发放信息、车辆交易和抵押信息、法院判决和执行信息、税务信息、电信信息、个人低保救助信息、职业资格和奖惩信息等公共信息，涉及数据超过 80 项。基于上述数据，中国人民银行征信中心提供个人信用报告、个人信用提示和个人信用概要等产品服务。

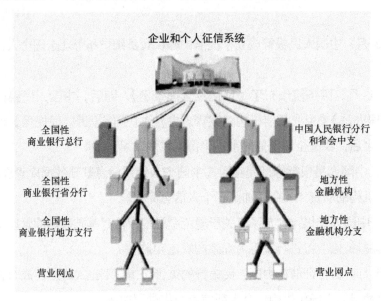

图 13-1　中国人民银行征信系统层级

第二种是以各互联网公司信用评分为代表的征信模式。互联网平台收集的征信数据主要包括：公开的政务信息，如工商注册信息、行政处罚、法院被执行、行政许可、商标和专利、联合惩戒"红黑名单"等；用户在互联网平台上的注册信息、消费行为、支付行为、消费金融还贷信息等。这些数据通过挖掘后可以从更多维度评估用户征信情况，具有一定的参考价值，但是散落在互联网上的数据存在信息杂乱、信用评估不全面等缺陷。

第三种是第三方征信机构模式，其数据主要来自第三方机构外部采集，并且使用特殊的信用模型对所收集的信息进行加工、整理，使用特定的模型得出主体信用情况，然后向授信机构提供服务。目前，国内采用第三方征信模式的主要是 2015 年批筹的 8 家个人征信公司。

征信机构的征信工作主要包括如下流程。

（1）客户信息采集：征信机构会收集客户的各类信息，包括但不限于基本信息、财务信息、经营状况等。数据一般来源为已公开信息、征信机构内部存档资料、授信机构提供的信息、被征信人主动提供的信息等。在收集完客户的信息后，征信机构一般还会进行更深入的调查，对收集的信息进行验证，以确保其准确性和真实性。

（2）信息整理与分析：通过算法和模型，征信机构会对信息进行整理与分析，以评估客户的信用状况、还款能力、违约风险等。只有经过科学分析加工的数据，才能成为具有参考价值的征信数据。

（3）信用评分：通过风险评估，征信机构可以给出客户的信用评分，帮助金融机构和其他机构判断是否应该接受客户的申请。信用评分是征信活动中最核心的环节，它运用先进的数据挖掘技术和统计分析方法，通过对企业或个人的基本概况、信用历史记录、行为记录、交易记录等大量数据进行系统分析，挖掘数据中蕴含的行为模式和信用特征，捕捉历史信息和未来信息表现之间的关系，以信用评分的形式对企业或个人未来的某种信用表现做出综合评估。

（4）信用报告输出：征信机构在完成数据采集后，根据收集到的数据和分析结果，加以综合整理，最终形成信用报告。征信机构会将客户的信用报告发送给金融机构或其他机构，帮助它们做出信贷决策。客户也可以要求查看自己的信用报告，以了解自己的信用状况，并及时纠正错误。征信机构在生成信用报告时，需要贯彻客观性、全面性、隐私和商业秘密保护的原则。

当企业或个人需要贷款融资时，向金融机构发起贷款申请，需要向金融机构提供基本信息，金融机构在收到贷款申请后，通过征信服务机构查询企业或个人的信用数据。金融机构根据收到的信用数据，以及贷款申请时提交的相关资料进行信用等级评估，并给出放贷建议。在银行同意放款后，双方签订贷款合同，贷款情况及反馈信息数据会同步分享至中国人民银行征信中心等相关机构。整个过程如图 13-2 所示。

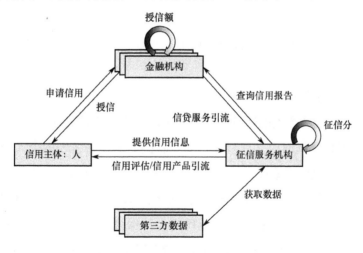

图 13-2 征信机构提供征信服务的过程

13.1.3 征信业务的发展痛点

经过 30 多年的建设，中国征信行业形成了中国人民银行征信中心、以百行征信为代表的第三方征信机构、以互联网公司为代表的大数据征信机构三大体系。在这种中心化的征信体系下，主要信息来源为金融中介机构，这样的信息传输模式导致了信息缺乏共享，数据孤岛现象严重等问题。随着大数据时代的来临，用户对个人隐私和个人信息重要程度的意识在不断加强，征信行业面临新的挑战。

第一，征信数据来源不全，数据质量难以保证。

目前，银行只能从自身的系统中获取客户的贷款、信用卡等数据，不能获取客户在其他金融机构的借贷信息。基于个人信息泄露、虚假信息填报等原因，征信数据的真实性难以保证。银行需要花费大量时间和资源来审核数据的准确性，同时还要防范恶意攻击和数据篡改等风险。这导致了无法完整地评估客户的信用状况，增加了风险。

大数据可以为征信大数据的存储、处理等提供技术支撑，但征信数据涉及用户隐私、商业机密等，行业间的数据壁垒严重，尚未建立信用信息共享机制。另外，还有大量互联网金融机构的征信数据未加入中国人民银行征信系统，如果违约人员或企业通过其他金融渠道融资，无疑将增加网络借贷者的投机和信用风险。

第二，缺乏共享机制，信息孤岛现象严重。

现阶段企业和个人的信用信息分散在各个机构，如政府、银行、法院、互联网公司等，缺乏统一的行业监管标准，导致征信机构间存在一定的竞争和合规性问题。不同金融机构使用的征信系统不同，数据格式和接口也不一致，数据之间无法互通、缺乏共享，导致大量数据无效沉淀，形成一个个"数据孤岛"，金融机构无法有效判断客户的征信信息。征信机构与用户信息不对称。征信机构不能直接读取原生数据，无法保障信用评价的准确性。

第三，数据采集耗费成本高。

信用数据涉及企业和个人的切身利益，无法通过传统数据交易平台交换共享，导致正规市场化采集信用数据渠道极其有限。目前，我国尚未出台统一的个人征信信息采集标准。大部分企业征信机构采取以"政府部门共享+征信机构或数据服务商购买"为主，以"数据采集技术"从互联网主动抓取征信数据为辅的信息采集方式，但网络抓取和购买的信息质量参差不齐，信息容易被篡改，准确性无法保证，而且面临潜在的合规和法律风险。征信机构在收集、处理和存储数据的过程中耗费了大量人力、物力资源，显著增加了信息采集成本。

第四，无法保障数据安全。

征信数据涉及大量敏感、机密的个人信息，信息泄露将造成恶劣的社会影响甚至严重的法律后果。一些机构和个人非法爬取、使用和出售个人隐私数据，严重侵害了公民的合法权益。在数据产权保护制度不够明确的情况下，商业机构对外共享数据可能造成商业信息泄露，甚至存在法律风险。传统征信系统技术架构对用户的关注度较低，并没有从技术底层保证用户的数据主权，难以满足数据隐私保护的新要求。

13.2　基于区块链技术的征信模式

13.2.1　区块链征信解决方案

在现实生活中，信任问题主要是通过第三方中介服务机构提供信任背书来解决的，这种体系结构的中心化程度很高，征信机构作为中心化节点面临着很大的数据整合压力，且对数据服务商缺乏有效的激励机制，不利于征信数据共享和数据安全管理。

针对传统征信行业现状与痛点，区块链可以应用在征信的数据共享交易领域，在取得用户授权的情况下，实现金融机构间征信数据共享，在提高征信数据可信度的同时降低征信成本，可以在有效保护数据隐私的基础上实现有限度、可管控的信用数据共享及验证。基于区块链技术的征信平台架构如图 13-3 所示。

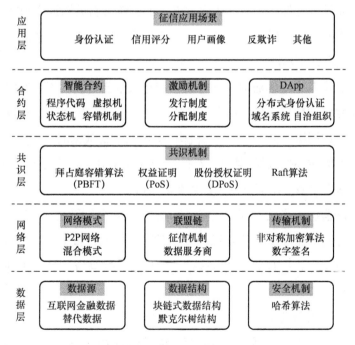

图 13-3　基于区块链技术的征信平台架构

在数据层，将企业或个人的征信数据写入区块链的区块中。利用哈希算法可以将任意一条征信业务数据压缩成哈希值，每条征信业务数据被记录在默克尔树的叶节点上，两两配对向上进行哈希运算，直到区块头的默克尔根。通过默克尔根就可以追溯到每笔交易的详情。为了保障征信数据的隐私安全，需要对区块链上的信息加密存储，还可以采用零知识证明、同态加密等技术对数据进一步加密和保护。

区块链的非对称加密算法可以实现征信业务中的用户身份验证和个人信息保护。各节点保存各自的私钥，用私钥对归属于自己的数据进行解密。机构在查询征信数据时，事务操作的发起方和接收方各有一对公钥和私钥，并保管自己的私钥，将公钥告诉对方。发起方在发送信息时，用接收方的公钥将信息加密，信息以密文的形式在网络中传输，接收方在收到信息后，用自己的私钥解密信息，保障了数据的隐私性和安全性。

在网络层，考虑到征信数据的重要性，可采用联盟链形式搭建征信信息共享和交易平台，节点只有经过联盟许可才能加入网络。在联盟链中，信息主体、信息需求方、信息提供方、征信机构和监管部门都可注册成为区块链节点。

平台主要的共享交易模式有两种：一是征信机构之间共享部分用户信用数据，二是征信机构从其他机构获取用户信用数据并形成相应信用产品。图 13-4 所示为征信机构共享数据模式。

参与各方把原始数据保存到自己的数据库，把少量常引数据提交到区块链网络进行保存，当有查询请求时，可通过区块链转发到原始数据提供方查询。这样，参与各方既可以查询到海量外部数据，又不泄露自身核心业务数据。

当某个用户 C 向其上级的数据服务商 A 授权个人信息时，利用该数据服务商的公钥加密信息，只有被授权的数据服务商能用其私钥解密该信息，其他数据服务商无法获取该用户的个人信息。当数据服务商 A 向征信机构 B 传输信贷数据时，利用 A 的公钥加密信息，即可对征信机构 B 实现数据共享。在信息传输过程中，数据服务商 A 和征信机构 B 的私钥均不在网络上暴露，从而降低了信息泄露风险。

在共识层，联盟链大多采用拜占庭容错算法和权益证明算法。其中，拜占庭容错算法及其相应的变种容错率在 33%，只要恶意节点不超过 33%，整个区块链网络就可以正常运转。在权益证明算法中，所有节点进行权益（如代币、数据资产等）比拼，拥有权益最多的账户获得记账权。

在合约层，为了引导数据服务商积极参与数据共享，可以通过智能合约构建自动化和公平化的激励机制，对贡献数据资源多的节点给予更多奖励。数据服务商作为节点将信用数据上传至区块链系统，当其他节点查询和获取该数据时，利用智能合约自动触发对数据所有者的激励，从而鼓励各节点积极更新和共享数据，使征信数据真正成为一项产权清晰、价值明确的资产。智能合约还可以用来自动审核和处理某些信用申请，如自动核对借款人的信誉和收入记录，自动执行还款计划等。

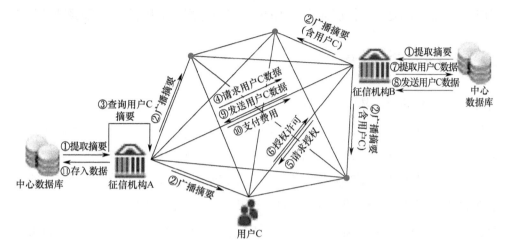

(a) 征信机构之间共享部分用户信用数据

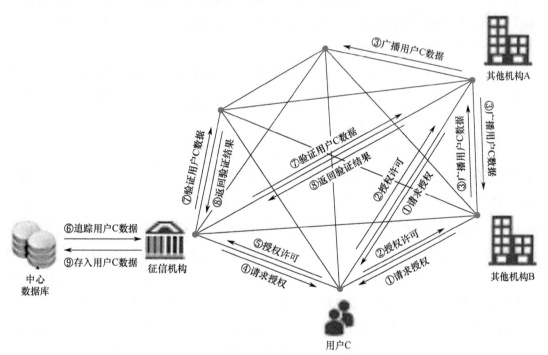

(b) 征信机构从其他机构获取用户信用数据

图 13-4　征信机构共享数据模式

　　在应用层，可以通过分布式应用（DApp）和应用程序接口（API）实现征信服务良好的可扩展性。征信领域的各种产品和服务，如身份认证、信用评分、用户画像、反欺诈服务等，都可作为 DApp 封装在区块链的应用层，服务于多元化的征信应用场景。信用服务机构还可以通过 API 接口快速开发各种区块链应用，灵活地将自己的应用程序接入区块链，实现信用服务的复用，扩展征信产品的应用范围，提升信用服务资源的利用率。

13.2.2　区块链征信的优势

相比传统征信系统，基于区块链的征信体系具有如下显著优势。

（1）有利于提升征信数据的可信度，助力构建信用社会。征信的核心价值在于数据的全面、真实、准确与客观。银行征信业务中存在着大量欺诈行为，如虚假申请、身份冒用等，传统存储技术和大数据存储技术都无法确保数据的真实可信。区块链技术中的默克尔树结构结合哈希算法可以快速验证信用数据的真实性，保证征信信息是真实可信的。区块链的可追溯性使得数据从采集、交易、流动及计算分析的每一步记录都在区块链上，并且不可篡改和伪造，让数据的质量获得前所未有的强信任背书，也保证了数据分析结果的正确性和可信度。区块链技术的应用可以从信用风险源头加以控制，并且可以追踪和验证交易，从而增强金融机构的反欺诈能力。

（2）有助于打破行业间的数据壁垒，实现数据共享。传统上，不同的金融机构通常都有自己的客户征信数据库，彼此之间缺乏数据共享，容易造成信息孤岛和重复查询。区块链公开透明、不可篡改、不可伪造和可追溯等特性能够保障数据安全、保护信息主体隐私，有利于消除企业的顾虑，促进企业间实现数据共享，构建信用信息共享平台。通过数据共享可有效增加征信覆盖率和数据维度，让征信机构、银行、小贷公司、融资租赁等机构可以更全面地了解客户信用，提高信用评估的准确性和效率。

（3）有利于实现数据确权，保证信息主体的权利。随着大数据技术的发展，数据的资产属性越来越突出，数据的价值不断被开发和利用，征信数据包含大量个人隐私和企业商业秘密，数据确权问题极为重要。中国人民银行 2022 年 1 月施行的《征信业务管理办法》规定了对个人信息主体同意权和知情权的保护。数据具有可无限复制的特性，征信数据确权是数据交易和数据共享的前提。采集和使用征信数据必须获得信息主体的明确授权。在区块链征信系统中，信息主体通过私钥进行签名授权，信息使用方通过公钥解密验证签名，实现了数据使用授权和用户身份信任。征信数据通过复制进行传递，传递过程均在区块链上有记录，其记录机制使数据可防篡改、防伪造，通过时间戳可以追溯数据流动痕迹，有助于保护信息主体的隐私安全和数据权利。

当然，区块链在征信领域的应用目前尚处于探索阶段，也面临着诸多问题和挑战。区块链技术本身仍处于发展的初级阶段，存在很多技术瓶颈，如共识机制的选择标准、智能合约的安全性、交易数据的隐私保护等，且技术研发难度较大，需要投入大量的时间和经济成本。此外，区块链去中心化的特性增加了金融监管的难度，对金融监管的针对性形成了更大的挑战。

13.3　案例分析：珠三角征信链

2021 年以来，中国人民银行依托区块链、大数据技术，积极指导地方征信平台和市场化征信机构，先后在长三角、珠三角、京津冀地区试点建立"征信链"，建成"长三角征信链""珠三角征信链""京津冀征信链" 3 个区域性的征信联盟链，实现跨区域、跨系统、多维度企业信用信息共享互通。

其中，珠三角征信链由中国人民银行牵头发起，广东省政府相关部门、广州地区国有银行、股份制银行等金融机构，以及金蝶征信、百行征信等 8 家珠三角地区重点征信机构共同建设的，以"粤信融"征信平台为依托，基于区块链技术，连接征信服务各方，整合征信机构的数据资源和服务能力，以及地方征信平台的数据资源和大数据处理能力，向查询机构提供全方位、多维度的征信服务，实现了跨区域、跨系统、多维度企业信用信息共享互通，推动了珠三角区域内征信基础设施互联互通，助推区域经济一体化。

珠三角征信链应用平台架构如图 13-5 所示，结合区块链底链、智能合约、加密技术，依托"粤信融"征信平台，对各节点应用统一规划、分层设计，支持业务相关方的各类节点和业务上链，有效实现征信服务供需各方的业务流程高效联动，同时保护了业务隐私安全。

珠三角征信链以成熟先进、国产自主的 FISCO BCOS 为底链，构建应用平台。FISCO BCOS 支持国产密码学算法，集成了国密加解密、签名、验签、哈希算法、国密 SSL 通信协议，对上链交换的隐私数据加密保护，构建了覆盖身份与信任管理、访问控制、机密性、完整性、安全审计的安全体系，满足系统安全性的要求。

珠三角征信链的 FISCO BCOS 区块链规划部署，支持在线配置共识节点、观察节点，可灵活根据实际情况（如各上链节点的网络、服务器稳定程度），选取可靠稳定的节点作为共识节点，持续优化区块链整体共识性能。

为了适应不同机构的技术、业务情况，以及地方征信平台的规划和管理模式，珠三角征信链支持机构以多种方式接入，便于业务拓展。既支持机构在本地部署节点直联上链，也支持机构经由地方征信平台节点代理接入。对于节点直联接入的机构，支持两种业务模式：终端模式、接口模式。前者提供操作界面，接入速度快，但服务输出方式受限；后者需要机构自行开发，可拓展结构化数据服务。

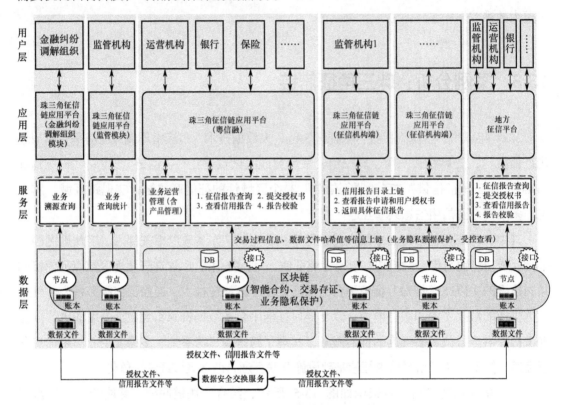

图 13-5　珠三角征信链应用平台架构

珠三角征信链的设计，主要支持以下几类节点上链，如图 13-6 所示。

（1）广东省内金融机构节点：基于"粤信融"征信平台和网络基础，部署面向金融机构和运营机构用户服务的珠三角征信链应用平台核心应用。

（2）征信机构节点：部署面向征信机构用户服务节点应用，支持征信机构上链提供征信服务。

（3）地方征信平台节点：部署面向外省征信平台用户服务节点应用。广东省外的金融机构和征信机构可通过本地征信平台，实现珠三角征信链相关业务办理。

（4）监管机构节点：部署面向监管机构用户服务节点应用，支持业务监管。

（5）纠纷调解机构节点：部署面向金融纠纷调解机构用户服务节点应用，支持业务查询与溯源。

珠三角征信链通过区块链技术，连接征信服务各方，有效整合了各征信机构、地方征信平台的数据资源和大数据处理、信息服务能力，链上产品向查询机构输出全方位、多维度的征信服务。通过建立信用信息共享机制，中国人民银行发起的征信链已涵盖了基本信息、经营信息、增信信息、警示信息及资产信息在内的多元信息。各地方征信平台经中国人民银行分支机构、地方政府协调，可对接本区域的一些政府部门数据资源（如工商、发改、税务、公积金、社保），公用事业数据（如水、电、气）等。各征信机构可通过自有渠道获取数据资源（如舆情、商誉访谈、企业财务数据）或实地考察获取第一手信息。

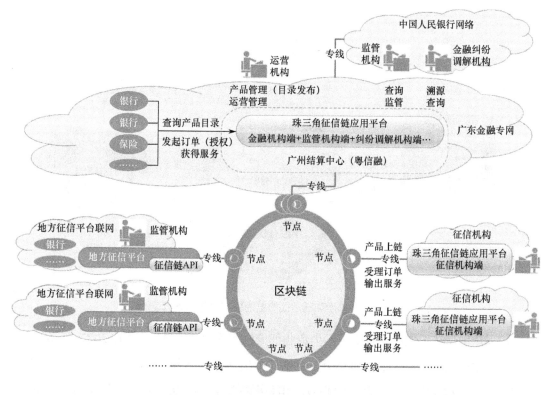

图 13-6　珠三角征信链支持的各类节点

珠三角征信链应用平台通过对不同类型的信用信息进行深度挖掘，推出 3 个系列产品，"链通""链融"和"链服"，满足金融机构差异化的业务需求，提升信用报告的针对性和吸引力。其中，"链通"为通用版产品，信息采集自企业工商登记、司法等公开信息，不需要企业授权；"链融"主要由多个征信机构共同提供信用信息，再融合形成标准信用报告；"链服"由各征信机构根据自身特色数据，辅以其他类别的信用信息，经过深度加工，为金融机构提供更加精准的信用报告。

通过珠三角征信链应用平台，链上的查询机构可自主向征信机构发起订单，由征信机构接单并提供服务，如图 13-7 所示。不同地区、不同规模的上链机构，均能在链上发起或受理业务。对于链上发生的每笔信息，包括发起、交易、记录、查询等，珠三角征信链都会进行记录和存证，该记录连续、完整、可验证、不可篡改、不可抵赖、可溯源。同时，珠三角征信链支持数据上链方对部分上链数据信息进行加密，只有有权使用该部分数据的业务相关方才能解密查看，保障业务数据的隐私安全。监管机构可通过 FISCO BCOS 底链上的监管节点获取业务流程信息，进行查询和监管。

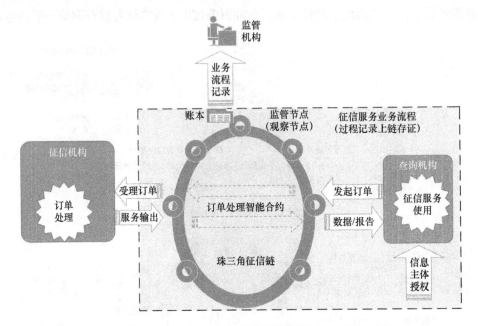

图 13-7 基于珠三角征信链的征信服务业务流程

珠三角征信链上线后，吸引了不少企业征信机构签约"上链"，截至 2022 年 5 月 31 日，珠三角征信链上链节点共 11 个，包括"粤信融"、百行征信在内的 8 个征信机构节点，以及政府数据源节点、监督中心节点和金融纠纷调解机构节点。上链企业 227.64 万家，上链信用信息 5908.16 万条，为 207 家金融机构开立查询用户 1.47 万个，累计上链授权 9.77 万笔。金融机构依托珠三角征信链应用平台，累计授信超过 5.23 万户，金额达 3233.48 亿元，帮助银行更全面、精准地掌握中小微企业信用信息。

第 *14* 章

区块链技术在供应链金融中的应用

14.1 供应链金融业务的发展与痛点

供应链金融是产业和金融结合的模式创新，可以将核心企业的信用、供应商的应收账款、库存商品等资产进行整合，使之成为金融机构可以接受的抵押或担保物，从而为供应链上的中小企业提供融资，提升整个供应链的运营效率，为实体经济特别是中小企业的发展提供了强有力的支撑。

传统的供应链金融业务高度依赖人工审核，劳动力成本高、欺诈风险高，金融服务难以触达距离核心企业较远的中小企业。区块链技术可以大幅降低人工成本，提高交易审核的安全性和透明度，打破供应链信息孤岛，加快资金在整个供应链的贯穿流通。

14.1.1 供应链金融产生的背景

随着社会化生产方式的不断发展，企业之间的分工越来越细致，企业由原本的独立运作变成了上下游企业间协同工作，形成了一条条供应链。目前，绝大多数企业都处于供应链上，只是围绕不同的供需所处的位置各不相同，一家企业可能既是上游企业的采购商，又是下游企业的供应商。在供应链中的不同企业，其规模、属性、行业各有特点，形成了复杂的供应链生态。在某些行业，一些规模较大或地位特殊的核心企业利用规模化效应，既对上游企业采取赊账的采购方式，又要求下游企业预付账款，导致一些中小微企业面临现金流短缺的情况，于是出现了大量的贷款需求。一般来说，品牌大、效益好的企业更容易获得金融机构的授信，而中小微企业由于规模较小，信用风险相对较高，偿债能力较弱，往往面临融资难、融资贵的问题。

近年来，随着国家对中小微企业的重视，部分金融机构加大了对中小微企业信贷的支持力度，但是受限于风控能力不够、操作效率低下等因素，金融机构在对中小微企业的融资服务中成本高企，转而将这些成本纳入中小微企业的融资利息等费用中，导致中小微企业要承担较高的融资成本。

供应链金融为解决中小微企业的融资问题提供了一个很好的思路。供应链金融把核心企业与配套的上下游企业作为一个整体，通过供应链中的核心企业对上下游企业的隐性风险背书，引入外部金融机构，为中小微企业提供融资服务。例如，银行基于对核心企业的信任，上游供应商可以将对核心企业的应收账款作为抵押进行融资，而下游经销商也可以将核心企业的供货作为抵押进行融资。通过供应链金融，金融机构不仅跟单一的企业打交道，还跟供应链上的其他参与者，如第三方物流企业、核心企业等打交道，可以掌握更加完整及时的信息，利用核心企业的信用保障，将低成本的资金流引入供应链上下游的中小微企业，以解决其资金缺口问题，把单个企业的不可控风险转化成整体可控的风险，既增加了商业银行的业务规模，又解决了中小微企业的流动资金需求，从而维持整个供应链资金的高效运转。

供应链金融利用产融结合的创新模式，培育新兴产品市场并提升整个供应链效率，形成涉及多方主体参与的新兴业态，在风险合理管控的前提下，解决企业融资问题，能够使金融体系有效支撑实体经济，切实践行了金融服务实体经济的宗旨。

14.1.2　供应链金融的工作模式

在国家政策支持下，供应链金融得到较快的发展，被广泛应用在汽车、外贸、医药、农业、大宗商品、批发零售等行业，在企业融资中发挥着越来越重要的作用。随着数字技术不断渗透到金融市场，未来供应链金融业务还将高速发展。

从参与主体来看，供应链金融的参与方大致包括如下 4 类，如图 14-1 所示。

（1）资金的需求主体，即供应链上的生产和销售企业。

（2）资金的供给主体，即金融机构，主要是商业银行和金融公司，在有的国家还包括开发性银行。

（3）供应链金融业务的支持型机构，包括物流公司、仓储公司、担保物权登记机构、保险公司，等等。

（4）监管机构，各国的银行业务监管机构，在中国主要是中国银行保险监督管理委员会。

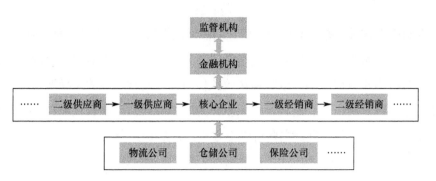

图 14-1　供应链金融的参与方

从具体产品来看，它主要是第三方金融机构提供的信贷类产品（包括对供应商的信贷产品，如存货质押贷款、应收账款质押贷款、保理等）；也包括对购买商的信贷类产品［如仓单融资（供应商管理库存融资）、原材料质押融资］。其中，最常见的融资模式为：应收账款融资、存货融资、预付账款融资，如图 14-2 所示。

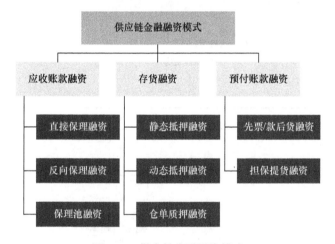

图 14-2　供应链金融融资模式

（1）应收账款融资。应收账款融资是指基于产业链中的上游企业（融资企业）为获取流动性资金，以其与下游企业（核心企业）签订的真实合同产生的应收账款为基础，向供应链企业（金融机构）申请以应收账款为还款来源的融资。应收账款融资是金融企业合作最多的一种融资方式。应收账款融资主要有以下方式：直接保理融资、反向保理融资、保理池融资等。

（2）存货融资。存货融资是指融资企业以贸易过程中货物进行质押，向资金提供企业即贷方出质，同时将质押物转交给具有合法保管存货资格的第三方仓库进行保管，以获得贷方贷款的业务活动，是物流企业参与下的动产质押业务。存货融资一般发生在从事大宗商品贸易且因现货库存占用大量流动资金的企业，企业会利用现有货物提前套现资金。存货融资主要有以下方式：静态抵质押融资、动态抵质押融资、仓单质押融资等。

（3）预付账款融资。预付账款融资是指以买方与卖方签订真实贸易合同产生的预付账款为基础，银行为买方提供的、以其销售收入作为第一还款来源的短期融资业务。预付账款融资多用于采购阶段，核心是将预付账款作为融资资产，帮助企业解决采购过程中遇到的资金瓶颈问题。预付账款融资主要有以下方式：先票/款后货融资、担保提货融资。

除了融资服务，金融机构还可以提供财务管理咨询、现金管理、应收账款清收、结算、资信调查等中间业务产品。

以应收账款融资为例，传统供应链金融运作流程大致如下，如图 14-3 所示。

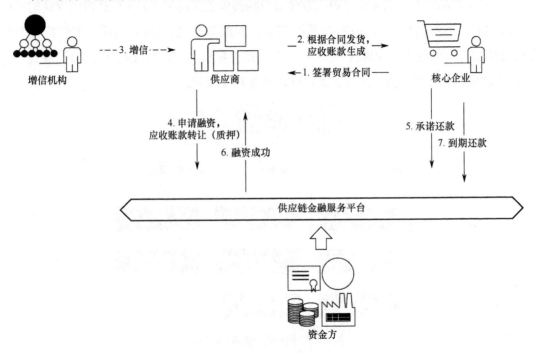

图 14-3　传统供应链金融运作流程

（1）签署贸易合同是企业 A 和企业 B 按照约定的采购数量、单价、账期，以及其他的附加条款书写的合同。

（2）根据合同发货，应收账款生成：企业 A 按照合同的采购数量，以及发货方式等发货，并有了一笔应收账款，应付方是企业 B。

（3）增信：增信机构作为担保的角色，能够提高供应商融资成功的概率。企业 A 依据实际情况判定是否需要增信机构介入融资流程。

（4）申请融资，应收账款转让（质押）：对企业 A 来说，能够通过转让应收账款得到融资，是一个特别理想的结果。但是在一般情况下，应收账款的债务方（企业 B）只有是资产雄厚、业务成熟稳定的企业，才能更容易通过这样的方式融资成功。因此，企业 B 的情况对企业 A 来说是至关重要的，如果企业 B 的情况不佳，就需要通过增信机构的加入来提高融资成功的可能性。

（5）承诺还款：企业 B 将应收账款相关的单据等证明材料提交，并做出还款承诺。

（6）融资成功：如果资金方通过对企业 A、企业 B 提交的资料进行审核，确定转让的应收账款没有造假、篡改的问题，贸易交易的背景真实有效，并且企业 B 具有还款能力，则可放款。

（7）到期还款：企业 B 在应付账款到期时进行还款流程。

14.1.3　传统供应链金融的痛点

供应链金融的发展，满足了一部分中小微企业的融资需求，但是在实际业务推进发展过程中，传统供应链金融业务的开展依然存在着比较多的问题，供应链金融交易流程复杂，业务处理高度依赖人工，存在人工成本高、操作风险大、收益低的问题。在融资完成后，存在着难以及时履约、清算滞后等问题。

国内的金融机构开展供应链金融业务与国外同行相比起步较晚，目前面临的主要痛点如下。

1. 痛点 1：供应链上存在大量信息孤岛

在实际商业运作中，供应链上下游涉及非常多的企业，这些企业大都是独自运营的实体，这些企业的业务信息涉及商业机密，对彼此相互缺乏信任，企业之间的信息系统互不相通，供应商或经销商除了提供商品基础信息，并不愿意开放自己的内部系统给核心企业和银行。因此，供应链上的企业无法进行有效的协同共享，企业间信息割裂，存在大量的信息孤岛。

对银行等保守型的金融机构来说，很难获取融资企业信用相关的详细信息，例如，贸易关系、交易明细、资金往来等，乃至销售合同、应收账款、银行流水、财务发票等更深层的信息，从而无法及时了解企业的经营状况，无法有效界定其风险水平。信息孤岛的存在让金融机构无法确定业务信息的真实性、准确性和全局性，导致金融机构需要花费一定的人力成本去进行业务真实性的审核、背调等。因此，很多银行机构不敢向这些供应商或经销商直接放款，转而只对核心企业授信，让核心企业提供担保作为向其供应商或经销商放款的前提。

2. 痛点2：授信企业数量有限

供应链金融都是围绕核心企业供应链两端的中小微企业进行的，覆盖能力有限，且局限于应收账款、存货融资、预付款融资等传统的抵押贷款，很多中小微企业由于不在核心企业的两端，所以仍然无法得到有效融资，并且银行的授信也只针对核心企业的一级供应商和经销商，二级供应商和经销商则难以获得融资。也就是说，核心企业的信用不能传递，这导致核心企业与上游供应商的间接贸易信息不能被证明，传统的供应链金融系统传递核心企业信用的能力有限。

3. 痛点3：信息真实性无法辨别

核心企业的信息系统无法完全整合上下游企业所有的交易信息，只是掌握了与自己发生交易的信息，银行获取的信息有限，既无法得到更多的信息，又无法辨别取得的信息的真伪，更无法鉴别核心企业是否与上下游企业合谋造假、虚构交易诈取贷款。

核心企业对供应链的掌控成本随管理范围的扩张而急剧增大，随着产业分工精细化程度的提高，供应链企业数量呈爆炸式增长，在这样的情况下，由核心企业全权管理是不现实的。传统的供应链管理模式通常为核心企业将管理权下放至低一级供应商，这种分层管理模式导致了上下游信息不对称，核心企业对物流、资金流、贸易流掌控力不足，甚至存在信息被篡改的风险。

这种信息不对称会衍生出两大类问题：第一，信息的真实性存疑，金融机构无法正确评估资产物流信息、界定风险水平，从而不愿放贷；第二，可能导致企业之间和银企之间出现信任危机。供应链上下游企业之间缺乏信任，将增加物流、资金流审查等直接成本、时间成本；银行对企业的不信任也会增加信用评估代价，导致融资流程冗长且低效。

4. 痛点4：交易过程不透明、虚构成本低

尽管供应链金融整合了物流和信息流，但是整个交易过程公开不够及时，银行都是事后才获取到交易信息的，不能在第一时间查看整个交易过程。供应链金融涉及大量的人工检查和纸质记录交易，在此过程中存在大量的中间人，交易风险大、成本高、效率低。在传统的依靠人工记账和审核的方式下，授信额度、已用额度、剩余额度变化更新存在滞后的问题，可能造成额度超限等风险。这种滞后效应同样也会制约供应链金融的发展。

14.2　区块链技术在供应链金融中的应用

14.2.1　区块链+供应链金融的应用模式

如前文所述，目前传统模式下的供应链金融仍面临较多的问题和限制。区块链的分布式账本、加密账本、智能合约等技术，为解决传统供应链金融存在的信息不对称、信用无法传递、支付结算不能自动按约定完成等问题提供了新的解决思路。

将供应链中各个公司连接起来，可以基于业务真实性，完整记录资产的发行、流通、拆分、贴现。通过区块链技术可以实现对供应链业务流程的整合、对中小微企业的信任穿透，将金融资产上链，实现可拆分、可流通、可贴现，提升了资产流动性，降低了中小微企业的融资成本，深度盘活了金融资源。基于区块链技术的供应链金融平台，连接核心企业、供应商、银行等角色，实现了应收账款的拆分、流转、变现，将核心企业的信用传递到供应链最末端，极大地降低了供应链上中小微企业的融资成本，也降低了银行的风控、运营成本。

在区块链架构下提供线上的基础合同、单证、支付等结构严密、完整的记录，可以提升信息透明度，实现可穿透式的监管。采用区块链技术在审查阶段可保证数据来源的真实性与完整性，便于核对背后交易是否真正进行了，确保流转凭证的可靠。在贷后风控阶段，持续更新的数据流为后续追踪企业运营提供支持，令虚构交易与重复融资等行为无所遁形，同时还可以通过物联网对质押物进行追踪，动态监测价格变化，以控制市场风险。在合约执行后续阶段，也可利用去中心化的公共账本、多方签名技术加强资金流向管理与回款监控。区块链应用能赋予供应链金融更高的安全级别，消除金融机构对企业信息流的顾虑，在一定程度上解决了中小企业无法自证信用水平的问题。

区块链技术将商流、物流、信息流、资金流等数据整合上链，实现"四流"合一，在保证数据安全性的同时实现了数据业务的透明可视化。买卖双方可更好地掌握跟踪物流信息，并通过智能合约技术降低交易双方的风险。在区块链平台上，借用智能合约可以让业务在链上产生，实现商流上链；通过物联网技术，将物流信息整合到区块链平台；相伴于物流整合，在商品、原材料交割的同时，将在链上实现商品归属权的交割、债权清算等，实现信息流上链；同时，配合银行的独立账户系统，在所有权、债权发生转移、清算时，触发智能合约的自动执行，账户资金自动支付，完成资金流的整合，形成一套供应链的完整闭环，如图 14-4 所示。

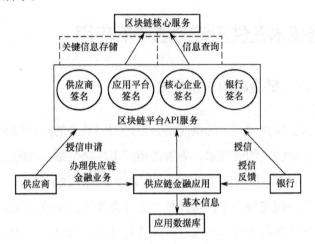

图 14-4　基于区块链技术的供应链金融平台

基于区块链的供应链金融交易流程主要涉及账户注册、授信申请、融资申请、放款、还款等供应链金融流程及模块，具体描述如下。

（1）将融资企业每笔交易记录写入区块链，作为银行授信依据，有助于解决核心企业不愿提供信用背书的难题。

（2）供应链金融业务参与机构以区块链技术为基础，可以建立一个多方共享信息的联盟平台。

（3）根据区块链上的历史记录，可以智能调整剩余可用额度。

（4）通过智能合约实现按时还款和清算。

下面介绍几种常见的供应链金融应用区块链技术后的工作模式。

1. 模式 1：基于电子凭证的应收账款融资

以应收账款融资为例，基于区块链平台的应收账款融资模式如图 14-5 所示。

（1）产生应收账款。一级供应商与核心企业之间的应收账款通过双方私钥进行线上电子确认，生成应收账款电子凭证，确保贸易背景的真实性。

（2）签发认证应收账款电子凭证。核心企业将应收账款电子凭证向一级供应商签发认证。

（3）融资贴现申请。供应商基于应付账款凭证向银行申请融资贴现。

（4）线上验证应收账款签名。银行对生成的应收账款电子凭证进行验证。

（5）电子凭证贴现。银行对供应商进行线上资质核验，核验过后执行电子凭证贴现操作，金融机构在签收时对供应商完成资金代付，同时，债权从供应商转移到金融机构。

（6）电子凭证拆转融。供应商可以将债权凭证进行拆分流转，并支付给上游供应商，上游供应商也可持凭证向银行申请融资贴现。

（7）线上到期自动结算。应收账款到还款日时，核心企业将相应资金转移至金融机构或持有债权凭证的供应商，完成业务闭环。

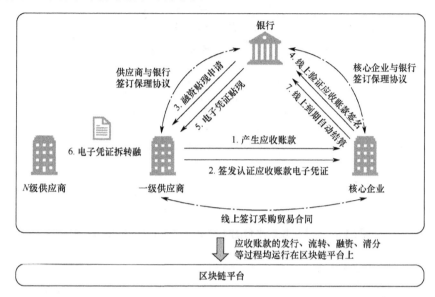

图 14-5　基于区块链平台的应收账款融资模式

2. 模式 2：基于实物资产数字化的采购融资模式

基于实物资产数字化的采购融资模式主要应用在大宗商品行业，常见的如钢材的代采模式等。这种模式将实物资产设计为一种基于区块链的数字资产，利用区块链技术将仓单状态数据实时上链，形成和实体仓储资产流转映射的"数字资产"，如图 14-6 所示。

第一步：将仓储货物的入库、入库调整、锁定、质押、解押、出库、退货入库等全流程数据第一时间上链，杜绝数据信息造假，使得仓单数据流转自身能形成一个完整的闭环，数据能"自证清白"。

第二步：在完成仓储货物资产数字化后，可以通过密码学技术（如门限签名技术）由多方（如钢厂和金融机构）联合控制仓单资产的状态，实现更灵活的动产控制，从而衍生出更多的创新服务模式。

3. 模式 3：基于核心企业信用的应付账款拆转融模式

基于核心企业信用的应付账款拆转融模式是目前区块链在供应链金融中应用比较成熟的场景。将核心企业对上游供应商的应付账款形成一套不可篡改的区块链数字凭证，在核心企业的内部单位中依照一定的规则签发，如图 14-7 所示，具有已确权、可持有、可拆分、可流转、可融资、可溯源等特点。

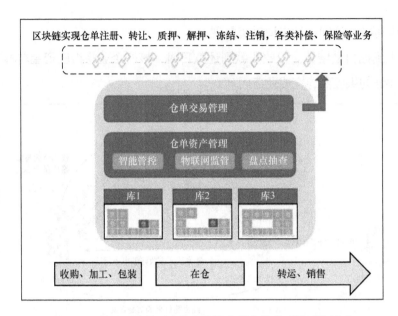

图 14-6 基于区块链平台的实物资产数字化的采购融资模式

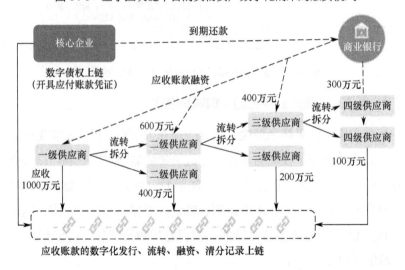

图 14-7 基于区块链平台的核心企业信用的应付账款拆转融模式

该模式分为如下几个阶段。

（1）系统对接：金融机构与商业银行签订总对总的整体合作协议，将核心企业 ERP 系统的业务流、合同流、物流、资金流等关键点数据按照时间顺序直接上链存证，由金融机构根据核心企业的资产实力情况给予一定额度的授信。

（2）供应商推荐：核心企业将可能存在应收账款融资需求的一级供应商直接推荐给金融机构，由金融机构逐个对供应商进行合规性准入审核；金融机构审核通过的一级供应商，可以推荐它的上游二级供应商，以此类推。

（3）融资申请：在核心企业确认的前提下，已经形成应收账款的一级供应商，可以向金融机构申请融资，或者将已确权的应收账款拆分给二级供应商。

（4）审核放款：金融机构对核心企业的确权审核无误，并从供应商处收集发票复印件、对账单等相关资料，同时，确认核心企业支付款项的账户为已开设的专项监管账户，并签署合同，便可以开始启动放款了。

（5）到期扣款：到期后，核心企业直接将款项偿还给金融机构。

4．模式4：基于历史数据/采购招标的订单融资模式

针对供应商采用赊销方式进行货物销售的情况，订单融资模式往往可以解决供应商资金回笼困难的问题。基于历史数据/采购招标的订单融资模式的风控要点在于判断供应商是根据中标而产生的订单，还是以历史数据为基础的交易。

基于核心企业采购/政府采购的业务，可以通过区块链将中标通知书存证以解决项目的真实性问题。如各地政府公共资源交易中心主导的区块链中小微企业融资平台，通过将标书的核心数据不可篡改地上链，体现中标金额、交付周期等重要事项，为金融机构给中标企业的授信融资提供场景支持。

另一种情况是，将供应商历史的销售数据进行不可篡改的链上存证，并通过趋势分析等，判断这一时期可能发生的供应规模，并以此为依据，作为授信支持等。

2022 年 4 月 25 日，IEEE 计算机协会区块链和分布式记账标准委员会召开全体会议，《基于区块链的供应链金融标准》正式发布。该标准由蚂蚁集团牵头制定，定义了基于区块链的供应链金融通用框架、角色模型、典型业务流程、技术要求、安全要求等，可帮助企业提升自身的供应链金融系统标准化水平，以标准促协同，助力产业数字化升级。

14.2.2　区块链+供应链金融的优势

基于区块链的供应链金融平台，可向供应链金融的各参与方、各环节提供服务。与传统供应链金融平台相比，将区块链技术应用在供应链金融业务中可以获得如下优势。

第一，解决信息孤岛难题，健全企业征信体系。

区块链技术支持多方参与、信息交换共享。区块链技术凭借分布式账本、加密算法等手段，将供应链企业纳入区块链底层平台，多个利益相关方提前设定好规则，实现数据的互通和信息的共享，生产过程、物流运输和终端销售等整个环节的信息需求均可从平台上快速获取，使交易路径一目了然。同时，通过加密算法可确保各供应链参与方的隐私，如核心企业向供应商发出已收货信息时，并不会向系统中其他企业透露供应商的信息。从而

在保证数据隐私的前提下，实现链上数据不可篡改、可追溯的特性。利用区块链共识机制优势，多方交叉验证，保证了业务信息的真实性、准确性和全局性，不仅可以加速商品信息流转、降低审计成本，而且有助于责任追溯，降低违约风险，使得金融机构能够对供应链上的企业实现信任穿透。

区块链可以建立一个去中心化的数据共享平台，允许企业、金融机构和征信机构在确保隐私和合规性的前提下，共享征信数据，有助于建立一个更全面和多元的征信体系。借助区块链平台不可篡改、可追溯的特性，能够将企业的信用历史、履约能力进行分析，监管部门能够对整体的营商环境做全面了解，实现风险的尽早发现、尽早防范。

第二，传递核心企业信用，实现融资降本增效。

在传统供应链金融体系内，各企业独自运营，导致金融机构无法判断远离核心企业的供应商订单是不是由真实业务需求驱动的，从而导致核心企业的信用仅能传递至一、二级供应商，供应链末端的供应商无法获得有竞争力的融资服务。区块链将末端的供应商接入平台，在链上完成业务订单的多方验证，并将相应的业务订单进行关联，能够达到自证业务真实性的效果。另外，可以在链上生成针对业务的凭证，具有可拆分、可流转、可贴现的特性，将核心企业信用传递至供应链末端，中小微企业可以使用核心企业的信贷授信额度，获得银行低利率的融资。

区块链的公开透明特性能够在核心企业与上下游企业开展业务时减少信任建立过程所需的试探性交易，降低沟通成本，提高商业协作效率。对银企融资合作双方而言，风险评估成本也被大幅压缩了。例如，基于区块链平台可将应收账款权益数字化，保证债务主体真实性，便于应收账款权益的分割、流转、确权，提高应收账款流动性；通过智能合约对质押物价格进行监测并设置自动处置措施，防范操作风险和市场风险；采用区块链技术将目前供应链金融业务中纸质作业程序数字化，可大幅降低人工成本。

在实际操作中，商业银行还会担心核心企业与供应商或经销商私下勾结、篡改交易数据信息的可能性。区块链技术具有去中心化、不可篡改等特性，且区块链上的数据都带有时间戳，不重复记录，消除了银行对信息篡改的顾虑。

第三，丰富可信贸易场景，管控履约风险。

在现有的银行风控体系下，中小微企业无法证实贸易关系的存在，难以获得银行资金。同样，银行也无法渗入供应链获客和放款。区块链技术可以提供可信的贸易数据，帮助银行拓展可信的贸易场景。充分发挥区块链技术易分割、可追溯、不可篡改的特性，核心企业在区块链上签发数字化付款承诺给一级供应商，一级供应商可以根据结算需要将上述承诺拆分并将部分转让给二级甚至 N 级供应商，从而扩大服务对象，提升银行营业收入，实现银企共赢。

传统合同履约并不能自动完成，很多约定结算都无法按期完成，尤其在涉及多级供应商结算时，不确定性因素会更多。区块链技术可以实现合约智能清算。在条件确认阶段，基于区块链上实时更新的价格、质量信息，在核查外部各方业务信息流并判断交易达成后，智能合约即被激活并执行。基于智能合约的自动清算能减少人工干预，降低操作风险，保障回款安全。只依赖真实业务数据的智能履约形式，不仅保证了在缺乏第三方监督的环境下合约得以顺利执行，而且杜绝了人工虚假操作的可能。

综上所述，区块链技术应用在供应链金融领域，通过将核心企业、中小供应商、金融机构、物流公司等各参与方汇聚在平台上，形成多方共赢的局面，有效解决供应链金融中各参与方的痛点，如图 14-8 所示。

图 14-8 区块链技术有效解决供应链金融中各参与方的痛点

对中小供应商来说，加入区块链平台，能够借助核心企业的应付账款信用背书，显著降低融资成本，原有的贷款、放款等待时间将大幅缩短。

对核心企业来说，能够帮助供应商获得更低成本、更高效率的融资，从而降低采购产品的成本。核心企业还能根据链上数据对供应商进行分析，优化供应链管理，加强对供应商的把控。

对银行等金融机构来说，能够扩大自身供应链金融业务规模，还能对业务进行有效监控，直观方便地查看贷款企业每笔交易的情况和资金去向，审核与信用决策更加精确，降低信贷风险，并且整个过程已经基于贸易真实性背景，大幅节省了人力和财力成本，提高了监管效率。

对物流公司来说，能够更好地掌握货物流通情况，通过追踪货物实现互信，消除纸质文件、加快流程并降低了提单操作风险，货物核验工作更加可靠，降低了操作风险和合规成本。

14.3 案例分析：基于区块链的供应链金融

基于区块链的供应链金融受到业界广泛关注，不同类型的机构纷纷入局，包括以招商银行、平安银行为代表的商业银行，以国家电网、中国石化为代表核心企业，以蚂蚁金服、京东金融为代表的金融科技企业等。

14.3.1 商业银行案例：平安银行"平安好链"

平安银行是国内最早提出并践行供应链金融的银行之一，于 2019 年推出了"平安好链"供应链金融服务平台，该平台是基于大数据、区块链、人工智能等技术打造的新型供应链金融平台。依托"平安好链"平台，持续创新迭代融资产品及模式，拓展供应链金融服务范围，通过线上化、模型化和自动化，为核心企业及其上游中小微客群提供线上供应链金融平台业务，涵盖应收账款确认及转让、融资、结算、风险管理等服务，实现供应链业务的智能化、数字化经营。

"平安好链"的创新点主要体现在如下 4 个方面。

一是运用区块链和物联网等新技术，解决了真实性验证问题，提升参与机构的合作互信。以"数字信用"补充抵质押信用，为处于产业链末端的中小微企业提供线上化、模型化、自动化金融服务，帮助中小微企业解决融资难、融资贵问题。在区块链技术框架下，应收账款流转环节的债权转让通知可通过平台自动确认，避免了人工操作的不确定性与线下真实性验证问题。在交易过程中，平安银行与其他参与方通过相互验证实现信用的有效传递，进而保障了应收账款顺利逐层流转。在处理应收账款受让款时，平台资金提供方可对关联的核心企业进行追溯，促进企业信用背书再次强化。

二是率先直连中国人民银行中登网和票交所供票平台，提升效率、降低风险。平安银行在该业务流程中增加了中国人民银行中登网登记环节。当应收账款债权流转时，中登网会自动登记，可以帮助相关参与主体避免重复抵押债权获取融资的风险。核心企业也能在线上签发应收账款，以此批准供应商应收账款流转的请求，大幅减少人工操作，提高融资效率。2021 年 8 月 15 日，"平安好链"与票交所供应链票据平台对接上线，一周内就实现供应链票据 4.2 亿元交易，服务近 20 家中小企业。在此模式下，核心企业能够确认到期的付款，各级供应商可利用应收账款获得商业银行融资，也可以抵偿上一级供应商的债务。这一操作能够帮助企业加速资金周转，盘活存量应收资产，缩短业务周期。

三是在反欺诈层面，充分利用 AI、大数据、物联网、区块链等技术，掌握企业真实经营情况，嵌入场景服务客户，实现贸易背景真实性核查并提升客户体验，打破传统供应链依赖核心企业信用、依赖抵质押的逻辑，服务长尾客群。例如，通过对客户上传的发票、合同等资料进行人工智能图像特征识别（Optical Character Recognition，OCR）和自然语言处理（Natural Language Processing，NLP）分析，并与中登网登记风险报告进行交易对手交叉比对，提升贸易背景真实性验证的效率和准确度，快速识别风险，实现"T+0"出账。

四是利用开放银行打造平台化、生态化的供应链平台。将平安供应链金融能力组件化、标准化输出，通过"OpenAPI+SDK"技术快速与供应链上相关企业的 ERP 系统打通，广泛触达核心企业及其海量的上下游客群，为客户提供场景化的金融服务。

截至 2022 年末，平安银行通过"平安好链"平台累计为 29712 家企业客户提供金融服务，全年平台交易量达 1959.64 亿元，全年通过"平安好链"平台促成的融资发生额为735.08 亿元。

14.3.2　核心企业案例：国家电网

国家电网高度重视区块链技术的研究应用，在中央企业率先成立区块链专业公司——国网区块链科技公司，加快推进区块链核心关键技术研究、公共服务平台构建等，促进国家电网数字化转型发展。

在国家电网供应链上，有大大小小的供应商，仅浙江省就有 4 万多家，覆盖了电网购电、电网建设工程项目采购、物资采购等环节，这些供应商大都在装备制造、房地产等行业，产业链上的供应商经常面临资金投入大、回笼周期长等问题，部分供应商因缺少授信面临融资难、融资手续烦琐、融资成本高等困境。

国家电网利用产业链优势，推动供应链金融业务发展，构建"N（国家电网公司核心企业）+1（区块链供应链金融服务云平台）+ N（金融机构）+ N（客户）"模式，如图 14-9 所示。该平台对接金融机构，挖掘符合信用标准的客户融资需求，提供供应链融资云服务。系统聚焦供应链上游供应商应收账款保理业务，在核心企业 ERP 系统与供应链云平台之间实现了数据共享，打通供应链云平台与银行供应链系统的线上数据对接，实现了供应商线上申请、线上授信及线上融资功能。

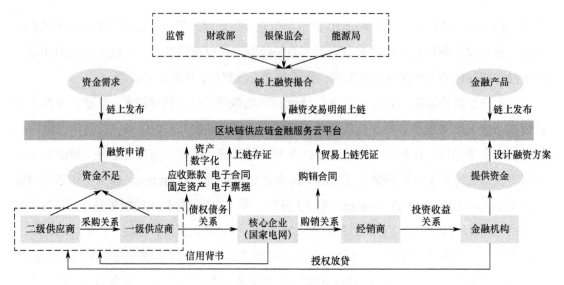

图 14-9　国家电网区块链供应链金融解决方案示意

每家企业的供货信息、生产经营状况等数据都实时同步到国家电网区块链供应链金融服务云平台上，根据这些信用凭证，可以在平台上自主申请低息贷款。国家电网把自己对供应商的应付账款上链流转，转换成数字凭证。供应商拿到数字凭证，相当于有了国家电网的信用背书，就可以向金融机构申请无须抵押、直接放款的低息贷款。在每笔业务中，平台根据业务链条自动划分供应商链级，将这些企业划分为一级至 N 级，确保在供应链末端的小微企业也能享受国家电网供应链金融的红利。

构建区块链供应链金融服务云平台，国家电网供应链上游供应商可以在云平台上办理应收账款保理业务。云平台与核心企业系统打通，直接获取交易明细数据。云平台与银行供应链系统对接，供应商可以在平台上直接完成申请授信、申请融资、查询放款及还款信息的全流程业务。

核心企业为大型集团公司，在金融机构有较高资信水平，可为部分供应商融资提供信用支持，并为供应链金融提供交易数据支持。核心企业需要对供应商进行评级筛选，给平台提供一个优质供应商名录。

当供应商初次授信，或者有变更授信额度的需求时，需要线上提交授信申请。供应商在银行授信审核通过后，可以申请融资放款。

银行给供应商的授信额度为综合授信额度，供应商在授信银行的信用贷款、抵押贷款、信用证等所有业务共享这个额度。银行采用池融资的方式，根据应收账款余额计算出最高允许融资金额，供应商可在这个限额内申请融资及申请金融机构放款。

在付款日期前或当日，核心企业按期付款。

　　基于区块链的电商金融平台业务实现了全流程的线上操作，如图 14-10 所示。供应商可以在平台门户完成用户注册、企业认证并在线提交授信申请，查看授信申请进度，在授信通过后，可以提交融资申请、放款信息查询、还款信息查询等。平台业务人员对企业进行实名认证，维护金融机构、核心企业、供应商、用户、权限等基础资料，维护核心企业白名单及供应商名录，查询核心企业与供应商交易明细数据，查询授信申请及银行批复进度，对首页的内容进行更新管理。银行业务人员可以查询核心企业的供应商名录及供应商的基本信息，在平台确认对供应商的授信额度，以及融资及放款额度。

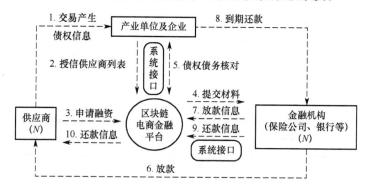

图 14-10　基于区块链的电商金融平台业务流程

　　通过供应链金融服务，将央企的优良信用拓展辐射到全产业链，可以帮助上下游企业特别是处在产业链末端的中小微企业，获得更加经济便捷、优质高效的普惠金融服务。

　　截至 2019 年底，国家电网电商公司"电 e 贷"作为区块链电力金融产品，已完成交易订单数据上链存证 2.6 万条，服务中小微企业超 1 万户，授信金额达 16.18 亿元，并支撑供应链金融产品"订单融资""应收账款保理"融资放款额超 1 亿元。

14.3.3　金融科技公司案例：蚂蚁金服"双链通"

　　蚂蚁金服"双链通"平台是 2019 年 1 月由蚂蚁金服推出的供应链金融融资平台，"双链"分别指区块链与供应链。该平台由阿里巴巴提供技术支持，其背后有蚂蚁金服的资金池作为优先融资来源，还有支付宝积累的海量物流信息、网商银行积累的大量小微企业的融资信息作为获客渠道，做到了应收账款确认、流转、融资、清分的全生命周期上链，资产的确权和流转以链上为准，而不是简单的业务存证。

　　具体地，该平台以核心企业的应付账款为依托，以产业链上各参与方的真实贸易为背景，打造开放的平台，让更多的核心企业、金融机构、合作伙伴加入双链通，共建"区块链+供应链"的信任新生态。支持资产实时上链，资产决策管理（筛选、分类、分层、封包、测算等）、资产分析、链上资产确权、资产自动授权、资产存证等。连接资产和资金生态，将底层资产上链且通过链上风控持续追踪资产情况，实现资产决策管理、底层基础资产穿透、链上资产穿透增信。依托支付宝核身及其账户体系、线上签约、代收代付等能力，一站式解决资产生成环节的痛点。基于智能合约实现 ABS、信托、同业转让、银行质押等再融资场景，并在存续期自动优化资产，降低对外部担保的依赖。通过上述链上资产实时风控，资金代收付的能力叠加，进行资产质量分析监控、资产评价和动态估值等，透明化资产生成和发行融资环节，实现资产全生命周期穿透。

蚂蚁金服双链通平台的运营架构如图 14-11 所示。

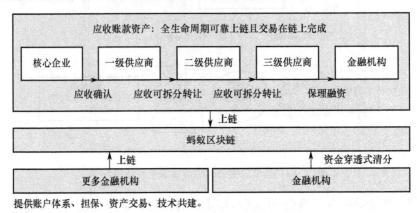

图 14-11　蚂蚁金服双链通平台的运营架构

蚂蚁金服双链通平台可分为联盟网络、企业运营服务、金融基础业务设施三大部分。双链通平台通过蚂蚁区块链硬件隐私保护技术，确保多方参与的安全性、隔离性。基础服务集成支付宝核身与企业网银核身能力，通过网银 U 盾签名，确保交易可靠无确权纠纷，业务中台核心服务实现云化，更多联盟参与方可以直接通过简单的 API 加入网络。基于支付宝企业账户与企业网银 U 盾的交易安全保障体系，确保交易可靠确权。利用硬件级别的交易安全隐私合约链，通过可信执行环境，确保多方参与的隐私计算与数据隔离。

双链通平台向银行等各种金融机构全面开放，包括但不限于账户、融资、担保、技术共建等。在技术解决方案的基础上，同时配套融资、担保、结算和分佣等完整金融解决方案。支持企业在融资业务外，利用区块链技术对供应链进行穿透式管理。小微企业的应收账款资产全生命周期上链，资产交易直接在链上完成。双链通平台能够充分适应企业业务实践中的财、税、法等合规要求，并为企业提供最佳的应用体验。蚂蚁自研可控核心技术和丰富的治理经验，特别体现在隐私保护、安全、性能和运维方面。

2019 年起，蚂蚁金服双链通平台正式上线，通过蚂蚁链等技术构建资产金融服务基础设施，搭建灵活、可信、多元的再融资和同业交易的区块链联盟网络，连接资产和资金生态，将底层资产上链且通过链上风控持续追踪资产情况，实现了资产决策管理、底层基础资产穿透、链上资产增信、合约发行等，助力弱主体、强资产的企业降低再融资门槛，建立多种稳定的融资渠道，获得更低成本的融资。

例如，蚂蚁金服双链通平台邀请某汽车制造商作为核心企业，联合供应链上各层级的其他 5 家企业，共同开展基于蚂蚁区块链技术的开放式信用流转网络的试点工作。在整条产业链最末端的供应商是一家不到 10 人的汽配零件小厂。在试点中，通过双链通平台，该厂通过层层流转获得了素未谋面的上游供应商的付款承诺，原来 3 个月到付的账期，只用 1 秒就获得了 2 万元融资。

2019 年 11 月 1 日，哈啰出行宣布接入双链通，其上游的供应商凭借哈啰出行在双链通上发布的应收账款凭证，可直接从银行获得贷款。

第15章

区块链技术在数字票据中的应用

15.1 票据业务的发展与痛点

15.1.1 票据业务发展的背景

票据尤其是汇票是供应链金融的一种重要金融工具，可以满足企业和银行短期资金的需要。票据作为一种便捷的支付结算、融资和货币政策工具，深受金融机构和监管机构的重视。

中国票据业务的发展历程可以分为以下几个阶段：

新中国成立至改革开放前：1949 年新中国成立后，国家开始对票据业务进行全面管理和监管。由于实行集中的计划经济管理方式，票据作为商业信用和银行信用的流通手段失去了发展的基础。汇票的使用范围仅限于国际贸易，本票在国内被禁止使用，个人不得使用支票，企业和其他单位使用支票也要以转账支票为主。票据市场发展几乎处于停滞状态。

改革开放初期至 20 世纪 90 年代：改革开放初期，国家逐步放宽对金融市场的管制，票据业务开始逐渐走向市场化。1981 年，中国人民银行上海分行成立票据研究组，开始在小范围内试办同城票据承兑和贴现业务，标志着票据市场的重新启动。1984 年 12 月，中国人民银行颁布《商业汇票承兑贴现暂行办法》，决定在全国开展票据承兑贴现业务。1995 年 5 月 10 日，《中华人民共和国票据法》正式颁布，为票据市场的规范化发展奠定了法律基础。1997 年 8 月，中国人民银行发布《票据管理实施办法》。随着票据业务逐步规范化，票据市场蓬勃发展，到 90 年代末，我国票据市场已经初具规模，各种票据品种齐全，交易日益活跃，2000 年票据市场的交易量已经突破 1.6 万亿元。

21 世纪初期至今：随着中国加入 WTO，国际贸易快速增长，企业融资需求也大幅增加，票据业务快速发展。2000 年 11 月，中国工商银行票据营业部成立，开启了票据专业化和规模化经营的先河。2003 年 6 月，"中国票据网"启用，为全国统一票据市场提供了重要平台。2009 年 10 月，中国人民银行电子商业汇票系统（Electronic Commercial Draft System，ECDS）投入运行，标志着我国票据市场迈入电子化时代。2016 年 12 月，中国第一家全国性票据交易所——上海票据交易所成立，标志着中国票据市场进入了交易所时代。

总体来说，中国票据业务经历了从计划经济到市场经济的转型过程，发展迅速，市场规模不断扩大，品种日益丰富。票据业务为实体经济的发展提供了重要支撑，同时也推动了货币市场的进一步扩展，丰富了金融市场中的产品种类。

15.1.2　票据业务的运行模式

票据是汇票、本票和支票的总称，其中，汇票又包括银行承兑汇票和商业承兑汇票。当前汇票业务以银行承兑汇票为主，商业承兑汇票占比较小。

票据业务涵盖以票据为媒介的信用投放、资金融通、金融服务的票据全业务流程，包括票据发行业务、票据交易业务、票据衍生业务。票据发行业务包括票据签发、承兑等票据一级市场业务，票据交易业务包括贴现、转贴现（含回购）和再贴现等票据二级市场业务，票据衍生业务包括票据咨询、鉴证、保管等票据市场派生业务。

票据业务运行流程如图 15-1 所示。

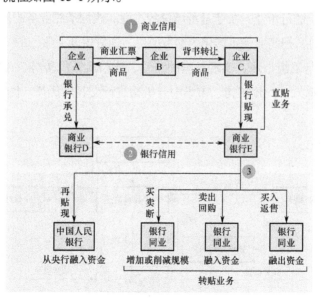

图 15-1　票据业务运行流程

票据市场的参与主体主要包括以下几类。

（1）企业：企业是票据市场的主要参与者，通过发行和承兑票据来进行融资和支付。企业可以根据自己的资金需求和信用状况，选择合适的票据类型和金额。

（2）商业银行：商业银行提供票据的贴现、转贴现和再贴现服务。商业银行是票据市场上最活跃的成分，所占的交易量最大，采用的信用工具最多，对资金供求与利率波动的影响也最大。

（3）中央银行：中央银行可以通过再贴现吞吐基础货币，调节票据市场供求，还可以通过调整再贴现利率来影响票据市场利率水平，传导货币政策意图，实现货币政策目标。

（4）其他非银行金融机构：财务公司、证券公司、基金公司、保险公司、信托公司、资产管理公司等非银行金融机构参与票据交易，通过购买票据来获取利息收益，也是票据市场的重要组成部分。

票据市场包括发行和交易两级市场。

票据发行市场是一级市场，在发行市场，票据作为一种信用凭证诞生。票据发行包括票据签发和承兑。

票据签发是指票据的出票人（通常是债务人或付款人）按照要求填写票据，并在票据上签字或盖章，确认票据的真实性和合法性，使票据生效的过程。签发是票据生命周期的起始环节，是票据权利义务关系产生的关键步骤。如果是商业汇票，还需要付款人签字承兑，表示同意在票据到期时支付款项。

票据承兑是指商业银行根据在本行开户客户提出的承兑申请，对客户的资信情况、交易背景情况、担保情况进行审查，决定是否承兑的过程。票据承兑业务一般归类于信贷业务，通过商业银行的承兑，把商业信用转化为银行信用，通常由商业银行的信贷部门负责。

票据交易市场是二级市场，实现票据的流动、货币政策的传导、市场信息的反馈等功能，是票据流通关系人、投资机构、市场中介机构进行交易的场所。图 15-2 所示为票据交易市场参与方。

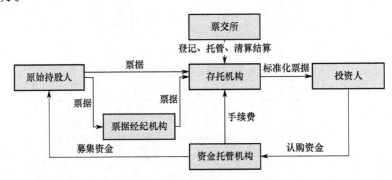

图 15-2　票据交易市场参与方

二级市场的票据交易活动包括以下几种。

（1）背书转让：企业之间。企业作为票据流通关系人因各种对价关系以背书方式使票据这种信用凭证代替货币充当交换媒介。企业之间的背书转让通常对应一定的商品交易关系或债权债务关系。

（2）贴现：企业与商业银行之间。票据贴现是指票据的合法持有人在票据到期前，将未到期的票据卖给银行或其他金融机构，以获取现金的过程。在这个过程中，银行或金融机构会按票据的面额扣除一定利息（贴现利息）后支付现金给持票人。

对持票人来说，贴现是以出让票据的形式，提前收回垫支的商业成本。对贴现银行来说，是买进票据，成为票据的权利人，在票据到期后，银行可以获得票据面额对应的资金。

通过银行承兑和银行贴现方式，企业之间的商业信用转化成了银行信用，进而让票据资产成为信用等级高、期限短的优质资产。

（3）转贴现（含回购）：商业银行之间。转贴现（含回购）是指金融机构为了取得资金，将未到期的已贴现商业汇票再以买断或回购方式向另一金融机构转让的行为，是金融机构间融通资金的一种方式。银行与同业之间开展票据转贴现业务，拓展了票据业务的深度和广度，并且活跃了票据市场，满足了商业银行调整信贷资产结构、调节短期资金、提高资金收益的需要，因此票据转贴现业务成为商业银行一项重要的资产业务和流动性管理工具。

（4）再贴现：商业银行与中央银行之间。再贴现是指商业银行或其他金融机构将自身持有的已贴现但未到期的票据出售给中央银行以获取流动性的行为。中央银行通过再贴现操作可以调节市场上的货币供应量，影响利率水平，从而实现货币政策目标。因此，再贴现是一种重要的货币政策工具。

除了上述票据发行和交易环节，还有票据托收环节。票据托收是指商业银行以持有的将到期票据要求承兑人按期承付票款并收回票款的过程。票据托收属于结算业务，由商业银行的会计结算部门负责。

15.1.3　票据业务的痛点

票据业务作为一种金融工具，具有融资、支付、信用等多种功能，在经济发展中发挥着重要作用。然而，由于票据市场的参与主体多、链条长、交易复杂，若监管不到位，容易滋生违规操作和欺诈行为。

从 2015 年开始，我国票据市场出现了一系列信用风险事件，主要表现为银行承兑汇票无法兑现，涉及多家商业银行和许多企业。这些事件暴露出票据市场仍然存在一些问题，主要包括以下几个方面。

一是票据信用风险较高。在票据承兑时，银行缺乏对企业贸易背景的实际掌控，只能做形式上的要件审核，同时，各银行独立对票据业务进行授信和风险控制，单个银行的风控结果可能影响到票据市场交易链条上的其他参与者。在票据交易过程中，交易双方存在信息不对称的情况，买方难以得知卖方的真实信用状况，卖方也很难判断买方是否有能力履行承诺。在汇票到期后，划款的即时性也很难得到保障，承兑人不及时兑付的现象屡现，使得票据业务存在较高的信用风险。

二是票据真实性问题。目前，市场中纸质票据仍占主要地位，存在大量伪造票据、克隆票据、变造票据等票据造假行为，对市场秩序和参与者权益造成严重影响。

三是票据违规交易问题。由于票据存在审验成本及监管机构对银行时点资产规模有要求，因此市场上催生了众多票据中介，不透明、不规范操作和高杠杆错配等乱象丛生，存在一票多卖、清单交易、过桥销规模、带行带票、出租账户等违规行为。

四是票据操作成本和效率问题。传统的纸质票据业务流程涉及大量人工操作，从开票、背书、承兑到贴现，每个环节都可能涉及人工操作，如手工填写、传递、审核等，耗时较长且容易发生错误，影响了整体交易效率。

为了解决上述问题，相关部门采取了一系列改进措施，包括使用防伪标识、加密技术等提高票据的防伪能力，积极推广电子票据，减少纸质票据流通，同时加强监管力度，对票据市场进行定期检查，打击伪造、变造票据的行为。这在一定程度上减少了票据造假等违规行为，保护了票据市场参与者的合法权益，维护了金融市场的稳定运行。

15.2 区块链数字票据

15.2.1 区块链数字票据解决方案

票据的特点决定了其票面信息和交易信息必须具备完整性和不可篡改性。与一般的金融交易相比，票据交易金额一般较大，因此对安全性的要求更高。票据还具备流通属性，在特定生命周期内可进行承兑、背书、贴现、转贴现、托收等，交易行为一旦完成，就不可被撤销。由于票据市场规模大、参与方众多，而且业务链条很长，因此被认为是区块链技术极佳的应用场景。

区块链通过密码学技术提供的安全性、完整性和不可篡改性，可在一定程度上满足票据交易的这些需求，有助于在技术层面上防控票据业务风险，如图 15-3 所示。

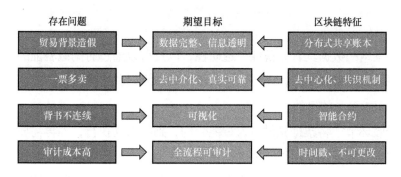

存在问题		期望目标		区块链特征
贸易背景造假	→	数据完整、信息透明	←	分布式共享账本
一票多卖	→	去中介化、真实可靠	←	去中心化、共识机制
背书不连续	→	可视化	←	智能合约
审计成本高	→	全流程可审计	←	时间戳、不可更改

图 15-3　区块链技术解决票据业务的问题

区块链数字票据是在保留现有票据属性、法律法规和市场的基础上，利用区块链技术的优势开发的一种全新的电子票据形式，具有更安全、更便捷、性价比更高的优势。

在票据发行环节，传统的票据承兑需要通过银行或其他金融机构作为中介来确认。区块链的加密技术确保了票据的唯一性和不可伪造性。每个票据都有一个唯一的数字签名，可以防范伪造和重复承兑的风险。承兑人可以直接在区块链上对票据进行数字签名，以完成承兑，从而去除中介环节，在提高效率的同时降低成本。同时，利用区块链技术汇集企业商业票据信息，对接多渠道资金方，能有效解决中小企业融资问题。融资方与资金方的交易在极具公信力的区块链上完成，链上的票据信息、参与方信息和交易信息不可篡改，从而解决了票据交易的信用缺失问题。

票据交易环节包含企业间的流转、贴现、转贴现、再贴现、回购等一系列业务类型，通常需要第三方认证，以确保有价凭证传递的安全。例如，在纸质票据交易中，交易双方信任的第三方是票据实物的真实性；在电子票据交易中，交易双方通过中国人民银行电子商业汇票系统进行信息交互和认证。在采用区块链去中心化的分布式结构后，改变了现有的系统存储和传输结构，建立起更加安全的"多中心"模式，实现点对点可信的价值传送，省去了原来的中心化系统做信息流转，还可以通过时间戳展示票据从产生到消亡的完整过程，真实反映了每个交易环节票据权利的转移过程。

票据业务属性决定了人工介入较多，造成较多违规操作和逾期兑付风险。将区块链智能合约技术应用到数字票据中，使得票据在整个生命周期中具备了可编程性，票据承兑、流转、贴现、转贴现、再贴现、回购等一系列业务类型的交易规则理论上都可以通过智能合约编程的方式来实现，并可根据业务需求变化灵活变更升级。例如，在做回购业务的过程中，约定买入返售到期，通过编程的方式来实现，可在到期时系统自动按约定价格执行返售操作。

区块链电子票据还可以支持实时清算和结算，因为交易一旦被区块链网络确认，相应的资金和票据的所有权就会立即转移。这大幅提高了交易效率，缩短了票据交易的结算周期。

由于数字票据的数据具有完备性、透明性，以及可以通过时间戳验证的特点，因此任何交易都可以实现追踪和查询，还可以通过相应的技术对其中涉及商业秘密的内容进行屏蔽，从而达到保护隐私的目的。

在票据托收环节，将票据兑付写入智能合约，到期自动执行，不再需要线下合同作为保证，避免票据违约现象。由于票据的到期日期在承兑时已经被写入代码中了，所以程序会控制在到期的时候由持票人向承兑人自动发出托收申请，等到托收完成后只需要按照一定的规则由第三方完成信息的记录并生成数据区块。价值交换直接完成，如果直接与资金清算挂钩，那么就不会存在托收预期的问题。通过程序控制，在托收过程中不能同时进行其他操作，这就确保了账实相符。

15.2.2 区块链数字票据的优势

区块链数字票据是基于区块链技术，结合现有的票据属性、法规和市场，开发的一种全新的票据展现形式。它既具备电子票据的所有功能和优点，又融合了区块链技术的优势，成为一种更安全、更智能、更便捷的票据形态。与现有电子票据相比，区块链数字票据具有如下优势。

第一，实现票据价值传递的去中介化。在传统的票据交易中，无论是电子票据还是纸质票据，通常都需要一个可信的第三方来确保交易的安全和可靠，如中国人民银行电子商业汇票系统，或者纸质票据真伪鉴定机构。借助区块链的信任机制来确保交易的真实性、完整性和不可篡改性，实现点对点的价值传递，不需要传统意义上的第三方监督和验证。另外，在实际的票据交易中，经常会有票据中介利用信息差撮合盈利，借助区块链实现点对点交易后，票据中介的职能将被减弱甚至消亡。

第二，改变现有的电子商业汇票系统结构，提升运作效率。传统的电子票据系统通常需要一个中央机构来管理和验证交易，而基于区块链的数字票据则通过网络的共识机制进行验证，减少了中间环节，提高了效率，降低了交易成本。区块链可以实现实时清算，一旦交易被网络确认，资金可以即时到账，提高了整个票据市场的资金使用效率。

第三，有效防范票据市场风险。纸质票据中"一票多卖"、电子票据中打款背书不同步的现象时有发生，但区块链具有不可篡改的时间戳和全网公开的特性，其上的所有交易都是公开的，票据的每次流转都会被记录下来，包括发行、背书、贴现和兑付等环节，这让交易的追踪变得非常容易。任何人都可以查看交易历史，这增加了操作的透明度，有助于防范欺诈和操纵行为。

　　电子票据由于是中心化运行的，因此一旦中心服务器出现问题，则会对整个市场产生灾难性的后果。企业网银的接入也将风险更多地转嫁到银行自身的网络安全问题上，整个风险的链条会越拉越长。而借助区块链的分布式高容错性和非对称加密算法，人为操作产生的风险几乎为零。

　　第四，规范市场秩序，降低监管成本。

　　当前票据市场上的操作方式各异，只能通过现场审核的方式来监管，对业务模式和票据流转也缺乏全流程的快速审查、调阅手段。区块链数据具有公开透明且不可篡改的特性，这让监管的调阅成本大幅降低，完全透明的数据管理体系提供了可信任的追溯途径。同时，针对监管规则，也可以在区块链中通过智能合约来建立共用约束代码，实现监管政策全覆盖和硬控制。

15.3　案例分析：基于区块链的电子票据系统

15.3.1　R3 CEV 商业票据交易系统

　　2018 年，国际区块链联盟 R3 CEV 联合以太坊、微软共同研发了一套基于区块链技术的商业票据交易系统。与现有电子票据体系的技术支撑架构完全不同，R3 CEV 利用微软的 Azure 区块链即服务（Blockchain as a Service，BaaS）平台，使用基于以太网区块链的 Corda 平台来构建商业票据交易系统。

　　Corda 是一个基于以太网的开源区块链平台，专为金融服务设计，于 2016 年上线，面向金融机构。Corda 使企业能够构建可互操作的区块链网络，可直接私下进行交易，并提供了必要的隐私和保密性。通过自动化和去中介化，R3 CEV 的系统减少了传统票据交易的中介成本和时间延迟。该系统通过智能合约技术自动执行交易条款，减少了人工操作和潜在错误，同时提高了交易效率。该系统还支持跨境交易，简化了跨国支付和证券交易流程，降低了跨境交易的复杂性和成本。可见，基于区块链的数字票据可在具备目前电子票据的所有功能和优点的基础上，进一步融合区块链技术的优势，成为一种更安全、更智能、更便捷的票据形态。

　　高盛、摩根大通、瑞士联合银行、巴克莱银行等著名国际金融机构加入了该票据交易系统的试用，并对票据交易、票据签发、票据赎回等功能进行了公开测试。2018 年 12 月，德国商业银行（Commerzbank）、法国企业和投资银行 Natixis、荷兰合作银行

（Rabobank）与 R3 CEV 合作，成功完成了一笔基于区块链平台 Corda 的商业票据交易，展示了区块链技术在票据交易领域的实际应用能力。

15.3.2 中国票据交易所区块链数字票据平台

早在 2016 年，上海票据交易所就开始和中国人民银行数字货币研究所启动了基于区块链的数字票据研究。2016 年 12 月 15 日实现原型系统并在模拟环境中试运行成功，实现了基于区块链的票据全生命周期的登记流转和基于数字货币的票款对付（Delivery Versus Payment，DVP）结算功能。2018 年 1 月 25 日，数字票据交易平台实验性生产系统投入生产环境并成功运行，中国工商银行、中国银行、浦发银行和杭州银行通过该系统顺利完成基于区块链技术的数字票据签发、承兑、贴现和转贴现业务。

从系统架构来看，数字票据交易平台主要包括区块链层、网络层、应用层 3 层结构，如图 15-4 所示。

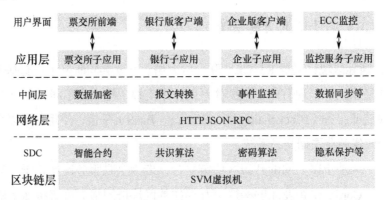

图 15-4 数字票据交易平台实验性生产系统架构

数字票据交易平台使用 SDC（Smart Draft Chain，数金链）区块链技术，采取相对平权的联盟链。票交所、银行、保险、基金等金融机构可以联合组网，各方处于相对平权（相比传统中心化的模式）的位置。在平台中，多个记账节点共同维护联盟链，普通节点经认证可以同步联盟链的数据并使用这些数据，交易对手和交易过程被完整记录在联盟链上，不可篡改；平台会员及平台上流转的资产一旦上链，就转化为可信状态且对所有会员可见，避免了不同会员重复 KYC 流程，大幅降低了交易成本。

引入实用拜占庭容错协议，提高了系统性能，降低了系统记账损耗，为实现"运行去中心化、监管中心化"奠定了基础。

采用同态加密、零知识证明等密码学算法，构建了可同时实现隐私保护和市场监测的看穿机制，强化了票交所的市场监测能力，为基于区块链技术的监管模式探索了新的实现方式。

数字票据交易平台设立了一个身份管理机构，负责参与方身份识别，也设立了参与方门槛，解决了传统交易平台上中介横行的困境。这个身份管理机构，主要提供参与方身份的证书颁发、存储、验证、授权，以及丢失恢复的服务。参与方在票据交易平台中进行登录、交易、查询等业务操作时使用私钥进行认证与数据加密。

利用区块链承载数字票据的完整生命周期，并采用智能合约优化票据交易与结算流程，进一步提高了交易的灵活性，降低了确认、清算和结算的成本。数字票据业务系统包含开票、企业间流转、贴现、转贴现、再贴现、回购等一系列业务类型，这些业务类型及交易中的要求和限制，都可以通过智能合约的方式来实现，并可根据业务需求变化灵活变更升级。票据交易智能合约可以自动完成资金转移、保证金锁定、手续费扣除、所有权的变更等票据交易动作。

利用区块链、大数据与智能合约，可实现票据交易的事中监管，降低了监管成本。得益于区块链的技术特性，监管方随时可以对分布式账本的交易记录进行审计，而不需要依赖票据交易平台所提供的接口。监管机构可以根据监管要求，设计开发用于监管的智能合约，并发布到区块链上，当票据交易智能合约执行时，将其作为前置合约进行调用，可以直接中止不符合监管要求的交易。每笔交易的监管执行结果也会记录在区块链上。

系统构建了"链上确认，线下结算"的结算方式，为实现与支付系统的对接做好了准备，探索了区块链系统与中心化系统共同连接应用的可能性。

在网络层，系统突破节点虚拟、参与者虚拟的模式，重塑系统安全防护和网络连接机制，全面提升了系统的安全性和稳定性，支持银行、企业以真实信息和管理需要直接进行操作。

在应用层，包含票交所、银行、企业和监控 4 个子系统：票交所子系统负责对区块链进行管理及对数字票据业务进行监测；银行子系统具有数字票据的承兑签收、贴现签收、转贴现、托收清偿等业务功能；企业子系统具有数字票据的出票、承兑、背书、贴现、提示付款等业务功能；监控服务子系统通过可交互的图形化业务展示、信息查询、运行告警、统计分析等功能，实现对区块链系统、业务开展、主机网络等运行情况的实时监控。

第 *16* 章

区块链技术在资产证券化中的应用

16.1 资产证券化业务的发展与痛点

16.1.1 资产证券化业务产生的背景

资产证券化（Asset-Backed Security，ABS）源于 20 世纪 60 年代末的美国，当时，美国房地产市场在经历高速发展之后积累了大量长期贷款，金融机构资产负债错配严重，信贷机构在流动性方面存在严重困难。为了化解信贷机构的流动性风险，1968 年，美国国会通过了《住房与城市发展法案》，允许机构发行资产证券化产品，将未到期的长期贷款打包出售筹措资金。1970 年，在美国国民抵押贷款协会吉利美（Government National Mortgage Association，GNMA）的担保下，发行了第一单住房抵押贷款支持证券（Mortgage Backed Security，MBS）产品，开启了资产证券化时代。资产证券化历经 50 余年发展，在交易结构、基础资产、定价方法等方面日渐成熟，已成为国外市场上的一种重要融资方式，被认为是 20 世纪金融市场最重要的创新之一。

我国资产证券化发展相对较晚。2004 年，中国证券监督管理委员会发布《关于证券公司开展资产证券化业务试点有关问题的通知》，2005 年，中国人民银行和中国银行业监督管理委员会联合发布《信贷资产证券化试点管理办法》，为资产证券化的发展提供了法律基础。2005 年 12 月，国家开发银行和中国建设银行分别发行了我国首支信贷资产支持证券和住房贷款支持证券，成为我国试点发行的首批信贷资产证券化产品。2005 年 9 月，中国证券监督管理委员会推出中国联通 CDMA 网络租赁费收益计划，这是我国推出的首支企业资产证券化产品。2007 年 9 月，我国启动第二批信贷资产支持证券试点。但是，在

2008 年国际金融危机期间，我国出于宏观审慎和控制风险的考虑暂停了资产证券化试点。

直到 2011 年 9 月，中国证券监督管理委员会重启对企业资产证券化的审批。2012 年 5 月，中国人民银行、中国银行业监督管理委员会和财政部联合发布《关于进一步扩大信贷资产证券化试点有关事项的通知》，标志着在经历了国际金融危机之后，我国资产证券化业务重新启动，进入第二轮试点阶段。

2012 年 8 月，中国银行间市场交易商协会发布《银行间债券市场非金融企业资产支持票据指引》，资产支持票据（Asset Backed Notes，ABN）正式诞生。

2013 年 3 月，中国证券监督管理委员会发布《证券公司资产证券化业务管理规定》，证券公司资产证券化业务由试点业务开始转为常规业务。资产证券化业务配套制度加快落地，发行端、投资端、交易结构和主体资质等业务环节臻于规范和成熟。

2014 年底，信贷 ABS 注册制和企业 ABS 启动备案制。随着监管政策日渐完善，我国资产证券化市场产品发行规模和存量规模快速增长，大类基础资产类别的形成日渐丰富与规范，二级市场交易日渐活跃。

16.1.2　资产证券化业务的运行模式

资产证券化是指融资人将自己拥有的能产生稳定现金流的资产或权益作为支持，构建资产池，通过结构化设计进行信用增级，将其转变成可以在金融市场上出售和流通的证券的融资方式。资产证券化的过程实质是一个将低流动性资产变为高流动性资产的过程。资产证券化产品通过一些独特设计，如风险隔离和信用增强等，尽可能地将资产支持证券的风险局限在原资产的现金流本身，并尽可能地降低风险、提高评级。从业务本身来讲，资产证券化业务的本质是用资产信用取代主体信用。

目前，中国资产证券化主要有如下 4 类产品。

（1）中国银行保险监督管理委员会、中国人民银行审批监管的信贷资产证券化，包括住房抵押贷款支持证券化和资产支持证券化，主要在银行间债券市场交易。

（2）中国证券监督管理委员会监管的证券公司、基金子公司资产证券化（资产支持专项计划）。

（3）在中国银行间市场交易商协会注册的资产支持票据（ABN）。

（4）中国银行保险监督管理委员会监管的项目资产支持计划。

资产证券化主要参与方与运作模式如图 16-1 所示。资产证券化产品运作流程主要包括如下几个环节。

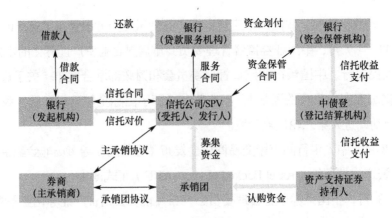

图 16-1　资产证券化主要参与方与运作模式

1. 资产形成环节

发起人，也称原始权益人，确定证券化基础资产，组建资产池。发行人将未来能够产生独立、稳定、可预测现金流的资产进行剥离、整合，形成资产池，以备管理人进行筛选。银行可以用来证券化的基础资产包括个人住房抵押贷款、汽车贷款、信用卡贷款、企业贷款，等等。企业可以用来证券化的基础资产包括基础设施收费、门票收入、租赁租金、应收账款，等等。

2. 资产打包环节

为了隔离需要证券化的资产与发起人其他资产之间的风险，通常会设立一个特殊目的载体（Special Purpose Vehicle，SPV），并将其作为一个独立主体持有基础资产。该 SPV 是资产证券化的发行方，但不参与基础资产的经营过程。SPV 的形式有多种，可以为信托型 SPV，证券公司、基金子公司专项资管计划，或者有限合伙形式。

在设立 SPV 后，需要将基础资产以转移或出售等方式移转给 SPV，发起人的债权人不得追索该资产，SPV 的债权人也不得追索发起人的其他资产，从而实现破产隔离。

在 SPV 取得证券化资产后，还需要对拟发行资产支持证券的信用等级进行增级，来保护投资者的利益。信用增级包括内部增信和外部增信。内部增信是从产品自身设计角度来提供信用增级的，包括结构化设计、超额覆盖、超额利差、现金储备账户、差额支付等。外部增信通过第三方来提供信用支持，包括超额担保、购买保险、出具信用证等。

3. 证券发行销售环节

发行人需要根据基础资产的特性，设计证券化产品的结构和条款，包括确定证券的等级、收益率、期限、还款方式等。还需要聘请信用评级机构对基础资产和证券化产品进行评级，并确定证券化产品的发行价格和利率。

发行人通过各类金融机构向投资者销售资产支持证券。

在销售完成后，发行人需要将证券发行收入按照事先约定的价格向发起人支付购买证券化资产的价款。

4. 资产存续期管理环节

在资产证券化成功之后，管理人还需要对资产池实施存续期间的管理，以确保证券化产品的持续运营和信用风险的监控。主要包括如下工作。

资金保管与支付代理：设立专门的资金保管账户，由支付代理负责管理。支付代理根据管理人的指令，向基础资产的借款人支付资金，并确保证券持有人的利息和本金得到偿付。

资产管理与运营：资产管理人对基础资产进行日常管理，包括收取债务人的还款，以及管理和处置违约资产。对于违约的资产，需要进行有效的清收和管理，以最大限度地回收资金，并减少损失。

信用增强与信用评级监控：在存续期间，可能需要维持一定的信用评级水平，因此需要监控信用评级机构对证券化产品的评级，并根据需要采取措施增强信用支持，如设立备用信用证或担保等。

信息披露与报告：定期向投资者和监管机构披露证券化产品的财务状况、信用状况和基础资产的表现。这包括定期报告和可能的临时报告，以应对重大事件。

到期清偿结算：在资产支持证券到期后，管理人还需要完成到期清偿结算工作。由资产池产生的收入在还本付息、支付各项服务费之后，若有剩余，则按协议规定在发起人和SPV之间进行分配。

5. 二级市场交易环节

ABS 完成初始发行，就可以在二级市场上交易了，这里的二级市场包括证券交易所或场外交易市场（Over the Counter，OTC）。参与 ABS 二级市场的投资者可能包括银行、基金公司、保险公司、个人投资者等。这些投资者根据自己对风险和回报的判断来买卖ABS。ABS 的发行人和服务机构需要定期向市场披露重要的财务和信用信息，以维护市场透明度。随着市场条件的变化，ABS 的信用评级可能会调整。ABS 的价格会根据市场供需关系、信用风险变化、利率变动和其他宏观经济因素波动。一些信用评级较低或结构较复杂的 ABS 产品，可能面临流动性不足的问题。

16.1.3 资产证券化业务的痛点

随着近年资产证券化需求的与日俱增，传统模式的资产证券化暴露出诸多风险与不足，如征信体系不完整，整个发行存续周期较长，缺乏精细化风险管理，整体结构较为复杂，资产评估非标准化等。整体的现金流管理、底层资产的透明度与交易效率等问题也都亟待提高。

1. 产品交易结构复杂，基础资产不透明

资产证券化特殊的业务逻辑，不可避免地导致其基本交易结构较为复杂，这让资产证券化产品的基础资产不易被穿透至实际的底层资产，进而导致基础资产不透明。

基础资产源于多笔资产打包重组形成的资产池，资产池里的资产并不同质，而是良莠不齐、质量不一的。基础资产的形成数据及历史运行数据由原始权益人所有，不对外公开，导致信息不对称。虽然通过律师、会计师、评级机构等中介机构对基础资产展开尽职调查可以降低这种信息不对称程度，但由于其形成数据及历史数据由原始权益人单方面提供，真实性仍然无法得到保证。

基础资产在转移给 SPV 后，产品运作过程中基础资产池的运行数据实际仍由原始权益人所有，不对外公开。虽然可以通过存续期管理报告来降低信息不对称程度，但管理报告只是固定时间频率的截面数据，无法对基础资产信息实现动态披露。另外，管理报告的统计维度和披露程度有限，无法满足投资者、管理人、评级机构的要求。

基础资产的不透明和难以准确评估导致投资人难以看透底层资产的质量和风险水平，这种信息不对称将导致投资者因为对产品的不了解而不敢投资，进而影响产品的发行和二级市场转让流通，最终提高企业融资成本。

2. 资产违约风险

首先是基础资产违约风险，引起基础资产违约风险的原因有多种，例如，经济下行期间，标的资产的预期收益能力相应减弱、资产服务能力下降等。又如，租赁 ABS 逾期事件，由于部分资产逾期，削弱信用支撑，引发风险关注。

其次是资产服务机构风险，具体包括关联方风险、资金混同风险、减资等。例如，某小贷 ABS 由于资产服务机构减资触发加速清偿。

最后是计划管理人风险，具体包括预测过于乐观、存续期管理难度大等。例如，某 ABS 存续期未实时或定期监测现金流最终导致违约。

上述 3 类风险产生的很大一部分原因是未能对各参与方主体本身、基础资产、资金管理情况的准确、及时监测与应对。

3. 资产证券化产品的发行和存续期管理效率不高

相比普通主体证券，ABS 具有结构较复杂、涉及相关主体多、产品制作周期较长、操作环节较多等特点。ABS 的发行需经过资产筛选、尽职调查、产品设计、监管备案/审批、销售发行等环节。在产品存续期，还涉及信托收益分配、现金流核算、报告出具等环节。由于涉及信用问题，因此往往需要反复提供信息、反复核验，且大多数环节由人工完成，耗时耗力，存在一定的操作风险，操作效率低下。

资产证券化业务参与主体众多，不同的参与主体根据各自职能，完成组建资产池、设立 SPV、出售真实资产、信用增级和评级等一系列冗长的业务环节。随着资产证券化的不断创新，交易结构复杂化和结构化手段不断叠加，信用中介链条和利益链条也随之拉长，加上资产证券化产品都具有基础数据规模庞大的特征，因此资产证券化产品设计和发行、证券存续期管理等各个环节的操作效率不高。

这些问题最终导致原始权益人融资成本高、投资者风险识别定价难、中介机构服务效率低、监管机构管理难度大等问题，制约了资产证券化市场的进一步发展。

4. 监管的透明度

资产证券化底层资产的复杂和不透明，以及业务链条长的特征也同样带来了监管难题。当底层资产状况出现信用风险时，监管机构无法实时穿透层层包裹的产品结构和业务链条，无法在第一时间发现和掌控最底层的风险，导致风险失去管控并不断积累。另外，不完善的信息数据披露机制和缺乏信息共享机制也是监管机构面临的问题之一。

16.2 基于区块链技术的资产证券化业务

16.2.1 基于区块链的资产证券化解决方案

区块链技术具有去中心化、透明、共享、不可篡改等特征，这就意味着区块链技术可以深入应用到资产证券化的各个环节，解决信任问题。在资产证券化业务中运用区块链技术，可以在不需要第三方背书的情况下，实现全流程所有数据信息的公开、透明、不可篡改、不可伪造，同时还能对信息进行追溯。资金方能够"穿透"地了解底部资产，中介机构可实时掌控资产违约风险，从而增加机构投资者信心，并降低融资成本。对监管方而言，能够更有效地把控金融杠杆、提前防范系统性风险。

区块链技术应用于资产证券化全流程如图 16-2 所示。

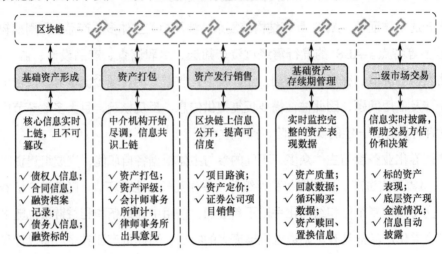

图 16-2　区块链技术应用于资产证券化全流程

1. 基础资产形成环节

在基础资产形成环节，可以利用区块链保存原始基础资产信息，每笔基础资产的真实性可被所有参与主体确认并共享。ABS 原始权益人按照信息披露要求，将底层交易信息及资产信息储存至区块链平台，通过多方验证进行公信后，记录在分布式账本上，做到资产信息透明和可追责。

在资产上链前，还可以通过区块链上的智能合约对基础资产进行严格的验证。这包括确认资产的合法所有权、评估资产的质量和风险等。只有通过验证的资产才能被记录在区块链上。

储存于分布式账本上的原始信息一经记录难以篡改，且由各方共同认可维护，这为后续资产发行销售提供了可靠性较高的存证信息。另外，基于底层资产的评级也将根据分布式账本记录的原始信息进行，从而使整个现金流被直接写入区块链，参与方均能同步保留经各方认证的底层资产数据，从而解决底层资产的真实性问题。

通过区块链浏览器，可对相关上链节点数据进行可视可信化，当审计方核验时，可通过哈希值比对的方式来确认数据文件信息的真实性。

2. 资产打包环节

在资产打包环节，满足集中度、信审等方面要求的资产将被打包到 SPV 里，拟通过将筛选过程进行链上存证，增加筛选环节的透明性，打造所有参与方都能认可和查验的筛选流程。

资产打包环节需经过相关审计机构的严格审计，例如，律师事务所需要对资产包情况出具法律方面的专业意见，会计师事务所需要出具财务方面的专业意见等，以可信的区块链资产为依托，并对资产数据与债项主体数据进行一定程度的共享，以促进相关方的审计流程。

3. 资产发行销售环节

基于区块链可信环节的证券化资产信息公开透明，有助于提升销售环节中对投资者的吸引力，提升投资者的认购率水平。

基础资产的每次转让都完整真实地记录在区块链上，方便追踪资产所有权，这能有效防止"一笔多卖"现象。另外，区块链上的交易通过智能合约实现，可减少人为干预，提高了资产转让的效率和便利性。

4. 基础资产存续期管理环节

区块链技术的引入，使得 ABS 各参与方对资产池的同时监控成为可能。在区块链上，可以记录每笔资产的运行详情，包括逾期、早偿等情况，账本对所有参与方开放，方便数据分析和处理。计划管理人可以对基础资产进行详细的调查；评级机构可以对每笔资产的质量进行分析，而非由于技术所限采用抽样调查手段；律师事务所能更大程度地把握整个资产池的法律风险；资产服务机构能够更便捷地掌握资产的还款和违约状况；投资者能够穿透底层资产，从而增加信任度。各机构间信息和资金通过分布式账本和共识机制实时同步，有效解决了机构间费时费力的对账清算问题。通过智能合约进行资产和现金交割，降低了人工干预造成的业务复杂度和出错概率，显著提升现金流管理效率。监管机构可针对 ABS 底层资产进行穿透式管理。

5. 二级市场交易环节

目前，ABS 二级市场流动性不足是其发展中的一大症结。ABS 持有人记录在区块链上，甚至随着不同区块链之间的联结形成更大的区块链，投资者可共享 ABS 的底层资产状况，这为 ABS 交易提供了一个透明、安全的平台。另外，区块链技术能提高证券登记、交易与结算的效率，满足监管和审计的要求。

基于区块链智能合约技术对资产的表现情况进行实时追踪展示，可及时反映底层资产的表现情况，底层客户的经营信息、还款情况，以及业务信息等，有助于根据资产情况来调整资产价格，从而对资产支持证券进行更加合理及时的定价。

16.2.2 基于区块链的资产证券化业务优势

区块链技术的引入，为资产证券化业务带来了许多优势。

1. 提高基础资产的真实性

将基础资产的详细信息记录在区块链上，确保基础资产从其起源开始的所有权和交易历史都是可验证的。区块链上的所有交易都是公开透明的，可以被任何第三方进行审计和验证，提高了基础资产的真实性。区块链技术还允许对基础资产进行实时监控，任何异常活动都可以被快速识别和调查，有助于防范虚假资产流入市场。

2. 提升信息流转和处理效率

在产品结构设计方面，智能合约可通过条款设置，将 ABS 各流程节点如信用增级、金融资产结算清算、物理资产确权等纳入，经智能合约在各方达成共识后入链，一旦满足条件，则自动执行。链中成员共享账本的数据特性使得机构间的操作更为透明，由此信任得以增强，整体效率也得到提高。

3. 促进管理及监管的智能化

在资产证券化产品存续期间，利用智能合约实现 ABS 关键业务流程如基础资产现金流回收、分配等操作的自动执行，可降低人工操作失误的可能性，使得 ABS 全业务流程能被有效管理，降低各环节造假的可能性，在一定程度上降低了事中风险。

监管机构也可作为节点加入，获得账本完整数据，缩减中间环节，提高智能化监管能力，确保监管者、投资者可通过区块链实现实时穿透监控、检测基础资产现金流回收情况，确保现金流清偿条款按约定执行，让存续期管理变得更加透明。

此外，评级机构和监管机构可以利用区块链对资产支持证券和业务参与方进行更快、更有效的监控。由于数据对所有参与方开放不同的登记权限，因此评级机构可以通过预先设置，实时观察资产池的变化，当现金流偏离预期时，自动触发并通知评级审查机构启动相关措施，提升评级报告的时效性。

16.3 案例分析：交通银行"链交融"

2018 年 12 月，交通银行依托区块链技术打造的资产证券化系统——"链交融"正式上线。这是一个以区块链技术和交易所管理规则为核心架构，以企业项目信用评估、融资、资产管理等多种服务为核心的平台。

"链交融"基于分布式理念和区块链技术的证券化系统，依托第三方专业机构重点布局企业资产证券化业务，将原始权益人、信托机构、券商、投资人、评级机构、会计、律师、监管机构等参与方组成联盟链，有效连接资金端与资产端，利用区块链技术实现 ABS 业务体系的信用穿透，进而实现项目运转全过程信息上链，整个业务过程更加规范化、透明化及标准化。交通银行推动如国电电力等优质发起机构、专业投资人等资产证券化生态圈用户上链。

"链交融"运用区块链技术在共识建立、加密保护、效率提升、模式创新等四大方面全面重构了传统资产证券化业务模式。

一是将底层资产及尽调工作全流程上链，借助区块链透明共享、不可篡改的特性解决资产证券化业务众多参与方之间的互信问题；将前期资产筛选、尽调等全流程信息通过数字指纹永久储存在链上，不仅可以消除传统资产证券化流程中的信息不对称，而且能够提升项目运行效率，降低运营成本，强化全周期风险管理。提供增信服务，让企业可以在交易所上提升信用等级，以更诚实的维度选择更安全的交易方式，提高企业融资的效率和成功率。

二是通过椭圆曲线加密算法和哈希算法实现链上交易文件的加密保护，有效降低了信息泄露的风险。

三是通过线下流程线上化及区块链接入"云平台"，实现整体业务流程效率的几何级提升。在资产端，由发起机构用户在"资产工厂"中完成基础筛选，直接上传基础资产信息并一键生成现金流瀑布，存续期实现现金流的实时跟踪、一键生成资产服务报告等。在承做端，各中介机构从线上下载原始数据及文件信息进行尽调反馈，避免项目文本的反复传输与沟通，在节约人力成本的同时也可避免操作风险。在资金端，基于链上"技术信用"形成基础资产，可帮助投资机构有效避免欺诈风险。

四是运用去中心化的链化模式，推进资产证券化业务线上生态圈的形成，实现底层信息流及现金流在原始权益人、中介机构、投资人及监管机构间的实时共享。提供资产管理及分析服务，将区块链技术与交易所信息进行整合，以高效及全面的方式有效管理企业资产，以最大化企业投资回报。提供稳定专业的资产证券化交易服务，投资者可以快速准确地进行金融交易，并方便地对投资对象进行信用评级，使资产交易安全有效地进行。

区块链技术在资产证券化业务场景的应用实际上缩短了资产持有人和资金持有人之间的信息距离，同时也打破了行政区隔的界限。借助区块链技术，"链交融"平台的各参与方达成资产共识和价格共识。例如，上海的资产可以对接到江苏的资金，从某种程度上来说，促进了长三角区域的资产和资金的"同城化"。

2018 年 9 月，交通银行成功上线了亚洲首单基于区块链技术的信贷资产证券化项目——"交盈 2018 年第一期个人住房抵押贷款资产支持证券"，标志着我国首个由金融实体自主研发的资产证券化平台设立。它突破了传统证券化技术中信息不对称、客观性不足、定价与风险不匹配等瓶颈，每个区块链节点的智能合约由联盟链成员共同制定，版本一致、规则透明，缩小了传统项目中理论模型与现实操作间的巨大鸿沟。

截至 2022 年 12 月，交通银行已经通过"链交融"平台发行超过 3000 亿元规模的项目。

第 *17* 章

区块链技术在证券交易中的应用

17.1 证券交易业务的发展与痛点

17.1.1 证券业务发展历程

证券自诞生至今已有四百多年历史。1609 年，在荷兰阿姆斯特丹诞生了第一家证券交易所，标志着现代股票市场的诞生。当时，荷兰东印度公司通过发行股票来筹集资金，以支持其远洋贸易和殖民扩张，是世界上第一家公开发行股票的公司。这种通过公开市场融资的方式，让个人投资者能够购买公司股份，分享公司的利润和增长。这种创新的融资模式不仅为荷兰的全球贸易提供了资金支持，也为后来的公司融资和股票市场的发展奠定了基础。

伦敦证券交易所成立于 1801 年，是全球最古老的证券交易所之一。在 19 世纪和 20 世纪，伦敦证券交易所发挥着全球金融中心的作用，吸引了众多国际企业和投资者。随着英国全球扩张和崛起，伦敦证券交易所的影响力进一步扩大。

1849 年，纽约证券交易所成立，其发展与美国的工业革命密切相关。在 19 世纪末和 20 世纪初，美国迎来了一波经济繁荣浪潮，纽约证券交易所得以迅速发展。第二次世界大战后，美国国力逐渐强盛，纽约证券交易所也成为全球最大、最重要的证券交易市场之一。

1971 年，随着信息技术和服务业的兴起，全球第一个股票电子交易市场——纳斯达克交易所应运而生。纳斯达克交易所利用计算机技术实现了股票的电子交易和报价，大幅提高了交易效率，降低了交易成本。纳斯达克交易所的成立标志着证券交易方式的一次重大变革。

中国证券市场发展较晚。1990 年 12 月 19 日，中国第一个证券交易所——上海证券交易所正式成立。1991 年 7 月 3 日，深圳证券交易所也正式营业。1993 年 4 月，国务院发布了《股票发行与交易管理暂行条例》，规范了证券市场的发行、交易、结算、信息披露等方面的制度，旨在建立和发展全国统一、高效的股票市场。同年 12 月，国务院颁布了《中华人民共和国公司法》，对建立健全现代公司制度起到了关键作用。1997 年，中国证券监督管理委员会批准了《上海证券交易所股票上市规则》和《深圳证券交易所股票上市规则》，为证券市场的规范化和制度化奠定了基础。1998 年，《中华人民共和国证券法》颁布，为证券市场的运行提供了法律保障。

经过三十多年的发展，中国证券市场已经发展成全球重要的资本市场之一。中国已经建立了包括主板、创业板、科创板等在内的多层次股票市场，市场结构日益完善，包括股票市场、债券市场、期货市场等多个子市场。中国证券市场在促进资本形成、优化资源配置、支持实体经济发展等方面发挥了重要作用。

17.1.2 证券业务运行体系

在股票市场发展初期，交易所采取的是证券实物交换的交易方式，因此投资者或证券持有人需要将实物证券寄放在交易所中进行交易。当时，当天完成的交易需要半个月甚至一个月的时间才能完成清算。随着证券市场的发展和扩大，证券交易量激增，大量实物证券的交割无法及时完成，证券公司与结算机构应运而生。证券公司开始提供经纪服务，帮助投资者买卖证券，同时也参与交易的清算过程。结算机构负责处理交易后的证券和资金转移，确保交易的最终结算。证券公司与结算机构共同服务于投资者和交易所，提高了交易效率。

随着计算机和网络的出现和普及，证券交易的方式也从实物证券交易转变为无纸化证券交易，这不仅提高了证券交易的效率，也大幅降低了证券交易的人为出错率和运营成本。现代证券市场拥有完善的基础设施，包括电子交易平台、清算和结算系统，以及完善的监管框架，有助于维护市场的稳定和高效。

证券市场业务主要包括证券发行、证券交易、证券结算等环节，图 17-1 所示为证券交易流程。

1. 证券发行环节

证券发行是指资金募集者为了募集资金向投资者发行有价证券的行为。证券发行包括首次公开募股、增发股票、发行债券等方式。按照发行方式划分，还可以分为公开发行和私募发行。证券发行首先要求企业进行股份制改革，其次要寻找证券公司作为保荐机构进行上市辅导，最后通过会计、审计、律师事务所等中介机构进行评估，出具财务报告、法律意见书等文件，向监管机构提交上市申请，同时按照监管要求，公开披露招股说明书等重要信息。监管机构要对企业的财务状况、经营业绩、合规性等进行审核。在核准上市后，要通过询价机制了解市场对证券的需求和估值，确定发行价格。企业管理层和保荐机构向潜在投资者推介企业，增加市场对企业的认识和兴趣，最后根据询价结果和监管机构的批准，正式发行证券，并接受投资者的认购。

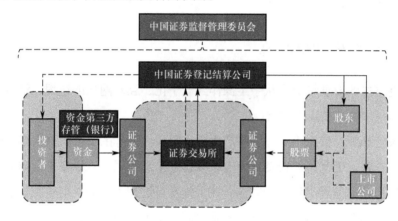

图 17-1　证券交易流程

2. 证券交易环节

证券完成发行后，在选定的证券交易所上市，开始公开交易。投资者开立证券账户和资金账户，通过证券经纪人或在线交易平台下达买卖证券的指令，证券经纪人或交易平台将交易指令传递到证券交易所，证券交易所的交易系统根据价格和时间优先原则匹配买卖订单，对交易价格、数量、时间匹配的订单撮合成交。这些在证券交易所交易的业务通常被称为"场内业务"。目前场内业务交易大多基于证券交易所的集中化交易系统进行，自动化程度相对较高。

除了场内业务，还有大量场外交易（Over the Counter，OTC）的业务，包括不在交易所交易的债券、外汇、金融衍生品、私募股权、大宗商品等。场外交易没有固定的交易场所，交易双方可以直接进行交易，也可以通过经纪人或场外交易系统进行。场外交易的价格通常由交易双方协商确定，不通过集中竞价形成。场外交易的透明度通常低于场内交易，对场外交易的监管程度也通常低于场内交易。

3. 证券结算环节

证券结算包括清算和交收两个步骤。证券在交易成交后，需要先对买方在资金方面的应付额和在证券方面的应收种类和数量进行计算，同时也要对卖方在资金方面的应收额和在证券方面的应付种类和数量进行计算。这个过程称为清算，包括资金清算和证券清算。清算结束后，需要完成证券由卖方向买方转移和对应的资金由买方向卖方转移的过程。这个过程称为交收。

对记名证券而言，完成了清算和交收，还有一个证券登记过户的环节。只有完成了登记过户，证券交易过程才宣告结束。

17.1.3　证券业务运行中的痛点

证券交易方式的发展经历了从手工操作到电子化、互联网化的过程，证券交易的效率大幅提高，但是依然存在诸多痛点。

在证券发行环节，信息不对称容易产生欺诈风险。证券的发行人具有信息优势，而投资者处于不利位置。因此，对投资者而言，掌握的信息有限，难以掌握风险状况。而发行人可能会利用自己的信息优势进行欺诈。在证券发行过程中，要同时寻找证券保荐机构和证券承销机构，但在通常情况下，这两者是由同一个证券公司担任的。证券保荐机构的目标是监督证券发行人的行为，而证券承销机构的目标是辅助发行人顺利发行有价证券，由此会产生利益冲突。基于证券公司的眼前利益，有可能出现证券公司帮助发行人造假的问题。从企业准备上市到最后 IPO 完成，往往需要较长的时间，在整个过程中，各种事项是不连续的，这为数据造假创造了条件。

在证券交易环节，对于场内交易，目前大都基于证券交易所的集中化交易系统进行，需要保障交易所交易系统的稳定性和安全性，一旦交易所系统出现故障，就会对证券交易有非常大的影响。针对交易所交易系统的网络攻击一直不断，历史上交易系统曾经出过各种各样的故障，造成投资者资金损失，影响交易所信誉。例如，2013 年纳斯达克交易所因软件问题暂停交易数小时，影响了数千家上市公司的股票交易。2015 年，纽约证券交易所因技术问题在开盘后不久暂停了所有股票交易。

对于场外交易，通常缺乏集中的交易平台和公开的报价系统，市场信息不透明，买卖双方难以确定合适的交易价格。在场外交易中，交易双方直接交易，存在违约风险，即对手方可能无法履行交易义务。场外交易的金融产品可能流动性不足，导致投资者难以快速交易。场外交易的结算周期可能较长，增加了结算失败的风险。另外，场外交易的分散性和不透明性使得监管机构难以有效对其进行监管，增加了违规交易和市场操纵的风险。相比场内交易，场外交易的数字化程度有待提升的空间很大。

在证券结算环节，传统的清算和交收主要存在如下几个方面的问题。一是证券清算交收周期冗长、环节复杂。清算交收涉及多个环节，包括交易确认、净额结算、证券转移、资金划拨等，每个环节都可能涉及不同的参与方和规则。各参与方由于交易时间、交易方向等问题，往往还需要进行人工干预。长时间的清算交收周期和复杂的环节增加了操作风险和市场风险。二是清算的成本非常高。清算交收的复杂性和参与方的多样性导致这个过程往往伴随着较高的操作成本和人力成本。三是清算交收的集中度不高，如在不同的证券领域有不同的清算系统，这种模式会提高整个社会的成本，并且影响证券市场的效率。对参与方而言，需要熟悉和适应多个不同的系统，这增加了操作难度和错误发生的可能性，也提高了成本。资金和证券的转移在不同系统之间可能不够流畅，导致交收周期延长，影响了市场的效率。分散的清算系统可能会让风险管理和监管更加复杂，难以实现全面有效的监控。

17.2 基于区块链技术的证券交易业务

随着区块链技术的不断发展和应用，其在证券市场中的应用也不断推进，为证券市场发展注入了新的活力和动力。

17.2.1 区块链在证券发行中的应用

传统证券发行过程烦琐且耗时，而采用区块链技术进行证券发行可以大幅减少中介机构和交易费用，提高证券发行的效率和安全性。区块链技术通过其分布式账本、不可篡改性和透明性，提高了证券发行的透明度和安全性。这让证券发行过程中的所有交易记录都变得公开且可追溯，从而增强了投资者和市场参与者的信任。发行主体、证券公司、会计师事务所、律师事务所等机构作为链上主体，将发行过程大量纸质和数字资料上链，做到数据透明、可追溯，这让项目承做人员和监管机构等需要查询的人员可以高效查阅和复用资料。

针对信息不对称的问题，通过区块链可以将发行申报材料、证券金融产品的状态等一系列信息记录审核上链，由于区块链具有不可篡改性，因此链上信息的真实性得到保障，且无法被篡改。同时，利用区块链技术的可追溯性，通证资产投资人能直观地查看项目从产生到发布的整个过程，提高信息的透明度，保证了资产的可信度。IPO 过程中的所有信息，包括发行者提供给中介机构和政府部门的数据资料完全公开，可以降低欺诈风险。

针对中介机构的问题，区块链技术的存在会大幅弱化中介机构的作用，降低中介机构的道德风险。区块链技术能够简化证券发行流程，减少传统发行过程中需要的中介机构数量，降低发行成本，并加快发行速度。

针对数据造假的问题，区块链具有不可篡改性，可避免出现虚假数据。在引入区块链技术后，将发行申报材料、证券金融产品的状态等一系列信息记录审核上链，信息的真实性得到保障，且无法被篡改。

为了保障区块链技术在证券发行中的积极效果，一方面，要扩大信息来源，将发行主体、证券公司、会计师事务所、律师事务所等机构作为链上主体，对所有关于发行人的信息全部上链，供投资者查阅，做到数据透明、可追溯。另一方面，要将区块链技术和传统金融结合起来，做到两者相互补充，例如，证券保荐机构的职责不能被弱化，保荐人还要履行尽职调查并督导发行人信息披露和提示风险等职责。

17.2.2　区块链在证券交易中的应用

证券交易的透明度和效率是证券市场稳定和发展的重要保障。区块链与证券可以完美结合，为证券交易带来更高的透明度和效率。

相比现有的电子交易系统，基于区块链的证券交易系统构建了一套全新的运行体系。

首先，将证券放到区块链上，保证了证券资产的不可复制性，且可以在链上快速完成交易、清算和结算，同时保障了交易数据的真实性，可有效防范信用风险。可在区块链中建立最高权限的监管节点，让监管机构准确、全面地掌握市场和交易信息。

在现有的中心化证券体系中，为了保障市场各方的公平，需要投入大量的人力、物力来保证各方获得的信息是对称的。区块链技术去中心化的特点保证了每个节点都拥有完整的市场账本，同时，区块链的共识机制保证了证券登记、交易、结算记录在整个市场中同步被更新，换言之，区块链上的节点之间不会存在信息不对称的情况。

其次，将区块链智能合约运用于证券交易过程中，可以直接实现证券交易双方的自动配对及撮合成交，并且实现证券交易的自动执行，减少了交易中的人为干预，提高了交易效率和便捷性。利用智能合约还可以自动执行分红派息、禁售限制等操作，降低人工操作风险，这提高了整个证券市场的效率和安全性。

对于场外交易，借助区块链技术构建一个场外交易平台，可以连接各个市场大量分散的客户资源，买卖双方只要对所在节点上的账本交易数据进行分析，就可以查询履约信息、锁定交易机会。

在传统场外交易过程中，中介机构的作用不可忽视。然而，中介机构的存在也会带来额外的成本和复杂性。利用区块链技术进行证券交易可以减少中介环节，降低中介成本，提高证券交易的效率。通过区块链技术，证券交易将变得更加透明和高效。所有人可以在去中心化的网络中自由竞价并促成交易，任何交易都是唯一且不可篡改的，这确保了交易过程的安全可靠。在整个证券交易过程中，由于证券的交易双方进行的是点对点交易，免去了传统证券交易中的经纪商代理行为，因此将大幅节省证券交易费用，降低证券交易的成本。

借助区块链场外交易平台上的智能合约，机构可以在有询价需求时对全网进行广播，也可以实时获取区块链上的交易报价，依照合约中预设的条件自动执行交易；当智能合约计算出交易对手方信用风险值达到预警线时，会向有关参与交易的机构自动告警。

最后，通过数字化登记系统，可以将清算和结算自动化，交易时间被大幅压缩，达到分或秒级，大幅减少了目前不同机构进行对账所需的第三方信用成本、时间成本和资金成本。

17.2.3　区块链在证券结算中的应用

传统的清算和交收流程需要多个中介机构进行协调，效率低下、成本高昂。区块链技术通过共识机制验证交易后，可以实现实时全额结算，减少手工流程，避免操作风险，大幅降低了清算成本和时间，提高了整个体系的效率和安全性。

通过区块链进行证券清算交收，可带来以下效果。

首先，利用区块链进行的证券交收和资金交收被包含在一个不可分割的操作指令中，交易同时成功或失败，实现货银对付并降低因一方违约造成另一方受损的风险。可以做到实时交收，防范违约风险，并且方便监管，降低信息不对称性。

其次，利用区块链进行证券结算不再完全依赖中央登记结算机构，每个结算参与人都有一份完整的账单，任何交易都可在短时间内传送至全网，分布式账本可以保证系统的安全性，降低操作风险。

最后，利用区块链技术将减少中介、简化结算流程。证券经纪代理机构、托管机构、清算参与机构、中央证券存管机构、中央对手方等都可能被代替，实现交易各方的直接对接，进而提高清算交收效率，实现交易及结算的"T+0"模式。

区块链智能合约可以在非中心化的系统中实现一对一的证券交易，借助智能合约自动化执行的特性，避免了烦琐的中心化清算交割流程，能够有效提升证券交易的效率。

证券交易过程中还有一个重要问题是证券登记和证券存管。证券登记是对证券交易的行为加以确认，记录和更新证券持有人信息的过程；证券存管是指由专门的机构对交易的证券和资金进行保管。我国的证券存管制度规定证券公司对自己的客户资料进行分散管理，证券公司的资料则由中央存管机构（如中国证券登记结算有限责任公司）进行集中管理。登记存管体系的分散提高了投资者的中介费用，并且容易造成信息泄露。将区块链技术应用在证券登记和存管领域，可以让参与者不再依赖任何中介机构，而是将投资者的各种信息都保存在区块链的分布式账本上，任何的买卖交易、股权拆分、股东投票和股票质押等都可以从中体现，每笔交易和资产的所有权被准确记录在区块链上，不需要第三方登记和托管机构的参与。

17.2.4　区块链在证券行业的应用探索

区块链的代币发行机制与证券发行有着很多相似之处，因此，区块链技术诞生之初，就受到证券行业的广泛关注。各大证券交易所、证券公司、资管公司纷纷投入研发资源，探索区块链在证券行业的应用。

2015 年 6 月，纳斯达克交易所和区块链初创公司 Chain 合作推出了基于区块链的证券交易系统 NASDAQ LINQ，该系统主要为非上市的企业提供证券私募融资服务。2015 年 12 月，纳斯达克交易所使用 NASDAQ LINQ 完成和记录了首笔私人股权的交易。

2016 年 1 月，澳大利亚证券交易所（Australian Stock Exchange，ASX）与数字资产控股公司（Digital Asset Holdings，DAH）合作，利用区块链技术对交易业务进行原型验证和测试，旨在替换其老旧的清算所电子登记系统（Cleaning House Electronic Subregister System，CHESS）。但是出于安全考虑，该计划一直被推迟。

2017 年，全球资管巨头北方信托（Northern Trust）和 IBM 公司联合开发出一个私募股权区块链平台并投入运行，该平台将记录融资、投资和退出等流程中涉及的权益发行、费用计算、收入分配、出资请求等一系列关键信息，可以为欧洲监管机构提供实时数据。

我国的证券交易所和市场机构也在积极研究区块链技术在证券交易中的应用。

2018 年，香港交易所与数字资产控股公司合作，开发区块链交易平台，以解决国际投资者和本地投资者在其沪港通北向交易平台上的交易结算问题，形成了新一代区块链解决方案，所有参与方都可以在该平台上即时结算。

2020 年 9 月，深圳证券通信有限公司联合北京股权交易中心上线全新的基于区块链的股权登记托管系统，搭建区域性股权市场业务链，并与中国证券监督管理委员会中央监管链成功对接。

2020 年 10 月，上海证券交易所信息网络有限公司发布"上证链"，面向市场提供"云链一体化"的基础技术设施，上线投资者适当性管理、电子存证、行情授权管理、投行底稿、数据备份等多个场景，开始上证链的试运营。

2021 年 1 月，中国证券业协会上线以区块链技术为基础搭建的"证券业联盟链"，旨在构建证券行业新型基础设施。

2021 年 12 月，中国证券期货业区块链联盟成立，同时发布了《证券期货业区块链白皮书（2021 年）》。该联盟由中国证券监督管理委员会科技监管局指导，上海证券交易所、深圳证券交易所牵头联合证券公司、基金公司、技术厂商、高校等行业核心机构共同发起，旨在探索基于区块链技术的科技监管和科技赋能。

除了证券交易所和监管机构，中信证券、广发证券、国泰君安、兴业证券、嘉实基金、银华基金等证券或基金公司纷纷对区块链技术及其在证券行业的应用展开了多项专题研究。

总体来说，我国证券市场的区块链实践尚处于理论研究和实验阶段，并没有大规模投入实际使用。尽管基于区块链的证券交易系统提供了许多潜在优势，但在实际部署和广泛应用之前，仍需要解决一些技术和监管方面的问题，包括技术成熟度、法律框架、市场接受度、互操作性，以及与现有金融系统的整合等问题。随着技术的不断发展和成熟，相关问题有望逐步解决，预计区块链将在证券交易领域发挥越来越重要的作用。

17.3　案例分析：证券行业区块链应用

17.3.1　NASDAQ LINQ 平台

2015 年，纳斯达克交易所正式推出其基于区块链技术的私募股权交易系统——NASDAQ LINQ。该系统利用区块链技术为非上市公司股份提供在线登记服务，促进其私人证券市场的股份转让和出售，大幅提高了股权交易结算效率。

此前，未上市公司的股权融资和转手交易需要大量手工作业和基于纸张的工作。例如，需要通过人工处理纸质股票凭证、期权发放和可换票据；需要律师手动验证电子表格等，这会造成很多人为错误，又难以留下审计痕迹。NASDAQ LINQ 系统将原本需要 3 天的股权交易市场标准结算时间缩短至 10 分钟，同时让结算风险降低 99%，从而有效降低资金成本和系统性风险。

NASDAQ LINQ 系统作为纳斯达克交易所在私募股权市场为企业家和风险投资者所准备的完整解决方案的一部分，是纳斯达克交易所在区块链技术应用方面的一个重要举措，这是首个由大型交易所建立的基于区块链技术的金融服务平台，支持在区块链技术上实现资产交易，为私人股权市场带来了更高的效率、透明度和安全性。

NASDAQ LINQ 平台的主要特点和创新之处如下。

（1）区块链技术的应用：NASDAQ LINQ 利用区块链技术，为私人股权交易提供了一个高效和透明的平台。这标志着纳斯达克交易所在金融服务领域对区块链技术的探索和应用。

（2）私募股权管理和交易：NASDAQ LINQ 平台作为纳斯达克交易所私募股权市场的一部分，为企业家和风险投资者提供了一个全面的解决方案。它旨在简化私人公司的股份管理和交易过程，提高透明度和效率。纳斯达克交易所通过 NASDAQ LINQ 平台将其业务从传统的二级市场拓展到一级市场，特别是在 IPO 前的股票管理和交易领域。

（3）数字化和自动化：NASDAQ LINQ 平台通过数字化股权交易和管理，让交易双方在线完成发行和申购材料，减少了传统纸质和手工处理的过程，从而降低了人为错误发生的可能性，并提高了交易速度。发行者因繁重的审批流程所面临的行政风险和负担也将大幅减少。

（4）提升用户体验：NASDAQ LINQ 平台提供了直观的用户体验，让用户能够更有效地管理股份发行和交易。平台提供了基于区块链管理估值的仪表盘、权益变化时间轴等功能，可以让用户对股权分配和交易历史一目了然，帮助发行公司和投资者更好地跟踪和管理证券信息，规范交易行为。

17.3.2 中国证券业联盟链

2021 年 1 月，中国证券业协会成功建设并上线"证券业联盟链"（简称证联链）。证联链是以区块链技术为基础搭建的证券行业联盟链，旨在发挥区块链技术可追溯、不可篡改、安全可信等特性，助力科技监管，服务业务创新，推动数据共享及数据治理，构建证券行业新型基础设施。

证联链结合区块链、分布式文件系统、数字信封、商用密码算法等技术建成了一体化的证券行业跨机构业务能力平台。其中，区块链用来做业务的执行、数据的存证、结果的背书；分布式文件系统用来处理大规模的业务数据，缓解区块链大数据处理的瓶颈；数字信封为业务运行提供了信息加密、隐私保护等能力；商用密码算法提供了自主可控的数据加密能力。证联链为跨机构业务提供了业务运行、结果背书、数据安全、隐私保护、监管审计等多种核心能力，为证券行业相关业务运行提供信息基础支撑，在赋能行业技术升级和业务创新上具有重要意义，应用前景广阔。

1. 丰富的服务支持

证联链为链上机构提供的服务分为基础服务和应用服务。基础服务包括数据存证、加密报送、隐私计算、数据共享、文件服务等。应用服务包括投行业务电子底稿监管服务、投行业务质量评价服务、风险数据共享服务、电子签约应用服务、电子公证书核验服务等，以及未来基于实际业务场景的其他服务。

证联链在场景选择上优先以具有行业推广效应的业务场景为切入点，已陆续发布多个应用，包括投行业务电子底稿监管协调、投行业务质量评价系统、行业风险数据共享平台、电子公证书平台、电子签约平台等，通过这些典型应用场景的先行先试，为行业打造了可供参考的标杆应用，有效促进行业区块链生态的良性发展，助力打造风险可控的数字化业务服务。

2. 多链架构模式

建立"证联链—场外联盟链"多链架构模式。其中，证联链聚焦自律监管，场外联盟链作为证联链的子链，聚焦场外业务应用。证联链和场外联盟链在分工协作的同时又深度融合，实现了多链之间的数据流转及全生命周期管理，基于多链架构为行业机构提供更加灵活、个性化的创新服务。

3. 可扩展技术体系

证联链采用可插拔组件设计，目前已支持智能合约、跨链网关、电子签约、分布式存储、商用密码、数字信封等基础技术组件，未来将继续建设隐私计算、DID（分布式数字身份）、VC（可验证凭证）、DAML（场外业务模型语言）等新型组件，可扩展技术体系为行业持续创新提供了坚实的技术底座。

4. 新型金融基础设施

证联链建设立足于我国资本市场的实际情况，通过资源整合为行业机构提供基础信息服务平台，逐步建成高效能、高可用、可扩展的新型金融基础设施平台。证联链以服务行业为目标，推进行业创新技术应用，提高行业服务能力和效率，同时辅助监管机构进行行业信息穿透，可有效促进行业有序健康发展。

证联链结合技术创新、业务场景建设，实现对信息的聚焦处理和穿透式管理，通过对业务类型、数据模型和监管数据标准的提炼规范，将业务数据通过区块链实时传递至监管机构，将业务数据的事后报送提前至事中实时报送，从而实现监管机构、自律组织，以及经营机构的高效协同，赋能动态监管、实时监管和穿透式监管。

第 *18* 章

区块链技术在金融风险管理中的应用

18.1 区块链技术对金融风险管理的影响

金融风险是伴随着金融市场运行产生的各种导致经济损失的风险，对金融机构、市场参与者、经济体系乃至整个社会都有着深远的影响。金融机构可能因未妥善管理风险而遭受重大财务损失，影响其盈利能力和持续经营，削弱投资者对市场的信心，引发资本撤离，影响市场的流动性和效率。金融风险还具有传导性，一个机构、一个行业的风险可能会迅速扩散至更多机构和行业，加剧经济周期波动，导致系统性问题，影响整个金融市场的稳定，甚至引发金融危机。

因此，金融风险管理对金融机构至关重要。通过识别和管理风险，金融机构可以保护其资产不受市场波动和其他不确定性因素的影响，从而维护资产价值，减少金融机构可能面临的财务损失，确保其财务状况的稳定性和持续性。金融风险管理对整个经济体系至关重要，有助于防范系统性风险，保障社会经济的稳定运行。

金融机构面临各种各样的金融风险，按照其产生因素主要可以分为信用风险、流动性风险、市场风险、操作风险、合规风险等。信用风险源于债务人或交易对手没有按照合约规定履行还款义务，或者信用状况恶化，导致金融机构或投资者遭受损失。流动性风险源于市场流动性不足，导致在某些时间点上无法按照预期规划完成金融产品的操作，造成预期之外的损失。市场风险源于资本市场和货币市场预期之外的汇率、利率或政策性的变动，从而造成非预期或潜在的损失。操作风险源于程序、人员、系统的不完善或失误，或者突发的金融事件导致金融机构直接或间接的损失。合规风险源于金融机构未能遵守相关法律法规要求，可能面临的法律制裁、罚款或声誉损失。

通过对金融机构主要风险的梳理和分析，可以发现，这些风险大多与信息不对称性和信任机制相关。区块链去中心化、不可篡改、透明度高等特点，为金融机构解决风险管理领域的现实问题提供了有效的、可利用的方法途径，有助于提升风险管理水平。金融机构基于区块链的风险管理系统框架如图 18-1 所示。

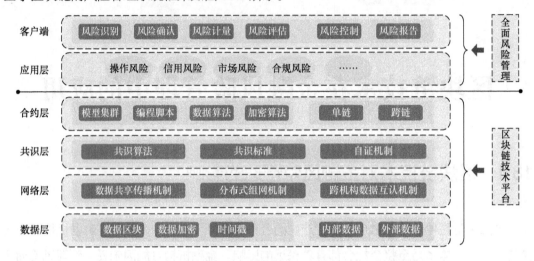

图 18-1　金融机构基于区块链的风险管理系统框架

首先，区块链技术可以提供更加安全的金融交易。传统金融机构在处理资产转移、结算、清算等业务时需要依赖中心化的机构进行验证和记录，容易受到黑客攻击、内部失误等因素的影响。区块链技术通过去中心化的方式，将交易信息存储在多个节点中，并使用密码学技术保证每个节点都能验证交易的真实性，从而有效地防止数据被篡改和恶意攻击，保障数据安全和用户隐私。

其次，区块链技术可以提供更加透明的金融交易。传统金融体系涉及的各种信息往往分散在多个机构中，难以形成全局视野。区块链技术通过将交易信息公开在网络上，所有参与者都可以查看和核实交易，提高了信息的透明度和可追溯性，有助于降低信息不对称性，让所有网络参与者都能访问相同的信息，从而降低因信息不透明导致的信用风险。同时，区块链技术还有助于监管机构更加准确地了解市场情况，及时采取措施防范风险。

最后，区块链技术可以提供更加灵活的金融服务。传统金融机构通常只有进行了复杂的风险评估和资产配置，才能提供相应的金融服务，而区块链技术通过智能合约等方式，可以在不需要中介机构的情况下自动执行规定好的商业逻辑，提供更加简单、快捷、低成本的金融服务。这有助于改善金融市场的流动性，减少不必要的交易层级和成本，从而降低金融系统的运作风险。

在金融机构风险管理实操方面，区块链技术也能发挥重要的作用。区块链技术能够帮助金融机构更加全面、准确地评估风险，及时发现并处理问题，从而降低金融风险。金融机构可以利用区块链技术收集数据、建立评估模型，对风险进行全面、准确评估，这有助于金融机构更好地制定风险管理策略。区块链技术确保所有交易记录都是透明且不可篡改的，可以为金融机构提供可靠的数据溯源机制，帮助金融机构准确地追溯风险的来源和传递路径。

金融机构还可以利用区块链技术构建智能合约和预警机制，实现风险管理的实时监控和预警，以及风险管理的自动化和智能化，提高风险管理效率。

区块链技术可以对金融风险管理产生多方面的影响，帮助金融机构更好地应对风险挑战。但是，同时也需要注意，区块链技术本身仍然存在一些问题、面临着一些挑战。例如，性能瓶颈、隐私保护等，这些都需要继续进行研究和改进。

18.2　区块链技术在信用风险管理中的应用

18.2.1　信用风险管理的一般方法

信用风险（Credit Risk）是指债务人或交易对手未能按照合同约定履行还款义务，导致贷款方或投资方遭受损失的风险。广义的信用风险不仅包括债务违约，还涉及因交易一方或双方信用水平的下降导致的机会成本增加，从而带来的经济损失。在金融市场中，信用风险是金融机构在进行贷款、投资和其他信用交易时必须考虑和管理的关键风险之一。

信用风险管理是通过信用风险要素的识别、信用风险水平的度量、信用风险点的监控、信用风险的控制等手段，对消费者个人的信用和企业的资信状况进行管理，减少信用损失，提高风险收益的过程。信用风险管理的本质是管理风险暴露、违约率、期限及违约后的回收率，既包含管理风险主体自身所能承受的信用风险，也包含提高自身的信用水平，增加自身的偿债能力。

信用风险管理的一般流程主要包括如下几个步骤。

1. 信用风险要素识别

识别信用风险要素是实现信用风险管理的第一步。只有精准定位风险产生的根源，才能更有针对性地寻找降低或转移风险的办法。识别信用风险要素需要紧密结合风险主体的经营活动流程和特征，采用宏观和微观视角相结合的方式进行要素分析。在宏观视角下，需要从宏观的经济状态、行业发展状况或地区经济状况等整体大环境的动态，评估其对信用风险主体经营状况的影响，以及该主体的风险承受能力。在微观视角下，需要深入了解信用风险主体开展的各项经营活动、财务状态、资金流动和资产收益等具体情况。

2. 信用风险建模

信用风险建模用文字或公式来刻画、分析信用风险，研究信用风险，揭示违约率、回收率等信用风险特征变量与影响因素之间的具体关系。通常可以从两个视角来分析风险影响因素的作用，一是利用经济学原理分析各种资产价值的变化是如何导致企业出现违约事件的，并根据资产价值动态过程的假设来计算违约率和回收率；二是利用数学工具来刻画违约事件发生的概率和违约后的回收率，即将信用风险主体的内外部经济变量作为影响信用风险的因素，利用数据进行实证分析。常见的信用风险量化模型包括 KMV 模型、Credit Metrics 模型、Z-score 模型等。

3. 信用风险评估

信用风险评估是在信用风险要素识别的基础上，利用模型对风险投资的综合状况进行全维度的认识、评价的过程。可以以债务人或债务工具为对象进行信用评估，在对债务人的信用风险进行评估时，应着重于评估其偿还债务能力或违约的概率；在对债务工具进行评估时则侧重于评估债务的综合信用风险：风险暴露、违约率、回收率等的最终结果。此外，信用风险主体的偿债历史信息也是信用评估需要重点参考的信息，这不仅能体现债务人的偿债能力，也能反映其债务管理能力和债务偿还的意愿。

在技术层面，可以将定性分析和定量分析相结合，来进行信用风险的评估。定性分析需要符合经济学和企业运营的规律，并进行必要的对比和相对性研究；定量分析的发展离不开人们对数据的收集和使用，其能较为准确地提供一定的数字结果，便于判断和对比不同债务人或信用工具的风险水平。

信用风险主体需要建立独立、持续的评估体系，对信用风险管理过程进行实时评估，并将结果及时传递给独立于业务部门的信用复审部门进行整体质量评估，从而通过内部复审和报告系统来管理机构的各类信用组合。

4. 信用风险控制

信用风险控制是管理信用风险的实质操作性、控制性过程，是处置信用风险的核心步骤。信用风险控制需要管理者根据信用风险的识别和评估的结果，结合自身能够承受的信用风险上限、风险偏好及经济损失发生的严重程度，选择、实施管理决策和方法，并对该方法实施的效果进行检测，最终通过反馈对原方法进行调整。

风险管理部门要确保授信额度和信用风险暴露与谨慎性标准一致，且不超过内部确定的限额。当授信额度超过预定限额时，要及时发出管理预警，并开展有针对性的分析，根据信用风险偏好来确定是否调整信用上限或转移信用风险。

如果信用风险即将或已经发生，信用风险主体应及时采取一系列补救措施，通过系统性的信用风险复审识别出正在恶化或存在问题的授信。

在上述信用管理流程中，金融机构与借贷主体之间存在信息不对称问题，金融机构难以获取完整、准确的借贷主体信用信息，增加了信用风险管理的难度。传统信用风险管理缺乏科学的定量分析手段，更多依赖定性分析和管理者的主观经验判断，难以实现精确的风险量化。

在经济下行的情况下，部分行业长期低迷，企业还款能力和意愿下降，信用风险沿着产业链逐步蔓延扩散，导致贷款逾期和不良贷款大幅增加，信用风险集中爆发。传统的风险管理手段难以及时掌握全市场信用风险变化趋势，很难对系统性风险进行预判。

在一些金融机构中，风险管理部门的独立性不够，信贷审批流程可能存在问题，导致风险管理效率不高。

18.2.2　基于区块链的信用风险管理方法

将区块链技术应用到信用风险管理中，可以较好地解决上述问题。

利用区块链技术可以建立一个公开透明且不可篡改的分布式账本，记录所有交易和参与者的身份信息。在此基础之上，可以建立一个去中心化的信用评估系统，由多个节点共同维护账本，进行信用评估和审核，帮助金融机构更准确地评估借款人的信用状况。通过分析区块链上的历史交易记录，可以对借款人的信用行为做出更客观的评估。金融机构可以安全地共享信用数据，提高信用评估的准确性，同时保护用户隐私和数据安全。

区块链的开放性和透明性使得所有授权参与者都能查看借款人的信用记录，有助于金融机构更全面地了解借款人的信用状况。一方面，金融机构可以通过分析区块链上记录的借款人的历史交易和信用行为，来预测借款人的信用风险趋势。另一方面，利用区块链技术可以实时监控借款人的信用状况变化情况，及时发现信用风险信号，为金融机构提供及时的风险预警。

一些企业为了从金融机构获取贷款或融资，有时会对财务数据进行造假，通过关联交易做大应收应付等各类账款规模，虚构虚增营业收入、净利润等财务指标数值。区块链可以提供一个透明的信用记录系统，记录供应链上下游企业资金流和物流的全过程，协助企业在链上建立"诚信档案"。金融机构可以在区块链上获取融资企业供应链上下游企业的一手信用信息，有助于更准确地评估融资企业的信用状况。通过区块链技术还可以对其过往所积累的数据进行自动比对，判断借款主体与上下游企业在业务交易数据上的合理性，并与链上形成的该主体信用评级等数据交叉验证。相比传统的企业征信获取方式，区块链大幅提高了数据的可信度、准确度及便利度。

身份欺诈是金融机构经常遇到的信用风险事件。犯罪分子非法获取并使用他人的个人信息，如姓名、社会安全号码、信用卡号、银行账户信息等，冒充他人进行欺诈活动，导致受害者信用记录分数下降、财务资金损失甚至给受害者带来法律纠纷，同时也给金融机构带来风险。区块链上记录了用户的所有交易和身份验证历史信息，一旦身份信息被记录在区块链上，就无法被更改或删除，这确保了身份信息的真实性和可靠性。利用区块链技术进行身份验证，确保交易双方的身份真实性，可以降低因身份欺诈带来的信用风险。

区块链技术可以编写智能合约，自动按交易规则执行操作，并将结果存储在区块链中。这可以消除人为干预和错误，提高交易效率。例如，可以将贷款条款，如将约定利息、还款计划、违约处置等要素写入智能合约。智能合约可以根据预设的条件自动执行，如当借款人逾期还款时自动计算利息、强制执行还款计划，并触发风险预警，为金融机构提供实时的风险提示，降低违约风险和管理成本。

区块链技术还可以赋能普惠金融。一方面，区块链技术去中心化的特性减少了中介环节，降低了交易成本，使得小额信贷变得经济可行。区块链可以帮助建立信用记录，尤其是对那些传统金融机构服务不到的人群建立信用记录。智能合约可以自动执行贷款条款，简化流程，降低违约风险。区块链提高了金融机构的信用风险管理水平，降低了信贷产品的进入门槛，让更多人能够获得金融服务。

另一方面，金融机构可以借助区块链技术创建分散的信用风险共担机制。例如，将资产或风险代币化，将大额信贷资产包分割成小额份额，允许投资者购买代表贷款、债券或其他金融资产的小额份额，让更多参与者能够投资或承担风险，从而将信用风险分散给多个参与者，降低单个金融机构承担的风险。代币化区块链的透明性确保所有交易记录对所有授权参与者可见，并且可以实时监控资产的表现和信用风险的变化，有助于投资者了解资产的信用状况和风险水平。代币化资产可以在区块链上自由交易，提高了资产的流动性，使得风险可以被更快速地转移和分散。智能合约可以自动执行风险共担协议中的条款，如利息支付、本金偿还等，降低了违约风险。区块链上的交易记录符合监管要求，同时提供了必要的透明度，有助于增强投资者信心。区块链技术有助于创建一个更加灵活、透明和高效的信用风险共担机制，降低金融市场的系统性风险，并为投资者提供更多的投资渠道和风险管理工具，实现真正意义上的普惠金融。

区块链的透明性和不可篡改性有助于建立金融机构间的互信，促进不同金融机构的信息共享和协作，有助于构建一个更加完善的信用风险监控网络，减少传统合作中的协调和沟通成本，防范信用风险扩散，从而提高整个金融系统的稳定性和运行效率。区块链技术还可以跨越国界，为不同国家的金融机构提供统一的信用评估标准和工具，降低跨境交易中的信用风险。

18.3 区块链技术在市场风险管理中的应用

18.3.1 市场风险管理的一般方法

市场风险（Market Risk）是指市场价格波动导致的金融资产价值减少或收益不确定的风险。市场风险可以分为利率风险、汇率风险、股票价格风险和商品价格风险等，分别是指由于利率、汇率、股票价格和商品价格的不利变动所带来的风险。市场风险直接影响企业持有的金融资产价值，增加了投资回报的不确定性，导致企业的财务状况变差和偿债能力下降，甚至影响宏观经济的稳定性，引发系统性风险。

市场风险管理是金融机构识别、评估、监控和控制市场波动对其投资组合或业务可能造成损失的管理过程。以下是市场风险管理的一般流程。

（1）制定市场风险管理框架：制定明确的市场风险管理政策和程序，包括机构可接受的风险水平、风险管理组织结构和职责权限等。

（2）市场风险识别：结合金融机构自身的业务活动和投资组合，识别其面临的市场风险源，确定哪些业务和产品对市场风险最为敏感，识别可能影响金融机构业务的各种风险因素，如利率风险、汇率风险、股票价格风险和商品价格风险等。同时，需要对市场进行深入分析，包括市场趋势、历史数据、宏观经济指标、政策变化等，评估各类风险因素历史上的影响情况，确定关键风险指标（KRIs），这些指标能够及时反映市场风险的变化，并作为市场风险监控的依据。

（3）市场风险度量与评估：评估市场风险的潜在影响，包括对投资组合的潜在损失进行评估。使用定量方法来衡量市场风险的大小，常见的度量工具包括 VaR（Value at Risk，风险价值）、压力测试和敏感性分析。VaR 可以评估金融机构或投资组合在一定的置信水平下可能面临的最大潜在损失。压力测试可以模拟极端市场情况下企业的表现，以识别潜在的风险点。敏感性分析可用来评估市场参数（如利率、汇率等）变化对企业财务状况的影响。

（4）市场风险控制：常见的市场风险控制包括风险限额、风险分散和风险对冲等手段。风险限额是指设定一定的风险限额来控制承担风险的程度，确保承担的风险在可接受的范围内。风险分散是指通过将资金分散到不同的资产类别、行业和地区，可以降低特定投资的风险暴露。如果某个投资表现不佳，其他投资还有可能平衡风险，并提供更好的回报机会。风险对冲是指通过期货、期权、掉期等衍生品工具对冲市场风险，减少潜在的市场波动对金融机构的影响。此外，还需要制订应对市场极端情况的应急计划，确保在市场动荡的情况下能够迅速采取行动。

（5）定期评估和监控：市场风险管理需要定期评估和监控投资组合的表现，及时发现潜在的风险或机会，并做出相应的调整。

传统市场风险管理往往依赖定性分析和专家经验，缺乏对市场风险因素的全面和深入识别，评估方法可能不够精确和全面。传统市场风险管理在数据采集、分析与应用能力等方面可能存在不足，导致风险度量不够精确，难以实现对风险的准确量化和有效控制。

传统的风险信息分散在不同的机构和部门，难以进行有效整合，缺少对市场风险的全局视角，难以进行整体的风险评估和管理。同时，缺少基于大数据的风险预警技术和先进的压力测试技术，难以实现对风险的有效预测和应对。

18.3.2 基于区块链的市场风险管理

区块链技术可以为金融机构提供一个更加透明、高效和自动化的市场风险管理工具，帮助金融机构更好地应对市场波动和不确定性。

促进风险信息共享：区块链提供了一个去中心化的数据存储解决方案，可以促进金融市场参与者共享风险信息和协作，整合分散在不同系统中的市场风险数据，提供一个全局视角，有助于参与者更加全面地了解和评估市场风险。支持实时更新和监控市场数据，如利率、汇率、股票价格和商品价格等，及时发现市场变化并做出响应，从而更好地应对市场风险。

风险监测和预警：在市场风险监测与预警方面，区块链可结合大数据、人工智能对数据来源的可靠性进行有效识别，提高市场风险的评估和度量精度，实现更精细化的风险管理，帮助投资者减少误判。区块链上记录的海量市场数据和历史风险事件可以为人工智能提供高质量的训练数据，不断优化风险评估和预警模型。通过自动化的风险监测和预警，减少了人为因素导致的误判，提高了风险管理的客观性和准确性。

风险事件自动处置：区块链可以通过智能合约自动按交易规则执行相关操作，在满足特定市场条件时自动触发风险管理措施，如当市场价格达到预设的风险水平时，自动执行对冲交易，减少人为干预并降低操作风险。智能合约可以用于监控和执行风险限额，一旦投资组合的风险敞口接近或超过限额，智能合约可以自动调整头寸或发出预警。在市场流动性紧张时，智能合约可以自动执行资产的快速变现操作，以确保有足够的流动性来应对潜在的赎回压力或其他紧急情况。

近些年，各类金融交易所纷纷开展区块链技术的应用研究，探索在提升交易效率的同时，如何提高市场风险管理水平。例如，纳斯达克交易所旗下的私募证券交易平台 NASDAQ LINQ 运用区块链技术对内外部相关数据进行实时监测，及时进行风险提示和风险预警，给投资主体合理的引导。平安集团旗下的陆金所通过区块链技术，让投资方和融资方在智能合约基础上进行信息交互，投资方可以真实掌握融资方行为信息、基金持有数量、基金净值及变化等情况，减少了各类因集中误判引起的市场波动。

18.4　区块链技术在操作风险管理中的应用

18.4.1　操作风险管理的一般方法

操作风险（Operational Risk）是指因内部程序、人员和信息系统的不完备或失效，或者外部事件造成损失的风险。操作风险可能导致金融机构直接或间接遭受经济损失，包括资金损失、资产损失，以及因违规操作而产生的罚款等，并且损害金融机构的声誉，影响客户和市场对金融机构的信任。操作风险事件还可能涉及违反法律法规的情形，导致金融机构面临法律诉讼或监管处罚。大规模的操作风险事件可能动摇市场对整个金融系统的信心，影响金融市场的稳定性。操作风险也暴露了金融机构内部管理和控制的不足，相关方将要求金融机构加强内部控制和风险管理体系建设。

操作风险管理是金融机构用来识别、评估、监控和控制内部流程、人员、系统失效或外部事件导致的潜在损失的过程。操作风险管理是全面风险管理体系的重要组成部分。金融机构应该根据操作风险偏好，识别内外部固有风险，评估控制、缓释措施的有效性，分析剩余风险发生的可能性和影响程度，划定操作风险等级，确定接受、降低、转移、规避等应对策略。

应制定操作风险管理制度和政策，明确操作风险管理中的角色和职责。可以借鉴和使用成熟的风险管理工具和框架，如 COBIT、ISO 31000 等，来指导操作风险管理过程。

金融机构应及时识别可能影响机构运营和财务状况的所有潜在风险因素，包括内部流程、员工错误、系统故障、欺诈行为、外部事件等，还要识别相关风险的关键控制点，确保这些控制点能够有效地捕捉和缓解风险。

操作风险评估即评估已识别风险的可能性和影响，确定风险等级和优先级。金融机构应尽可能地量化操作风险，例如，通过损失数据收集和统计分析来估计潜在损失。

操作风险控制即根据风险等级，对业务、产品、流程，以及相关管理活动的风险采取控制、缓释措施，来降低风险发生的可能性或影响，如内部控制流程、员工培训、系统升级等。操作风险控制贯穿于公司所有业务流程，一些具体的管控措施包括：明确部门间职责分工，避免利益冲突；加强各类业务授权和信息系统权限管理；建立重要财产的记录和保管、定期盘点、账实核对等日常管理和定期检查机制；加强不相容岗位管理，有效隔离重要业务部门和关键岗位，建立履职回避，以及关键岗位轮岗、离岗审计制度；重点监控关键岗位员工行为；对交易和账户进行定期对账，等等。

除了日常操作管控，还需要制订与其业务规模和复杂性相适应的业务连续性计划，有效应对导致业务中断的突发事件，确保在发生重大事件时能够快速恢复正常运营，最大限度地减少业务中断影响。此外，有必要对外部供应商和服务提供商进行风险评估和管理，确保它们符合本机构的风险管理标准。

风险定期监测与评估是指持续监测操作风险，定期进行自我评估，检查现有控制措施的有效性，并根据评估结果进行调整。定期向管理层报告操作风险管理的状态，包括风险暴露、控制措施的有效性等。

随着信息技术在金融行业的广泛应用，原来大量手工线下操作的流程被转移到线上处理，大幅提高了操作效率。然而，金融机构之间在进行交易特别是涉及跨司跨境业务时，每天仍要处理烦冗的登记、对账、结算、数据传输等工作，且在部分环节仍需大量人工参与，存在较多操作风险暴露的可能性。此外，在一些复杂交易项目中，一般会涉及多个交易主体，所采用的交易结构和交易流程比较复杂，也会面临操作风险的挑战。

18.4.2 基于区块链的操作风险管理

区块链技术的一个主要优势在于其透明性和可追溯性。在操作风险管理中，可以利用区块链建立不可篡改的记录，对每一步操作进行完整记录，金融机构可以实时监控和追踪交易流程，减少风险管理中的人为错误和欺诈行为。此外，所有的交易都会被记录在不可篡改的区块链上，这让金融风险审计变得更加容易和准确。

还可以通过区块链智能合约的应用优化操作风险管理。智能合约技术可将复杂的传统交易变成全自动智能安全交易，其逻辑、流程等均可通过预设程序来实现，如资金的释放和冻结。当交易不满足预设条件时，程序预设的阻断机制会自动触发阻止交易的进行，保证安全交易。以供应链金融业务为例，将供应链上所有的交易行为放入区块链中，可以摆脱复杂的人工审核和第三方增信机构的验证，大幅提升了融资效率，并降低了操作风险和人为错误的潜在风险。

因为每次交易都会被记录下来，并且可以快速被整个网络检索，所以利用区块链技术可以实现实时监测。在操作风险管理中，利用区块链技术可以实时监测，并且快速发现和解决风险事件。

18.5　区块链技术在合规风险管理中的应用

18.5.1　合规风险管理的一般方法

合规风险（Compliance Risk）是指金融机构或企业在运营过程中未能遵守相关的法律法规、监管要求、行业标准、内部政策及合同义务等，可能遭受法律制裁、监管处罚、财务损失或声誉损害的风险。合规风险管理是金融机构和企业风险管理的重要组成部分，对维护金融机构和企业的稳定运营、保护投资者和消费者利益、促进金融市场的健康发展具有重要意义。

金融机构合规风险管理通常包括以下步骤。

（1）建立合规管理框架：制定明确的合规政策和程序，确保所有业务活动符合法律法规要求。可参考 ISO 37301 建立适合企业自身实际情况的合规管理框架。

（2）合规风险识别与评估：识别合规风险并评估其可能造成的影响。合规风险识别是合规管理工作的基础，通过各个业务部门和管理部门逐项梳理各自工作内容，结合必须遵循的法律法规和政策文件，确定工作中的合规风险点，把这些风险点按照风险程度和发生概率排列出来，形成风险识别清单，确定风险等级。

（3）合规风险控制：通过内部控制措施，如合规培训、监督和检查，来控制和降低合规风险。制订应对合规风险的计划和程序，包括事件响应和危机管理办法。在所有企业的业务流程和管理流程中，通过识别合规风险，设置关键风险控制点，并增加合规审查环节，依次确认每个流程的管控环节，形成流程管控清单。

（4）合规风险监控和审计：持续监测合规风险，确保合规措施得到有效执行。实施持续的监控活动和定期的内部审计，以确保遵守了合规政策。

（5）合规风险报告：向管理层和利益相关者报告合规风险状况和合规风险管理的效果。与监管机构保持沟通，了解最新的监管动态和要求。

（6）持续改进：根据监管环境的变化和内部审计的结果，持续跟踪法规变化，及时更新合规政策和程序，不断改进合规风险管理措施。

18.5.2 基于区块链的合规风险管理

利用区块链安全透明、不可篡改、易于跟踪等特性，可确保数据一旦被记录，就无法被更改或删除，为合规风险管理提供了可靠的数据来源，大幅减少了监管者的事前监管压力，使其可以投入更多精力在事中与事后监管。

数据共享和透明度：区块链提供了一个去中心化的、可信赖的数据共享平台，各方可以共享数据并查看交易历史记录，从而实现更高的透明度和准确性，有利于监管机构对企业的合规情况进行审计和监管。区块链的透明性和可审计性为监管机构提供了便利，监管机构可以实时监控交易，提高监管效率和响应速度。

合同管理和执行：区块链技术可用于自动化合同管理和执行过程。通过智能合约等技术，将合同的条款编码为计算机程序，并在符合特定条件时自动执行，可以降低人为错误的风险，同时也有助于保护各方的权益。

风险评估和预警：可以结合区块链技术和大数据技术来搭建风险评估和预警系统。例如，企业可以将其业务数据上传到区块链上，并使用智能合约和其他技术来自动评估风险水平，在达到某个预设阈值时发出预警信号，这有助于企业及时采取措施降低风险。

风险实时监控：可以通过区块链智能合约实现自动化合规性检查。例如，通过将合规风险控制规则嵌入智能合约，可以自动执行风险控制策略，减少人为干扰，提高合规性。如挪用客户保证金、运用多个账户坐庄拉升特定目标股票等违规交易行为将很容易被监测出来，这避免了传统监测手段时效性差、成本高昂等弊端。监管机构完全可以通过自己的接口进行适时监控与拦截。

后　记

　　区块链技术的发展可谓近年来金融科技领域的一股强劲潮流，独特的去中心化、不可篡改和透明等特性，使其在金融行业中迅速引起了广泛关注。从最初比特币的诞生，到如今各类区块链应用的创新，区块链技术正在逐渐改变着金融行业的格局，为金融业务带来前所未有的变革。作为一名研究者和实践者，我们有幸见证并参与到这一历史性的变革中。

　　2013 年起，我们就开始密切关注区块链技术与数字货币的发展动态。为了更好地探讨和研究这一领域，我们在《清华金融评论》上策划并推出了几期封面专题，包括 2016 年 5 月刊《数字货币与区块链》，2017 年 4 月刊《区块链重构金融？》，2019 年 11 月刊《区块链专题》，旨在探讨区块链技术在金融领域的应用及其对传统金融业态的变革。这些专题汇集了国内各个领域的区块链专家学者的智慧，为推动我国区块链技术的研究与应用提供了重要的参考。

　　与此同时，我在清华大学五道口金融学院讲授《区块链与数字货币》的课程，将这一前沿话题带入了学术殿堂。在课堂上，我与学生共同探讨了区块链技术的原理、应用场景及未来发展趋势，学生们对此表现出极高的热情，积极参与讨论，提出了许多有见地的问题和观点。通过与他们的互动，我更加深刻地认识到了区块链技术在金融领域中的巨大潜力。

　　然而，区块链技术的发展仍处于起步阶段，未来还有许多需要探索和改进的地方。无论是技术层面的优化，还是应用场景的拓展，抑或是监管机制的建立，都将是行业发展的重要课题。正如任何新兴技术一样，区块链技术在应用过程中也面临着诸多挑战，如安全性、隐私保护、法律法规等，需要我们不断进行研究和创新。同时，区块链技术在金融领域的应用也需要与传统金融业务进行有效融合，以实现真正的价值。

　　在区块链技术的发展过程中，行业标准和监管机制的建立也是至关重要的。区块链技术的去中心化特性使得传统的监管模式面临挑战，需要探索适应新型金融业务特点的监管机制。此外，随着区块链技术的广泛应用，数据安全和隐私保护问题也日益凸显。如何在保障用户隐私的同时，确保数据的安全和合规使用，将是区块链技术发展中的重要课题。

尽管区块链技术仍面临诸多挑战，但其发展空间巨大、前景广阔。随着技术的不断进步和应用场景的拓展，区块链技术有望在金融行业发挥更加重要的作用。从跨境支付、供应链金融到保险、证券等领域，区块链技术都有望带来创新和变革。同时，区块链技术也在逐渐向其他行业延伸，如物联网、供应链管理、版权保护等，其应用前景无限广阔。

在这个快速发展的时代，我们需要保持对新兴技术的敏感性和前瞻性，不断学习和探索。作为金融从业者，我们更应该积极拥抱区块链技术，深入研究和掌握其核心原理和应用场景，以便在未来的金融市场中立于不败之地。

在此，我要感谢所有参与本书创作的团队成员，2020 年 4 月，我起草了本书的提纲和各章摘要。随后，组建了编写组。其中，谢松燕参与了第 1 章、第 3 章、第 6 章、第 11 章、第 15 章等的资料收集和整理工作，寇敏参与了第 2 章的资料收集和整理工作，何丽峰参与了其余章节的资料收集和整理工作，并完成了全书的编写工作。最后，由我对全书进行了统稿和修订。本书成稿历时 4 年有余，实属不易。在此，对各位编写组成员的不懈努力表示衷心感谢！2024 年 1 月，书稿正式提交出版社。在董亚峰社长、朱雨萌等编辑的帮助下，经过近一年的编审，终于付梓成书。在此，我代表编写组对出版社各位同仁的辛勤付出表示衷心感谢！同时，也要感谢清华大学五道口金融学院对我的支持，让我有机会将区块链技术引入课堂，与学生们共同探讨这一前沿领域。另外，还要感谢广大读者对本书的关注和支持，希望这本书能为大家带来启发和思考，共同见证区块链技术在金融领域的辉煌未来。同时，也期待更多人投身这一领域的研究与实践，共同书写区块链时代的辉煌篇章。

最后，愿区块链技术为我国金融业的创新发展注入新的活力，助力我国金融体系更加完善、稳健，为实现中华民族伟大复兴的中国梦贡献力量！

张伟

2024 年 6 月

于清华五道口

参 考 文 献

[1] SATOSHI Nakamoto. Bitcoin: A Peer-to-Peer Electronic Cash System[R]. 2008.

[2] VITALIK Buterin. Ethereum: A Next-Generation Smart Contract and Decentralized Application Platform[R]. 2013.

[3] TETHER. Tether White Paper: A Legal Currency Token Using Bitcoin Blockchain Transactions[R]. 2014.

[4] Libra Association. The Libra Blockchain[R]. 2019.

[5] Diem Association. The Diem Blockchain[R]. 2020.

[6] 弗里德里希·冯·哈耶克. 货币的非国家化[M]. 姚中秋，译. 北京：新星出版社，2007.

[7] 梅兰妮·斯万. 区块链：新经济的蓝图与导读[M]. 北京：新星出版社，2016.

[8] 华为区块链技术开发团队. 区块链技术及应用[M]. 北京：清华大学出版社，2019.

[9] 张健. 区块链：定义未来金融与经济新格局[M]. 北京：机械工业出版社，2016.

[10] 中国人民银行数字人民币研发工作组. 中国数字人民币的研发进展白皮书[R]. 2021.

[11] 国际清算银行. 中央银行数字货币对支付、货币政策和金融稳定的影响[R]. 2018.

[12] 国际清算银行. Central Bank Digital Currencies for Cross-border Payments[R]. 2021.

[13] 国际清算银行. Making headway : Results of the 2022 BIS survey on central bank digital currencies and crypto[R]. 2022.

[14] 周小川. 关于数字货币的几点问题及回应[C]. 清华五道口全球金融论坛，2022.

[15] 周小川. 支付系统与数字货币[J]. 中国金融，2023(20).

[16] 姚前. 数字货币研究前沿[M]. 北京：中国金融出版社出版，2018.

[17] 姚前，陈华. 数字货币经济分析[M]. 北京：中国金融出版社出版，2018.

[18] 张伟. 数字货币与区块链技术的前景与挑战[J]. 清华金融评论，2017(4).

[19] 张伟. 区块链技术重塑价值交换[J]. 清华金融评论，2017(7).

[20] 王勇，何天程. 境外虚拟资产合规监管之日本篇——监管机构与自律组织双管齐下的监管体系[Z]. 2022.

[21] 杨东，陈哲立. 数字货币立法：日本经验与对中国的启示[J]. 证券市场导报，2018(2).

[22] 姚前，朱烨东. 区块链蓝皮书：中国区块链发展报告（2022）[M]. 北京：社会科学文献出版社，2022.

[23] 刘红玉. 区块链技术在跨境支付领域的应用研究[J]. 金融电子化，2021(5)：81-82.

[24] 中国证券业协会. 证券业联盟链白皮书[R]. 2023.

[25] 宋汉光. 区块链在数字票据中的应用[J]. 中国金融，2018(10).

[26] 刘瑾. 区块链技术对货币体系及政策的影响分析[J]. 清华金融评论，2018(2).

[27] 王琳，陈龙强、高歌. 以京东金融为例解析区块链数字票据[J]. 当代金融家，2016(12).

[28] 涂文斌. 区块链资产证券化平台"链交融"[J]. 金融电子化，2019(2).

[29] 霍学文. 鼓励区块链技术发展，促进区块链规范应用[J]. 清华金融评论，2017(4).

[30] 辛治运，鹿群，蔡佳苗，等. 区块链赋能证券行业数字化转型[N]. 中国网财经，2023-12-14.

[31] 章庆，鲁继东，高剑. 区块链在证券期货领域的应用分析与建议[J]. 中国货币市场，2019(5).

[32] 张晶，李育冬. 区块链技术在我国市场化个人征信中的应用初探[J]. 征信，2020(5).

[33] 姜小南. 珠三角征信链：区域一体化发展的重要数字引擎[J]. 金融电子化，2022(8).

[34] 邵景强，孙艳，胡畅. 搭平台，造生态，构建"珠三角征信链"[J]. 金融电子化，2022(8).

附录　中英文缩写对照表

英 文 缩 写	英 文 全 称	中 文 含 义
ABS	Asset-Backed Security	资产证券化
ASIC	Application Specific Integrated Circuit	专用集成电路
AML	Anti-Money Laundering	反洗钱
BaaS	Block-Chain as a Service	区块链即服务
BCH	Bitcoin Cash	比特币现金
BGP	Byzantine Generals Problem	拜占庭将军问题
BIP	Bitcoin Improvement Proposal	比特币改进提议
BTC	Bit Coin	比特币
CBDC	Central Bank Digital Currency	央行数字货币
DAO	Decentralized Autonomous Organization	去中心化自治组织
DApp	Decentralized Application	分布式应用
DC/EP	Digital Currency/ Electronic Payment	数字货币和电子支付
DeFi	Decentralized Finance	去中心化金融
DH	Diffie-Hellman	以两位作者 Diffie 和 Hellman 的名字命名的密钥算法
DST	Decentralized Structured Topology	全分布式结构化拓扑
DHT	Distributed Hash Table	分布式散列表
DLT	Distributed Ledger Technology	分布式账本技术
DPOS	Delegated Proof of Security	委托权益证明
DSA	Digital Signature Algorithm	数字签名算法
ECC	Elliptic Curve Cryptography	椭圆加密算法
ECDSA	Elliptic Curve Digital Signature Algorithm	椭圆曲线数字签名算法
ECDS	Electronic Commercial Draft System	电子商业汇票系统
ETH	Ethereum	以太币
FPGA	Field Programable Gate Array	现场可编程门阵列
GDPR	General Data Protection Regulation	通用数据保护条例
ICO	Initial Coin Offering	首次代币发行
IPO	Initial Public Offering	首次公开发行

英 文 缩 写	英 文 全 称	中 文 含 义
ISO	International Organization for Standardization	国际标准化组织
KYC	Know-Your-Customer	了解客户
MBS	Mortgage-Backed Securitization	住房抵押贷款支持证券化
NFT	Non-Fungible Token	非同质化通证
OTC	Over-The-Counter	场外交易
P2P	Point to Point	点对点
POS	Proof of Security	权益证明
POW	Proof of Work	工作量证明
RSA	Rivest-Shamir-Adleman	以三位作者 Rivest、Shamir 和 Adleman 的名字命名的加密算法
SHA	Secure Hash Algorithm	安全哈希算法
SPV	Special Purpose Vehicle	特殊目的载体
SWIFT	Society for Worldwide Interbank Financial Telecommunications	环球银行金融电信协会
TTL	Time To Live	生存时间
PBFT	Practical Byzantine Fault Tolerance	实用拜占庭容错
TPS	Transactions Per Second	每笔交易笔数
UTXO	Unspent Transaction Output	未花费的交易输出

反侵权盗版声明

电子工业出版社依法对本作品享有专有出版权。任何未经权利人书面许可，复制、销售或通过信息网络传播本作品的行为；歪曲、篡改、剽窃本作品的行为，均违反《中华人民共和国著作权法》，其行为人应承担相应的民事责任和行政责任，构成犯罪的，将被依法追究刑事责任。

为了维护市场秩序，保护权利人的合法权益，我社将依法查处和打击侵权盗版的单位和个人。欢迎社会各界人士积极举报侵权盗版行为，本社将奖励举报有功人员，并保证举报人的信息不被泄露。

举报电话：（010）88254396；（010）88258888

传　　真：（010）88254397

E-mail：　dbqq@phei.com.cn

通信地址：北京市万寿路 173 信箱

　　　　　电子工业出版社总编办公室

邮　　编：100036